복음서에 감추어있던 영의 세계

도마복음

Didymos Judas Thomas recorded

도마복음 해설서 -

도마복음서는 그동안 4복음서에 감추어져있던
영적인 비밀들과 지금까지 성경 속에 감추어져 있던
하나님의 비밀들을 모두 드러내고 있습니다.
그러므로 오늘날 기독교인들이 도마복음 해설서를 보신다면
지금까지 성경 속에 감추어져 있던
영적인 세계를 알게 될 것이며
신앙생활에도 많은 도움이 될 것입니다.

글 · 둘로스 데우 · C / 시 . 이명자

진리의 샘터 **의증서원**

도마복음

목 차

머리글   6
   詩 · 영혼의 메아리 9

서 론   11
   詩 · 촛불 19

1. 예수님께서 이르시는 비밀의 말씀   21
   詩 · 메시야 · 75

2. 땅이 하늘되어 온 자   77
   詩 · 사랑의 열매 · 108 / 편지 · 109

3. 종말은 태초가 있는 곳에 있다.   111
   詩 · 진실한 사랑 · 160 / 눈물 · 161

4. 삼위일체 하나님   163
   詩 · 당신의 사랑 · 201

5. 제자들도 알아보지 못하는 인간 예수   203
   詩 · 환란의 날 · 231

6. 구름타고 오시는 예수를 기다리는 자들   233
   詩 · 무지 · 265

7. 수고하여 생명을 발견한 자   267
    詩 · 고무신 한짝 · 289

8. 예수님의 비밀을 간직할 자   291
    詩 · 인생무상 360 / 철죽꽃 · 361

9. 전생을 말씀하시는 예수님   363
    詩 · 교만 · 385

10. 당신을 믿을 수 있도록 말해 달라는 제자들   387
    詩 · 넘치는 사랑 · 417

11. 하나님의 형상과 가이사의 형상   419
    詩 · 흑암 · 456 / 허수아비 · 457

12. 밭에 감추어져 있는 보화   459
    詩 · 사랑 · 487

    ■ 부록
1. 하나님의 비밀인 예수그리스도의 실체   491
2. 그 동안 성경에 감추어져 있던 전생과
    윤회의 비밀   511

    ■ 저자후기   557

    ■ 의증서원 도서안내   560

머리글

    도마복음은 마태, 마가, 누가, 요한이 기록한 4복음서와 같이 예수님의 제자인 도마가 예수님과 동행(同行)하면서 예수님께 듣고 보고 행하신 행적(行績)들에 대해서 생생하게 기록한 복음서입니다. 4복음서는 대부분이 논술적(論述的)으로 기록이 되어 있는 반면에 도마복음서는 서술적(敍述的) 혹은 단답식(單答式)으로 기록되어 있다는 점이 특이하다 하겠습니다. 도마가 심혈(心血)을 기울여 기록한 도마복음서는 약 2000년 동안 이집트 북부 나그함마디라는 작은 마을의 동굴(洞窟) 속에 깊이 감추어져 있던 것인데 최근(最近)에 한 농부에 의해서 발견된 것입니다.

    도마복음서는 하나님께서 오늘날 기독교인들에게 주신 가장 큰 선물이며 매우 기쁜 소식입니다. 왜냐하면 도마복음서에 기록된 말씀들은 오늘날 기독교인들이 지금까지 복음서를 보면서 궁금했던 영적(靈的)인 문제들을 명확(明確)하게 드러내고 있기 때문에 큰 은혜(恩惠)가 되는 것은 물론 4복음서를 재조명(再照明)하는데 많은 도움을 주고 있기 때문입니다.

　지금까지 한국교회에서 교인들이 신약성경을 통해서 보고 있는 4복음서는 그리스어로 번역된 스테판역과 알랜드역을 영어로 번역(飜譯)한 것을 다시 한국어로 재번역(再飜譯)한 것입니다. 때문에 영어(英語)성경은 물론 원어(原語)성경도 사람들이 번역(飜譯)하는 과정에서 부분적으로 가감(加減)되었거나 오역(誤譯)된 것을 볼 수 있습니다. 왜냐하면 스테판역은 70인이 모여 번역(飜譯)한 것이며 알랜드역은 5인이 모여 공동(共同)으로 번역한 것이기 때문에 부분적으로 가감(加減)된 면(面)이 있다는 것이 도마복음서를 통해서 발견되었기 때문입니다.

　그런데 이번에 발견된 도마복음서는 도마가 기록한 그대로 지금까지 보존(保存)되어 있다가 원본(原本)그대로 발견되었기 때문에 조금도 가감(加減)되지 않았을 뿐만 아니라 예수님 당시의 상황(狀況)과 말씀들이 보다 생동감(生動感)이 있게 느낄 수 있다는 것입니다.

　그러므로 오늘날 기독교인들이 도마복음 해설서(解說書)를 읽어 보신다면 그동안 복음서에 감추어져 있던 수많은 영적(靈的)인 비밀들을 새롭게 발견하게 될 것입니다. 뿐만 아니라 기독교인들이 그동안 복음서를 보면서 풀리지 않아 궁금했던 영적인 문제들이 이번에 출간(出刊)되는 도마복음 해설서를 통해서 모두 해결되는 것은 물론 신앙생활에도 많은 도움이 될 것이라 생각합니다.

    저자는 도마복음 해설서(解說書)를 통해서 모든 기독교인들이 하나님의 은혜(恩惠)로 새롭게 거듭나는 계기가 되기를 간절히 바라는 마음으로 기록하였습니다. 하나님의 뜻이 하늘에서 이루어진 것같이 땅에서도 이루어지기를 기원합니다.

                                      둘로스 데우. C

영혼의 메아리

그대 진실한
영혼의 메아리가
내 가슴에 울려오네
언제나
그대와 내가
사랑으로 하나가 되어
그리움을 잊을까
사랑 안에 함께 거할 때까지
그 날이 속히 오기까지
오래 참고 기다리리
영혼의 입맞춤으로 하나가 되어지는 날
그리움도 기다림도 없는
평안한 안식에서
영원히 함께 살게 되리라

서론

서론

　도마복음서는 지금으로부터 약 65년(1945년)전에 이집트 북부에 있는 나그함마디라는 작은 마을의 동굴 속에서 발견되었습니다. 도마복음서를 발견한 사람은 그 마을에 살고 있는 모하멘 알리삼만이라는 농부입니다.

　이 농부는 마을 가까이에 자연 퇴적물(堆積物)로 생긴 비옥한 흙을 찾아서 비료로 내다 팔기위하여 약대를 타고 강변의 절벽 아래로 내려갔다가 동굴 모래밭에 네 개의 손잡이가 달린 밀봉(密封)된 큰 항아리를 발견한 것입니다. 농부는 모래위에 돌출된 큰 항아리를 보고 두려움도 있었지만 혹시 항아리 속에 보물이 들어 있을 지도 모른다는 생각에 곡괭이로 항아리를 깨뜨려 보았습니다.

　그런데 그 속에서 기대한 보물은 나오지 않고 고대 이집트어 계열인 곱틱어로 기록된 12권의 고문서(古文書) 사본(寫本)들이 나온 것입니다. 나그함마디 동굴에서 발견된 고문서 사본(寫本)들은 도마복음 외에도 빌립복음, 진리의 복음, 야고보 묵시록, 요한 묵시록, 베드로 묵시록 이집트인들의 복음서 등이 있습니다. 이 고문서들은 2세기에서 4

세기 중반 사이에 기록된 것으로 12권의 고문서 사본들 속에는 52개의 교본들이 있습니다. 그런데 그 중 40개의 교본들은 지금까지 학자들에게 알려지지 않았던 것으로 아주 귀중한 고문서(古文書)들입니다.

  이 고문서들은 신약과 초대 기독교를 연구하는데 많은 도움을 주며 오늘날 하나님의 진리를 찾아가는 자들에게는 하나님께서 주신 가장 큰 선물이며 귀중한 보물입니다. 이 복음서들이 새롭게 드러나면서 성경에 기록된 공관복음서(共觀福音書)들을 재조명(再照明)해보는 계기가 되리라 생각합니다. 특히 도마복음서에 기록된 예수님의 말씀들은 기독교인들에게 큰 충격과 더불어 오늘날 기독교회에 큰 변화를 일으키는 계기가 될 것입니다. 도마복음은 모두 114절로 되어 있으나 이 안에는 공관복음(共觀福音)에 누락되어있는 예수님의 충격적인 말씀들이 모두 기록되어 있어 보는 이로 하여금 경탄을 금할 수 없게 합니다. 도마복음서가 약 1900년 동안 감추어져 있다가 이 시대에 발견된 것도 중요하지만 그보다 더 중요한 것은 도마복음은 당시에 예수님이 하신 말씀들이 조금도 가감(加減)되지 않은 채 모두 보전(保全) 되어 있다는 것입니다. 도마복음서를 살펴보면 공관복음(스테판역과 알랜드역)이 역자(譯者)들에 의

해서 많은 부분이 가감(加減)되었다는 것을 알 수 있습니다. 왜냐하면 공관복음(마태, 마가, 누가복음)에 기록되지 않은 예수님의 말씀들이 도마복음에는 모두 나타나 있기 때문입니다. 이것은 성경(정경)에 기록된 예수님의 말씀들이 성경기록자들에 의해서 여러 부분이 가감(加減)되어 있다는 것을 증명하고 있는 것입니다. 본문에 예를 들면

　예수께서 그들(제자들)에게 말씀하셨다. 만약 너희가 금식한다면 너희 자신에게 죄를 불러들이는 것이요, 만약 너희가 기도한다면 너희는 (기도한대로) 정죄(심판)를 받을 것이요, 또 만약 너희가 자비를 베푼다면 너희 영혼(마음)에 해를 끼칠 것이다.(도마복음 14절)

　예수께서 말씀하시니라. 너희가 여자에게서 나지 않은 자를 볼 때 너희의 머리를 조아리고 그에게 경배하라 그가 너희의 아버지시니라 (도마복음15절)

　예수께서 말씀하시니라. 누구든지 나에게 가까이 있는 자는 불에 가까이 있는 것이요 나에게 떨어져 있는 자는 그 나라(천국)와 떨어져 있는 것이다. (도마복음 82절)

　등의 말씀들입니다. 이러한 예수님의 말씀들은 오늘날 기독교인들은 물론 유대인들도 이해할 수 없고 받아들일 수도 없는 말씀들입니다. 이 때문에 성경기록자들이 바로 이러한 말씀들을 모두 삭제(削除)해버리고 기록하여 지금의 성경을 정경(正經)으로 펴낸 것입니다. 성경에 전생(前生)이나 윤회(輪廻)와 같은 말씀들이 없는 것도 바로 이러한 이유 때문입니다. 즉 성경에 나타난 전생(前生)과 환생(還生)에 관한 말씀들은 신권(神權)과 왕권(王權)을 약화(弱化)시킨다는 이유로 로마제국의 콘스탄티누스 대제가 성경에서 모두 삭제(削除)하도록 명한 것입니다.

　이때부터 성경에서 전생(前生)이나 윤회(輪廻)에 관한 말씀들이 사라진 것이며 그 후 전생이나 윤회를 말하거나 주장하는 사람들은 모두 이단으로 처형을 한 것입니다. 이렇게 지금 우리가 보고 있는 성경은 많은 부분이 삭제(削除)된 것입니다.

　그런데 이번에 발견된 도마복음서는 예수님의 말씀이 사람들에 의해서 조금도 가감되지 않은 채 우리에게 주어진 것입니다. 그러나 오늘날 신학자(神學者)들이나 목회자들은 이렇게 소중한 도마복음을 외경(外經)이라 하여 교인들에게 보면 안된다고 하면서 예수님이 하신 말씀을 이단

시 하고 있는 실정입니다. 그 이유는 외경(外經)에 기록된 말씀들이 예문에서 보신 바와 같이 오늘날 기독교인들이 지금까지 지켜오는 전통신앙(傳統信仰)이나 교리(敎理)와 많은 차이가 있기 때문입니다.

그러나 오늘날 생명의 좁은 길을 걸어가며 진리를 찾고 있는 자들(영적 나그네, 고아, 과부)에게는 이 도마복음서가 황금보화보다 더 귀한 보물(寶物)인 것입니다. 이렇게 이 도마복음서는 오늘날 하나님의 뜻을 찾아 생명의 좁은 길을 걸어가고 있는 신앙인들에게는 생명과 같이 소중한 말씀입니다.

특히 도마복음서를 통해서 비춰지는 예수의 인성(人性)과 인간적인 삶은 보는 이로 하여금 더욱 큰 은혜(恩惠)를 받게 될 것입니다. 그러므로 이 도마복음서에 기록된 말씀들을 지금 하나님이 주시는 말씀으로 믿고 받아들인다면 지금까지 알지 못했던 수많은 하나님의 비밀들을 알게 될 것입니다. 단, 지금까지 알고 있던 신앙의 교리적(敎理的) 고정관념(固定觀念)들을 모두 내려놓고 보아야 합니다.

저자가 이 도마복음서를 펴내는 목적은 오늘날 기독교인들이 이 말씀을 통하여 하나님께서 오늘날 구원자로 보내주시는 예수님의 실체(實體)와 하나님의 진정한 뜻을 알

고 올바른 신앙생활을 하여 모두가 새롭게 거듭나는 계기가 되기를 바라는 마음에서 입니다.

　이 글을 접하시는 모든 분들이 하나님의 은혜(恩惠)를 받아 모두가 하나님의 생명으로 거듭나기를 기원합니다.

촛불

자신을
태우지 않고는
불을 밝힐 수 없고
자신의
희생과 죽음이 없이는
어둠을 밝힐 수 없어라
희생하기 싫어도
어둠을 밝히기 위해
사라져 가며
그대의
온 몸을 태워 가는 날
그대의
어둠을 밝혀주리라

1. 예수님께서 이르시는 비밀의 말씀

The "Scholars' Translation" of the Gospel of Thomas
by Stephen Patterson and Marvin Meyer
둘로스 데우. C

고고학자 스테판 페터슨과 마빈 메이어가 번역한
영어판 도마복음을 둘로스 데우·C가 해설함.

These are the secret sayings that the living Jesus spoke and Didymos Judas Thomas recorded.

여기에 기록된 것들은 예수님께서 살아계실 때 (제자들에게)말씀하셨던 비밀(비사와 비유)의 말씀들이며 디두모라 하는 유다 도마가 기록한 것입니다.

[해설] 상기의 말씀은 예수님의 제자 도마가 예수님이 살아계실 때 직접 들었던 말씀으로 이 말씀들은 모두 비밀이라 말씀하고 있습니다. 비밀(secret)이란 단어의 뜻은 "남이 모르도록 숨겨놓은, 혹은 남이 보지 못하도록 감추어놓은"이라는 의미입니다. 때문에 4복음서를 통하여 예수님께서 내가 하는 말은 모두 비유와 비사라고 말씀하신 것입니다. 즉 예수님이 하시는 말씀은 모두 영적인 말씀으로 진정한 뜻은 말씀 속에 깊이 감추어져 있다는 뜻입니다.

때문에 예수님께서 유대인들에게 너희(아직 거듭나지 못한 자들)는 내가 하는 말을 알 수도 없고 볼 수도 없고 들을 수조차 없다고 말씀하신 것입니다. 즉 하나님의 말씀은 하나님의 생명으로 거듭난 하나님의 아들들만이 볼 수 있다는 뜻입니다. 하나님께서 말씀(영적)의 뜻을 이렇게 철저하게 감추어 놓으신 것은 악한 자들(거짓선지자와 삯군 목

자)이 하나님의 말씀을 도적질하여 영리를 위해 사용하지 못하도록 하기 위함입니다.

왜냐하면 하나님의 아들들은 하나님의 말씀을 가지고 영혼들을 구원하고 살리지만 악한 자들은 하나님의 말씀을 자신의 욕심을 채우기 위한 유익의 재료로 사용할 뿐만 아니라 영혼들까지 죽이기 때문입니다. 이것은 예리한 칼이 의사의 손에 들어가면 환자들을 살리는데 사용되지만 강도의 손에 들어가면 도적질하고 사람을 죽이는데 사용하며 장사군 손에 들어가면 말씀을 팔아먹는 것과 같은 것입니다. 예수님께서 성전에 들어가 소와 양과 비둘기를 파는 자들을 채찍으로 내어 쫓은 것은 바로 이러한 이유 때문이었습니다.

[요한복음 2장 13절-16절] 유대인의 유월절이 가까운지라 예수께서 예루살렘으로 올라가셨더니 성전 안에서 소와 양과 비둘기 파는 사람들과 돈 바꾸는 사람들의 앉은 것을 보시고 노끈으로 채찍을 만드사 양이나 소를 다 성전에서 내어 쫓으시고 돈 바꾸는 사람들의 돈을 쏟으시며 상을 엎으시고 비둘기 파는 사람들에게 이르시되 이것을 여기서 가져가라 내 아버지의 집으로 장사하는 집을 만들지 말라 하시니

　상기의 예수님께서 말씀하고 계시는 소와 양과 비둘기는 성부(소) 성자(양) 성령(비둘기)을 비유하여 말씀하신 것이며 성전 안에서 소와 양과 비둘기를 파는 자들은 유대제사장들(오늘날 목회자들)을 비유하여 말씀한 것입니다. 오늘날 교회에서 목회자들이 예배드릴 때 "성령(비둘기)받을 줄로 믿고 감사(헌금)하십시오, 은혜(양)받을 줄로 믿고 감사(헌금)하십시오" 하며 헌금을 강조하는 것은 바로 하나님의 말씀을 팔아 장사하는 행위입니다.
　때문에 예수님은 진노하셔서 채찍을 들고 성전 안에서 장사하는 자들(목자)을 모두 내어 쫓은 것입니다. 이러한 거짓선지자와 삯군목자들 때문에 하나님은 말씀의 진정한 뜻을 모두 깊이 감추어 놓으신 것입니다. 하나님은 하나님의 말씀을 받을 자와 받아서는 안 되는 자에 대하여 고린도전서를 통해서 이렇게 말씀하십니다.

　[고린도전서 2장 6절-10절] 그러나 우리가 온전한 자들 중에서 지혜를 말하노니 이는 이 세상의 지혜가 아니요 또 이 세상의 없어질 관원의 지혜도 아니요 오직 비밀한 가운데 있는 하나님의 지혜를 말하는 것이니 곧 감추었던 것인데 하나님이 우리의 영광을 위하사 만세 전에 미리 정하신 것이라 이 지혜

는 이 세대의 관원이 하나도 알지 못하였나니 만일 알았더면 영광의 주를 십자가에 못 박지 아니하였으리라 기록된바 하나님이 자기를 사랑하는 자들을 위하여 예비하신 모든 것은 눈으로 보지 못하고 귀로도 듣지 못하고 사람의 마음으로도 생각지 못하였다 함과 같으니라 오직 하나님이 성령으로 이것을 우리에게 보이셨으니 성령은 모든 것 곧 하나님의 깊은 것이라도 통달하시느니라.

상기의 말씀에 온전한 자들은 하나님의 생명으로 거듭난 하나님의 아들들을 말하며 하나님께서 말씀하시는 지혜(영적인 말씀)는 이 세상의 지혜나 또 이세상의 없어질 관원(영적지도자)의 지혜, 곧 유대의 제사장과 서기관(오늘날 목회자와 신학자)들이 소유하고 있는 지식을 말하는 것이 아닙니다. 하나님의 지혜(영적인 말씀)는 오직 비밀한 가운데 감추어져 있는 영적인 말씀을 말하는 것입니다. 하나님의 말씀(지혜)은 하나님의 아들들의 영광을 위해서 미리 준비된 것인데 이 지혜(영의 말씀)는 이 세대의 관원(영적지도자)들이 하나도 알지 못하였다고 말하고 있습니다. 왜냐하면 만일 이들이 하나님 말씀의 영적인 의미를 알았다면 영광의 주(예수님)를 십자가에 못 박지 않았기 때문입니다.

　결국 유대인(하나님의 백성)들이 예수님을 십자가에 못 박아 죽인 것은 하나님의 지혜, 즉 하나님 말씀의 영적인 뜻을 몰랐기 때문이라는 것입니다. 이와 같이 하나님이 자기 아들을 위하여 예비해 놓으신 모든 영적인 말씀은 하나님 백성들의 눈으로 보지 못하고 귀로도 듣지 못하고 마음으로도 생각지 못한다고 말씀하고 있습니다.

　예수님께서 이스라엘의 선생인 니고데모에게 네가 거듭나지 않으면 하나님의 나라를 볼 수 없다고 말씀하신 것은 바로 이 때문입니다. 하나님의 나라, 즉 하나님의 말씀(영)의 세계는 하나님의 생명으로 거듭난 자, 곧 예수님이나 사도들과 같은 자들만 볼 수 있다는 것입니다. 이렇게 성령으로 거듭난 하나님의 아들들은 하나님의 깊은 마음까지도 통달할 수 있는 것입니다. 즉 예수님이나 사도들과 같이 하나님의 생명으로 거듭난 하나님의 아들들은 하나님(말씀)의 비밀을 모두 알고 있다는 것입니다.

　그런데 아직 하나님의 아들로 거듭나지 못한 기독교인들이 예수님의 말씀은 물론 하나님의 말씀도 모두 보고 알고 있는 것처럼 착각을 하고 있다는 것입니다. 때문에 예수님께서는 하나님의 백성들이라 해도 아직 하나님의 생명으로 거듭나지 못한 죄인들은 하나님의 말씀을 볼 수 없는 것

이 아니라 들을 수조차도 없다고 말씀하시는 것입니다.

[마태복음13장 14절-15절] 이사야의 예언이 저희에게 이루었으니 일렀으되 너희가 듣기는 들어도 깨닫지 못할 것이요 보기는 보아도 알지 못하리라 이 백성들의 마음이 완악하여져서 그 귀는 듣기에 둔하고 눈은 감았으니 이는 눈으로 보고 귀로 듣고 마음으로 깨달아 돌이켜 내게 고침을 받을까 두려워함이라 하였느니라.

하나님의 백성들이 하나님의 말씀을 귀가 있어도 듣지 못하고 눈이 있어도 보지 못하는 것은 마음이 완악하기 때문이라 말씀하고 있습니다. 마음이 완악하다는 말은 각종교리와 전통신앙에 의식화 되어 마음이 굳어져 있다는 뜻입니다.

예수님께서 하나님의 백성들을 향해서 죄를 회개하라고 외치신 것은 바로 이 때문입니다. 그런데 하나님의 백성들은 회개하여 하나님의 말씀을 보고 듣고 깨닫기를 오히려 두려워하고 있다고 말씀하고 있습니다. 그 이유는 하나님의 말씀을 들으면 지금까지 지켜오는 전통신앙과 각종교리들이 무너지고 또한 구원받은 것이나 하나님의 아들이라

는 것도 모두 거짓으로 드러나기 때문입니다.

　이렇게 오늘날 기독교인들은 하나님께서 보내주시는 오늘날 하나님의 아들들이 전하는 말씀이 전통적 교리와 다르다는 이유로 이단으로 핍박하며 다시 십자가에 못 박고 있는 것입니다. 그러므로 오늘날 기독교인들은 이 도마복음을 통해서 하나님의 뜻을 올바로 알고 올바른 신앙생활을 해야 합니다.

1. And he said, "Whoever discovers the interpretation of these sayings will not taste death"

예수님께서 말씀하시니라. "누구든지 이 말씀들(비밀의 말씀)의 영적인 뜻을 이해하고 깨닫는 자는 죽지 않을 것이라"

[해설] 예수님은 상기의 말씀을 통해서 이 말씀의 뜻을 깨닫는 자는 죽지 않고 영원히 산다고 말씀하십니다. 그러면 하나님의 백성들이 살고 죽는 것은 예수를 믿느냐 안 믿느냐가 아니라 예수님이 하신 말씀의 영적인 의미를 깨닫느냐 못 깨닫느냐에 달려있다는 것입니다. 왜냐하면 하나님의 말씀은 밭에 감추어 놓은 보화와 같아서 영안, 즉 계시의 눈이 없으면 볼 수 없기 때문입니다.

예수님께서 이스라엘의 선생인 니고데모에게 네가 거듭나지 않으면 하나님의 나라를 볼 수 없다고 말씀하신 것은 바로 이 때문입니다. 사울(사도바울)은 당시에 최고의 교법사인 가말리엘로부터 가르침을 받아 율법이나 행함에 흠이 없는 자였으나 다메섹 도상에서 예수를 만나 영안이 열리고 나니 자신이 지식적으로 알고 있는 학문들은 모두 쓰레기와 같은 것이라는 것을 깨닫고 배설물처럼 버린 것

을 볼 수 있습니다. 이렇게 깨달음은 말씀의 계시가 열릴 때 나타나 말씀 속에 감추어진 비밀들을 모두 보고 알게 되는 것입니다. 그러므로 말씀을 깨달아 영적인 세계를 보는 자는 곧 하나님의 생명으로 거듭난 자를 말하는 것이며 이렇게 하나님의 아들로 거듭난 자는 죽지 않고 영원히 산다고 말씀하신 것입니다.

본문에 깨닫다(discover)라는 단어의 뜻은 "발견하다, 깨닫다, 알다"라는 의미로 예수님의 마음을 이해하고 예수님의 말씀 속에 감추어져 있는 영적인 비밀들을 모두 알 때 깨달았다고 말합니다. 하나님의 말씀을 깨닫는다는 것은 영안이 열린다는 말이며 이것은 하나님의 아들로 거듭나는 것을 말합니다. 사도바울이 예수그리스도의 계시로 말미암아 사도가 되었다고 말씀하신 것은 계시의 눈(영안)이 열려 하나님의 아들로 거듭났다는 뜻입니다.

이렇게 하나님께서 영안을 열어 주셔서 예수님이 하신 말씀들을 깨닫고 아는 자들이 곧 하나님의 아들인 것입니다. 이와 같이 하나님의 말씀을 깨달아 영의 세계를 보는 자들이 하나님의 아들들이며 영원히 죽지 않는 생명을 소유한 자들입니다. 이러한 말씀 때문에 기독교회의 목회자들이나 교인들이 도마복음을 이단시하고 예수님이 하신 말

씀까지 배척을 하고 있는 것입니다. 왜냐하면 오늘날 목회자들은 예수를 믿기만 하면 하나님의 아들이 되어 하나님을 아바 아버지라 부르며 천국도 들어간다고 믿고 있는데 도마복음에 기록된 예수님의 말씀은 전혀 다르기 때문입니다.

그러나 예수님은 마태복음 7장을 통해서도 "나더러 주여 주여 하는 자마다 천국에 다 들어갈 것이 아니요 다만 하늘에 계신 내 아버지의 뜻대로 행하는 자라야 들어가리라"고 분명히 말씀하고 있습니다. 이 말은 예수를 주여 주여 하며 날마다 입으로 예수를 시인하고 믿는 자가 천국에 들어가는 것이 아니라 하나님의 뜻대로 행하여 하나님의 아들로 거듭난 자들만 들어간다는 뜻입니다.

예수님께서 너희는 구하고 찾고 두드리라고 말씀하시는 뜻은 하나님의 말씀을 알고 깨닫기 위해서 열심히 구하고 찾고 두드리라는 말씀입니다.

2. Jesus said, "Those who seek should not stop seeking until they find. When they find, they will be disturbed. When they are disturbed, they will marvel, and will reign over all. [And after they have reigned they will rest]"

예수께서 말씀하시니라. "이것들(비밀의 말씀들)을 찾는 자들은 누구나 발견할 때 까지 찾기를 멈추지 말라. 이렇게 비밀의 말씀들을 찾는 자들이 숨겨진 비밀들을 발견할 때 그들은 근심하게 될 것이다. 그들이 근심한즉 (영적 세계가 열려) 놀라게 될 것이다. (이때 하나님의 아들로) 군림하게 될 것이다. 이들이 군림하게 되면 (하나님께서 들어오셔서) 쉬게(안식) 될 것이다"

[해설] 상기의 말씀은 예수님께서 비밀의 말씀, 곧 영적인 말씀을 찾으려는 자들에게 하나님의 아들로 거듭나기까지의 과정과 그 상태들을 말씀하고 있습니다. 하나님의 백성들이 하나님의 아들로 거듭나려면 비밀의 말씀을 찾아 그 말씀 안에 숨겨있는 깊은 뜻을 깨달아야 하는데 비밀의 말씀을 찾는 자들은 말씀을 찾을 때까지 잠시도 멈추지 말고 계속하여 찾아야 한다고 말씀하고 있습니다.

　이 말은 생명의 좁은 길을 가며 진리를 찾는 자들은 아무리 힘들고 어려운 시험과 고난이 닥쳐와도 끝까지 인내하면서 잠시도 머물지 말고 계속 정진해야 한다는 것입니다.

　때문에 예수님께서 너희가 나를 따라오려거든 너를 부인하고 네 십자가를 지고 나를 따르라고 말씀하신 것입니다. 왜냐하면 하나님의 백성들이 하나님의 생명으로 거듭나려면 애굽의 교리와 기복신앙에서 벗어나 모세의 율법을 통한 광야의 시험과 연단을 사십년 동안 받아야 하며 광야의 훈련을 모두 마치면 요단강을 건너 가나안 땅으로 들어가 삼년반 동안 예수님의 가르침과 훈련을 받아야 하기 때문입니다. 이렇게 생명의 좁은 길을 걸어가려면 온갖 고난과 연단을 받으며 예수님이 지고 가신 고난의 십자가를 우리도 지고 가야 하는 것입니다. 그런데 이러한 시험과 연단을 통해서 영적인 말씀을 발견하게 되면 기쁘고 즐거운 것이 아니라 근심을 하게 된다는 것입니다.

　왜 그럴까요? 그것은 하나님의 세계를 보게 되면 자신이 생각했던 천국과 너무나 다르고 자신이 기대했던 모든 것들이 모두 무너져 내리기 때문입니다. 즉 이 세상에서 듣고 상상하며 바라고 있었던 천국과 영의 세계인 하나님의

나라는 너무나 다르기 때문입니다. 그보다 더 큰 문제는 하나님의 나라에 들어가려면 세상적인 자신의 존재가 모두 부서지고 죽어야 하기 때문입니다. 때문에 천국의 실상을 알고 가는 길을 알게 되면 근심하게 되지 않을 수 없다는 것입니다. 그러나 이러한 근심과 걱정 속에서 고민하며 고통하지만 자신이 죽고 하나님의 생명으로 거듭나 영안이 열리게 되면 영원한 하나님의 세계를 보고 놀라며 경탄을 하게 된다는 것입니다.

이렇게 하나님의 아들로 거듭나면 모든 세상을 지배하고 다스리는 왕 같은 제사장(구원자)으로 군림하게 되는 것입니다. 하나님은 이렇게 하나님의 아들로 거듭난 자들 안에 들어오셔서 안식하게 되는 것입니다.

이것은 창세기 1장에 하나님께서 천지를 창조하시는 과정과 같은데 하나님께서 창조하시는 천지는 자연만물 창조가 아니라 땅에 속한 존재를 하나님의 말씀으로 육일 동안 창조하여 하늘에 속한 존재, 즉 하나님의 아들로 완성시키는 것입니다. 하나님은 이렇게 하나님의 말씀으로 육일 동안 창조하신 후 칠일째 되는 날의 존재들 안에 들어가셔서 안식하시는 것입니다.

예수님 안에 아버지(성부하나님)가 계시다고 말씀하신

것은 예수님 안에서 하나님이 안식하고 계시기 때문에 하신 말씀입니다.

    이와 같이 상기의 말씀은 땅에 속한 존재들이 하늘에 속한 하나님의 아들로 거듭나는 과정을 말씀하고 있는 것입니다. 이 말씀은 오늘날 기독교인들도 하나님의 아들로 거듭나려면 예외 없이 이러한 창조의 과정을 모두 거쳐야 하나님의 아들이 된다는 것을 말해주는 것입니다.

    (땅에 속한 존재들이 하나님의 말씀을 통해서 하나님의 아들로 창조되는 과정은 창세기 해설서에 자세히 기록되어 있습니다)

예수님께서 말씀하시는 하나님의 나라 (천국)

3. Jesus said, "If your leaders say to you, 'Look, the (Father's) kingdom is in the sky,' then the birds of the sky will precede you. If they say to you, 'It is in the sea,' then the fish will precede you. Rather, the kingdom is within you and it is outside you"

예수께서 말씀하시니라. "만일 너희 인도자(목회자)들이 너희에게 말하기를 보라 아버지의 나라가 하늘에 있노라고 말한다면 공중의 새 들이 너희보다 앞설(새들이 먼저 하늘나라에 들어감) 것이며 만일 인도자들이 너희에게 아버지의 나라가 바다에 있다고 한다면 물고기들이 너희보다 앞서서 들어갈 것이다. 차라리 (그보다) 아버지의 나라는 너희 안에 있으며 또 너희 바깥에 있느니라"

[해설] 예수님이 말씀하시는 아버지의 나라는 하나님이 계신 천국을 말하고 있습니다. 오늘날 기독교인들이나 목회자들은 한결같이 천국은 하늘에 있다고 말합니다. 그런

데 예수님께서는 만일 천국이 하늘에 있다고 말한다면 공중에 새들이 너희보다 앞서서 들어 갈 것이라고 말씀하십니다. 또한 만일 천국이 바다 속에 있다면 물고기들이 너희보다 먼저 들어갈 것이라 말씀하고 있습니다.

　이렇게 예수님께서 말씀하시는 천국은 하늘이나 바다 속과 같은 특정한 장소를 말하고 있지 않다는 것입니다. 그보다 더 심각한 문제는 오늘날 기독교인들이 하나님이 계신 천국이 어느 곳인지 그리고 천국의 실체가 무엇인지도 모르고 천국을 간다고 막연히 믿고 있다는 것입니다. 그런데 예수님은 천국이 너희 안이나 너희 밖에 있다고 말씀하고 있다는 것입니다. 이렇게 성경이나 예수님이 말씀하시는 천국은 특정한 장소를 말하는 것이 아니라 하나님의 아들로 거듭난 존재를 말하고 있습니다. 왜냐하면 천국은 하나님이 계신 곳을 말하는데 하나님은 어느 특정한 장소에 계신 것이 아니라 존재, 즉 예수님 안에 계시며 또한 하나님의 생명으로 거듭난 하나님의 아들들 안에 계시기 때문입니다. 예수님께서 회개하라 천국이 가까이 와있다고 말씀하신 것은 바로 이 때문인데 천국이 가까이 와 있다는 것은 지금 너희 앞에 예수님이 가까이 와 있다는 뜻입니다. 그러므로 예수님이 너희 안이나 밖에 있다는 천국은 예수

님을 기준하여 말씀하신 것입니다.

　이렇게 천국이 안에 있는 자들은 하나님의 아들로 거듭나 하나님(예수님)이 자기 안에 계신 자들을 말하며 천국이 밖에 있는 자들은 아직 하나님의 아들로 거듭나지 못해 예수님이 자기 밖에 계신 자들을 말하는 것입니다. 오늘날 기독교인들이 예수를 믿으며 재림예수를 학수고대하며 기다리고 있는 것은 자신 안에 예수님이 계시지 않기 때문입니다.

　결국 천국은 자신 안에서 성취되는 것이지 어느 특정한 장소로 들어가는 것이 아닙니다. 이 말은 천국이 자신 안에 성취된 자들, 곧 하나님의 아들로 거듭난 자들은 천국이나 지옥이나 시공을 초월하여 모두 천국이지만 천국이 이루어지지 않은 자들은 설령 천국을 들어간다 해도 지옥이라는 뜻입니다.

"When you know yourselves, then you will be known, and you will understand that you are children of the living Father. But if you do not know yourselves, then you live in poverty, and you are the poverty"

"네가 네 자신을 알게 될 때 너를(피조물) 알게 될 것이며 이때 네가 곧 살아계신 하나님의 아들이라는 것을 깨닫게 될 것이다. 그러나 만일 네가 네 자신의 존재를 모른다면 너는 빈곤(고통) 가운데 살게 되는데 너는 빈곤이기(말씀이 없는) 때문이다"

[해설] 사람들은 불신자는 물론 예수를 믿는 기독교인이라 해도 자신의 존재가 어떤 존재인지도 모르고 살다가 이 세상을 떠나갑니다. 이 말은 자신의 존재가 어디서 와서 어디로 가는지 그리고 이 세상에서 해야 할 일이 진정 무엇인지도 모르고 살다가 이 세상을 허무하게 떠난다는 뜻입니다. 죽음을 앞둔 사람들이 인생이 무상하다고 하는 말은 결국 자신의 존재도 모르고 이 세상을 살았다는 뜻입니다. 그러나 이 세상을 살면서 자신의 존재를 발견하고 하나님의 뜻대로 살다가 하나님의 아들로 거듭난 사람들은 인생처럼 가치 있고 보람 있는 것은 없다고 고백을 합니다.

때문에 예수님은 하나님의 백성들이 하나님의 말씀을 통해서 자신이 죄인이라는 것과 무상한 피조물의 존재라는 것을 분명히 알게 될 때 죄 사함을 받을 수 있고 하나님의 아들로 거듭날 수 있게 된다는 것입니다. 그런데 신앙생활을 하면서 자신의 존재도 모르고 자기 욕심대로 살아간다

면 말씀의 빈곤한 자가 되어 고통 받는 지옥으로 들어가게 된다는 것입니다. 예수님은 상기의 말씀을 통에서 빈곤한 자는 돈이 없는 자가 아니라 하나님의 말씀 곧 생명의 말씀이 없는 자들을 말씀하고 있습니다.

 오늘날 기독교인들이 신앙생활을 열심히 한다 해도 말씀의 영적인 의미나 자신의 존재를 알고 있는 사람은 그리 많지 않습니다. 그 이유는 하나님의 말씀을 지식적으로는 알고 있으나 영적인 의미를 깨달은 사람이 별로 없기 때문입니다. 이렇게 말씀의 영적인 의미를 깨달아야 자신의 존재를 알 수 있고 자신을 알아야 진정한 하나님도 알게 되는 것입니다.

 이 말은 자신의 존재를 발견하지 못하면 하나님이나 천국을 알 수 없다는 뜻입니다.

일곱 날 된 어린아이

4. Jesus said, "The person old in days won't hesitate to ask a little child seven days old about the place of life, and that person will live"

예수께서 말씀하시니라."많은 날을 살아온 늙은이는 일곱 날 된 아이에게 생명의 처소(천국)에 대하여 묻기를 주저하지 않을 것이며(망설이지 않고 물음) 늙은이는(일곱 날 된 아이의 말을 듣고 순종한자) 살게 되리라"(죽지 않고 살아날 것이다)

[해설] 예수님께서 많은 세월을 살아온 늙은이가 난지 일곱 날 밖에 안 된 어린 아이에게 생명의 처소를 묻기를 주저하지 않을 것이며 살게 되리라고 말씀하고 있습니다. 현실적으로 보면 이러한 일은 언어도단으로 있을 수도 없고 상상할 수도 없는 일입니다. 그런데 진실만을 말씀하시는 예수님께서 이런 말씀을 하시는 것은 이러한 일은 사실이기 때문에 하시는 말씀입니다. 그러나 영적인 의미를 모르는 유대인들이나 기독교인들은 물론 성경을 기록하는 신학자들도 이런 말씀들은 이해가 되지 않기 때문에 4복음서에

서 이러한 말씀들은 모두 삭제를 해 버린 것입니다. 그런데 이 말씀의 영적인 의미를 알게 되면 너무나 당연한 일로 누구나 이해할 수 있는 말씀입니다.

　예수님이 말씀하시는 늙은이는 육신이 연로한 나이 많은 늙은이가 아니라 신앙생활을 오래한 장로와 목사와 같은 영적인 어른들을 말합니다. 그리고 일곱 날 밖에 안 된 어린아이는 육신이 태어난지 칠일밖에 안된 어린아이가 아니라 하나님께서 하나님의 말씀으로 육일 동안 창조 하신 후 하나님이 안식하고 계신 일곱째 날, 즉 하나님의 아들을 말씀하고 있습니다. 일곱째 날은 창세기 1장을 통해서 말씀하신 바와 같이 땅에 속한 죄인들, 곧 하나님의 백성들을 하나님의 말씀으로 육일(여섯 단계의 과정)동안 창조하여 완성된 하나님의 아들을 말씀하고 있습니다. 하나님께서 땅에 속한 미완성된 존재를 하나님의 말씀을 통해서 하늘에 속한 하나님의 아들로 창조되는 과정을 자세히 살펴보면 다음과 같습니다.

　첫째 날 미물의 존재, 둘째 날 기는 짐승의 존재, 셋째 날 걷는 짐승의 존재, 넷째 날 육축의 존재, 다섯째 날 여자의 존재, 여섯째 날 남자의 존재, 일곱째 날 하나님이 안식하고 계신 하나님의 아들(예수그리스도).

　상기와 같이 하나님께서 말씀하시는 날들은 일반적인 날이 아니라 모두 하나님의 백성들의 존재를 비유하여 말씀하신 것입니다.
　성경에 하니님의 백성들이 출애굽하여 가나안에 들어가 하나님의 아들로 거듭나 천국에 들어가는 과정을 보면 하애굽과 상애굽이 있고 광야와 신광야가 있고 가나안도 안식과 영원한 안식이 있는 것을 볼 수 있습니다. 이렇게 하나님의 아들로 거듭나는 것은 예수님을 믿는다 하여 단번에 하나님의 아들이 되는 것이 아니라 하나님의 아들로 거듭나는 과정이 있는 것입니다. 때문에 예수님께서 나를 믿기만 하면 누구나 들어간다는 넓고 평탄한 멸망의 길과 하나님이 정해놓은 창조의 과정을 통해서 이루어 가는 좁고 협착한 생명의 길을 말씀하신 것입니다.
　예수님께서 나를 따라오려거든 너를 부인하고 네 십자가를 지고 따라오라고 말씀하신 것은 바로 이 때문입니다. 이와 같이 구원은 예수님을 믿는 믿음으로 시작되지만 하나님의 아들은 하나님께서 말씀하신 창조의 과정을 완성할 때 이루어지는 것입니다. 예수님은 이러한 창조의 과정을 통해서 하나님의 아들로 거듭난 자를 가리켜 일곱 날 된 아이라 말씀하시고 있는 것입니다. 때문에 영적인 늙은이는

당연히 일곱 날 된 어린 아이(어린양 예수)에게 생명의 처소인 천국에 대하여 주저하지 않고 묻게 되는 것이며 어린 아이는 거침없이 생명의 처소와 그곳으로 가는 길을 가르쳐 주는 것입니다.

    이렇게 늙은이가 일곱 날 된 어린 아이(어린양 예수)의 가르침을 받으면 죽은 영혼이 살아나게 되는 것입니다. 결국 일곱 날 된 어린 아이는 예수님과 사도들 그리고 오늘날 하나님의 생명으로 거듭난 하나님의 아들들을 말씀하고 있으며 늙은이는 오늘날 신앙생활을 오래하여 지식적인 말씀을 많이 알고 소유하고 있는 목사나 장로나 권사 같은 분들을 말하고 있는 것입니다.

  "For many of the first will be last, and will become a single one"

  "왜냐하면 처음 된 많은 이가 나중 될 것이며 (마지막까지 남는 자) 그가 홀로 하나가 될 것이다"

  [해설] 예수님은 처음에 많은 이가 나중 될 것이며 그가 홀로 하나가 될 것이라고 말씀하고 있습니다. 이 말씀의 뜻

은 처음에 많은 사람들이 천국을 향해 생명의 좁은 길을 걸어가지만 그 길이 너무 힘들고 어려워 도중에 포기하거나 넓고 평탄한 멸망의 넓은 길로 떠나간다는 것입니다. 그런데 그중에 생명의 좁은 길을 마지막까지 인내하며 걸어가는 자는 예수님과 하나가 될 것이라는 말씀입니다. 예수님은 누가복음 13장 30절을 통해서 나중 된 자로서 먼저 될 자도 있고 먼저 된 자로서 나중 될 자도 있다고 말씀하셨습니다. 그런데 오늘날 기독교인들은 이 말씀을 오해하고 있습니다.

예수님이 누가복음을 통해서 말씀하신 뜻은 상기의 말씀과 동일한 의미로 "나중 된 자로서 먼저 된다"는 말씀은 생명의 좁은 길을 참고 견디며 나중까지 남은 자가 먼저 하나님의 아들로 거듭난다는 뜻입니다. 그리고 "먼저 된 자가 나중 될 자"도 있다는 말씀은 처음에 하나님의 부르심과 택함을 받고 신앙생활을 하는 자들이 도중에 힘들어 포기를 하거나 혹은 삯군목자의 미혹에 빠져 멸망의 길을 걸어가는 자는 마지막에 멸망하게 된다는 뜻입니다.

이렇게 지금도 수많은 하나님의 백성들이 신앙생활을 하지만 하나님의 뜻에 따라 생명의 좁은 길을 가면서 모든 시험과 연단을 견디며 나중까지 남는 자는 극히 적은 것입

니다. 그러나 생명의 좁은 길을 걸어가면서 모든 시험과 연단을 끝까지 인내하며 걸어가는 자는 결국 천국이 이루어져 예수님과 같은 하나님의 아들로 거듭나게 되는 것입니다.

5. Jesus said, "Know what is in front of your face, and what is hidden from you will be disclosed to you." "For there is nothing hidden that will not be revealed." [And there is nothing buried that will not be raised]

예수께서 말씀하시니라. "너희 면전에 있는 것(예수)을 알라. 그리하면 네게 숨겨진 것(죄)을 벗겨 주실 것이다" "감추어 놓지 않은 것은 드러날 것이 없고 또 장사하지 않은 것은 일어서지(부활) 않는다"

[해설] 예수님은 너희 면전에 있는 것 곧 너희 앞에 있는 예수를 알라고 말씀하십니다. 그러면 그가(예수) 너에게 숨겨진 것, 즉 감추어진 죄를 사해주신다는 말씀입니다. 왜냐하면 죄를 드러내어 토설하지 않으면 죄 사함을 받지 못하고 또한 자신은 죽을 수밖에 없는 혼적생명이라는 것을 모르면 영으로 부활이 될 수 없기 때문입니다. 문제는 오늘날 기독교인들은 물론 예수님의 제자들도 자신들을 구원하기 위해서 하나님께서 보내주시는 구원자(예수)를 전혀 모르고 있다는 것입니다. 이렇게 오늘날 기독교인들도 앞으로

오실 미래의 예수님이나 이미 이천년 전에 오셨던 과거의 예수는 잘 믿으면서 하나님께서 오늘날 하나님의 백성들을 구원하기 위해서 보내주시는 오늘날(현재)의 예수는 믿지를 않고 오히려 이단으로 배척하고 있는 것입니다. 또한 상기의 말씀과 같이 예수님이나 오늘날의 구원자들은 너희 영혼이 죽어서 장사되어야 영(하나님의 생명)으로 다시 부활이 된다고 말씀하시는데 오늘날 목사님들이나 기독교인들은 영혼이 죽지 않고 부활된다고 말하고 있습니다. 그런데 오늘날 기독교인들이 믿고 기다리는 부활은 영혼이 아니라 죽은 몸이 부활된다고 오해를 하고 있습니다.

문제는 오늘날 기독교인들이 이러한 예수님의 말씀은 믿지 않고 삯군목자의 말을 믿고 있다는 것입니다. 이렇게 오늘날 기독교인들의 죄를 사해주시는 것이나 죽은 영혼을 살릴 수 있는 분은 현재 살아계신 오늘날의 예수, 즉 오늘날 하나님의 생명으로 거듭난 하나님의 아들이지 과거의 예수나 미래의 예수가 아니라는 것을 전혀 모르고 있습니다.

성경은 하나님의 백성들을 구원해주실 하나님의 아들은 알파와 오메가, 즉 처음부터 마지막까지 계신 분으로 과거의 유대인들에게도 오셨고 현재의 오늘날 기독교인들에

게도 이미 와서 계시며 미래에 존재할 하나님의 백성들에게도 오실 것입니다.

    단지 유대인들이 자신들을 구원하기 위해서 오신 예수님을 모르고 배척한 것과 같이 오늘날 기독교인들도 자신들을 구원하기 위해서 오신 현재의 예수를 모르고 이단으로 배척을 하고 있는 것입니다.

예수님께서 원하시는 금식과 기도와 자비

6. His disciples asked him and said to him, "Do you want us to fast? How should we pray? Should we give to charity? What diet should we observe?"

Jesus said, "Don't lie, and don't do what you hate, because all things are disclosed before heaven. After all, there is nothing hidden that will not be revealed, and there is nothing covered up that will remain undisclosed"

그(예수)의 제자들이 그에게 묻기를, "당신은 우리가 금식하기를 원하십니까? 어떻게 우리가 기도해야 합니까? 우리가 자비를 베풀어야 합니까? 그리고 우리는 어떤 음식을 삼가 해서 먹어야 합니까?"라고 예수에게 말했다.

예수께서 말씀하시니라. "거짓말하지 말라. 너희는 미워하는 일을 하지 말라. 왜냐하면 모든 것들이 하늘(하나님) 앞에서 드러나기 때문이니라. 결국 밝혀지지 않을 감추어진 것(숨겨진 죄)이 없으며 또 드러나지 않은 채로 남아 있을 가리워진(죄) 것이 없도다"

　[해설] 상기의 말씀은 예수님의 제자들이 어떻게 신앙생활을 해야 죄 사함을 받고 하나님의 아들로 거듭날 수 있는지를 예수님에게 질문을 하고 있는 것입니다.

　예수님의 제자들은 "당신은 우리가 금식하기를 원하십니까? 기도는 어떻게 해야 합니까? 우리가 가난한 이웃을 위해 자비를 베풀어야 합니까? 그리고 우리가 조심해서 먹어야 할 음식은 어떤 음식입니까?"라고 묻고 있습니다.

　그런데 예수님은 제자들의 질문에 동문서답을 하듯이 "너희는 거짓말을 하지 말라, 너희는 미워하는 일을 하지 말라"고 말씀을 하고 계십니다. 왜냐하면 너희가 행하는 모든 것들은 외식적인 것으로 하나님 앞에서 모두 드러나기 때문이라고 말씀하십니다.

　이 말씀은 예수님께서 마태복음 6장을 통해서 더욱 자세히 말씀하고 있습니다.

　[마태복음 6장 1절-18절] 사람에게 보이려고 그들 앞에서 너희 의를 행치 않도록 주의하라 그렇지 아니하면 하늘에 계신 너희 아버지께 상을 얻지 못하느니라. 그러므로 구제할 때에 외식하는 자가 사람에게 영광을 얻으려고 회당과 거리에서 하는 것과 같이 너희 앞에 나팔을 불지 말라. 진실로 너희에게 이르

노니 저희는 자기 상을 이미 받았느니라. 너는 구제 할 때에 오른손의 하는 것을 왼손이 모르게 하여 네 구제함이 은밀하게 하라 은밀한 중에 보시는 너의 아버지가 갚으시리라 또 너희가 기도할 때에 외식하는 자와 같이 되지 말라 저희는 사람에게 보이려고 회당과 큰 거리 어귀에 서서 기도하기를 좋아 하느니라 내가 진실로 너희에게 이르노니 저희는 자기 상을 이미 받았느니라. 너는 기도할 때에 네 골방에 들어가 문을 닫고 은밀한 중에 계신 네 아버지께 기도하라 은밀한 중에 보시는 네 아버지께서 갚으시리라. 또 기도할 때 이방인과 같이 중언부언하지 말라 저희는 말을 많이 하여야 들으실 줄을 생각하느니라. 그러므로 저희를 본받지 말라 구하기 전에 너희에게 있어야 할 것을 하나님 너희 아버지께서 아시느니라. 금식할 때에 너희는 외식하는 자들과 같이 슬픈 기색을 내지 말라 저희는 금식하는 것을 사람에게 보이려고 얼굴을 흉하게 하느니라. 내가 진실로 너희에게 이르노니 저희는 자기 상을 이미 받았느니라. 너는 금식할 때에 머리에 기름을 바르고 얼굴을 씻으라, 이는 금식하는 자로 사람에게 보이지 않고 오직 은밀한 중에 계신 네 아버지께 보이게 하려 함이라 은밀한 중에 보시는 네 아버지께서 갚으시리라.

　상기의 말씀은 예수님께서 그의 제자들과 유대인들뿐만 아니라 오늘날 기독교인들이 행하는 구제와 기도에 대하여 말씀하신 것입니다. 오늘날 기독교인들이 기도하는 것을 보면 사람이 많이 모이는 교회나 집회장소에서 자신을 드러내며 큰 소리로 기도를 합니다. 또한 구제 할 때도 사람들에게 자기 교회를 드러내기 위해 매스컴에 광고까지 해가며 구제하는 것을 흔히 볼 수 있습니다. 이렇게 외식적인 기도나 구제는 하나님의 영광을 나타내기 위함이 아니라 자기 교회를 드러내고 자신이 영광을 받기 위한 가증한 행위들입니다. 이 때문에 예수님은 상기의 말씀을 통해서 하나님이 원하시는 기도와 구제에 대하여 자세히 말씀해주신 것입니다. 그럼에도 불구하고 오늘날 교회들이 지금도 하나님의 영광을 나타내기 위한 기도나 구제를 하는 것이 아니라 자기교회와 자신을 나타내기 위해서 하고 있는 것입니다.

　하나님이 원하시고 받으시는 기도는 자신 안에 있는 죄(욕심과 탐심)를 깨끗이 씻고(죄 사함) 하나님의 생명으로 거듭나기 위한 목적으로 하는 것이며 구제는 하나님의 아들로 거듭난 자들이 이웃에 있는 죽은 영혼을 구원하는 것입니다. 또한 예수님이 말씀하시는 금식은 음식을 먹지 말

라는 것이 아니라 삯군목자들이 주는 가감된 말씀(누룩이 들어있는 말씀)을 먹지 말라는 뜻입니다. 그리고 금식할 때 머리에 기름을 바르라는 것은 하나님의 아들이 주는 생명의 말씀을 머리 속에 담으라는 것이며 얼굴을 깨끗이 씻으라는 것은 생명의 말씀으로 더러운 마음속을 깨끗이 씻으라는 것입니다. 이렇게 하는 기도와 구제 그리고 금식이 예수님이 말씀하시는 오른손이 하는 것을 왼손이 모르도록 하는 것이며 은밀한 가운데 계신 하나님께 영광을 돌리는 것입니다.

　마태복음을 통해서 이렇게 말씀하신 예수님께서 도마복음을 통해서도 너희는 기도나 구제나 금식을 하기 전에 먼저 거짓말(외식)을 하지 말고 남을 미워하지 말고 너희 마음부터 깨끗이 하라고 말씀하신 것입니다. 왜냐하면 지금 너희가 하고 있는 기도나 구제는 이방인들이 하는 죽은 행실들이며 하나님과는 전혀 상관없는 일이기 때문입니다. 예수님이 말씀하시는 이방인은 불신자나 타 종교인이 아니라 하나님의 백성들 가운데 하나님의 말씀을 떠나 비진리 곧 하나님의 말씀을 인용하여 만든 각종 교리와 전통적 보수신앙을 따라 가는 자들을 말합니다.

　예수님은 제자들에게 거짓말 하지 말고 남을 미워하는

일을 하지 말라고 말씀하십니다. 예수님께서 거짓말을 하지 말라는 것은 하나님의 말씀을 왜곡하거나 가감하여 거짓증거를 하지 말라는 것이며 미워하는 일을 하지 말라는 말씀도 사람이 싫어하는 일이 아니라 하나님이 싫어하는 일, 즉 외식적인 신앙생활이나 기복적인 신앙생활을 하지 말라는 뜻입니다.

왜냐하면 너희가 지금 사람에게 보이려고 하는 외식적인 신앙생활이나 하나님께 복을 받기 위해서 욕심으로 하는 신앙생활은 하나님 앞에서 모두 죄로 드러날 것이기 때문이라는 뜻입니다. 이렇게 너희가 욕심과 외식으로 행하는 신앙생활은 아무리 감추려 해도 하나님 앞에서 숨김없이 모두 드러난다는 것입니다.

사람이 먹을 사자와 사자가 먹는 사람

7. Jesus said, "Lucky is the lion that the human will eat, so that the lion becomes human. And foul is the human that the lion will eat, and the human will become lion"

예수께서 말씀하시니라. "사람이 먹을 사자는 행운(복)이 있도다. 이는 사자가 사람이 되기 때문이다. 사자가 먹을 사람은 잘못(화)되었도다. 왜냐하면 (사자가 사람을 먹으면) 사람이 사자가 되기 때문이다"

[해설] 예수님은 사람이 먹을 사자는 행운, 즉 복이 있다고 말씀하십니다. 왜냐하면 사람이 사자를 먹으면 사자가 사람이 되기 때문이라는 것입니다. 그런데 만일 사자가 사람을 먹으면 잘못 된다는 것입니다. 왜냐하면 사자가 사람을 먹으면 사람이 사자가 되기 때문이라는 말씀입니다. 그런데 어떻게 사람이 사자를 먹는다고 사자가 사람이 되고, 또한 사자가 사람을 먹는다고 어떻게 사람이 사자가 될 수 있다는 것입니까? 오늘날 기독교인들로서는 도저히 이해

할 수 없는 말씀입니다. 그러므로 예수님이 말씀하시는 사자는 실제 짐승을 말하는 것이 아니라 짐승의 상태에 있는 존재, 즉 아직 사람으로 거듭나지 못한 짐승의 존재들을 상태대로 비유하여 말씀하고 있는 것입니다. 4복음서에 예수님께서 이리나 독사의 자식이라고 말씀하신 것도 실제 짐승들을 말씀하신 것이 아니라 유대인들과 바리새인들을 가리켜 비유로 말씀하신 것이며 또한 예수님께서 자신은 인자(사람의 아들)이며 그의 제자들은 양(육축)으로 말씀을 하신 것도 모두 사람의 영적인 상태를 비유하여 말씀하신 것입니다. 이렇게 성경에 나오는 각종 짐승들은 하나님의 백성들을 영적 차원에 따라 분류하여 비유로 말씀하고 있는 것입니다.

　　사도행전 10장에 베드로가 부정한 짐승을 잡아먹는 장면이 나옵니다. 그런데 부정한 짐승은 실제 돼지나 뱀 같은 짐승들이 아니라 이방인인 고넬료 가족을 비유하여 말씀한 것입니다. 베드로가 하나님의 명에 따라 부정한 짐승을 잡아먹은 것은 고넬료의 가족을 구원시킨 것입니다.

　　이와 같이 예수님께서 그를 믿고 따르는 제자들(양들)을 삼년 반 동안 말씀을 통해서 구원시킨 것은 곧 양들(제자들)을 잡아먹은 것과 같은 것입니다. 그러면 여기서 예수

님께서 말씀하시는 사자는 어떤 존재를 말하는 것일까요? 예수님께서 말씀하시는 사자는 양의 우리밖에 있는 들짐승으로 유대인들과 제사장을 말하고 있습니다.

그러므로 사람(하나님의 아들)이 사자를 잡아먹으면 사자가 사람(하나님의 아들)이 되지만 사자(제사장)가 사람을 잡아먹으면 사자(제사장)와 같이 된다는 것을 비유로 말씀하신 것입니다. 때문에 예수님은 사람에게 잡혀 먹히는 사자가 복되다고 말씀하신 것입니다.

왜냐하면 사자가 사람에게 잡혀 먹히면 사자가 사람으로 거듭나서 하나님의 아들이 되기 때문입니다.

8. And he said, "The person is like a wise fisherman who cast his net into the sea and drew it up from the sea full of (little) fish. Among them the wise fisherman discovered a fine large fish. He threw all the little fish back into the sea, and easily chose the large fish. Anyone here with two good ears had better listen!"

그리고 그가 말씀하시되, "그 사람은 그의 그물을 바다에 던져 (작은) 물고기를 가득 잡아 바다에서 건져 올리는 지혜로운 어부 같도다. 그 지혜로운 어부는 그들(물고기) 중에 크고 좋은 물고기 한 마리를 찾아내고 모든 작은 물고기들을 바다에 되던져 넣고 쉽게(간단히) 그 큰 물고기를 선택하였느니라. 누구든지 좋은 두 귀(할례 받은 귀)를 가진 자는 잘 들어라!"

[해설] 예수님은 계속해서 그물을 바다에 던져 물고기를 가득 잡아 올리는 사람은 지혜로운 어부와 같다고 말씀하십니다. 그 지혜로운 어부는 잡은 고기들 중에서 크고 좋은 물고기 한 마리를 발견하고 다른 작은 고기들은 바다에 다시 던져 넣고 큰 물고기만 소유하였다고 말씀하시면서 누

구든지 두 귀가 있는 자는 잘 들으라고 말씀하고 있습니다. 사람들은 모두 귀가 둘입니다. 그러면 예수님이 말씀하시는 두 귀는 어떤 귀를 말할까요? 예수님이 말씀하시는 두 귀는 할례 받은 귀를 말합니다. 즉 할례 받은 귀는 영적인 말씀이나 비유의 말씀을 들을 수 있는 귀를 말하고 있습니다.

때문에 예수님은 들을 귀가 있는 자는 들으라고 말씀하시는 것입니다. 예수님이 말씀하시는 바다는 세상을 말하며 물고기는 하나님의 백성들을 말합니다. 그리고 지혜로운 어부는 참 목자를 말하며 큰 물고기는 목자의 음성을 들을 수 있는 귀를 가지고 있는 양들을 말합니다. 즉 큰 물고기는 애굽교회(세상교회)에서 출애굽하여 광야로 나온자들, 곧 영적인 나그네, 고아, 과부들을 말하고 있습니다.

예수님께서 구원하시기 위하여 찾고 있는 자들이 바로 이러한 영적인 나그네, 고아, 과부들입니다.

씨 뿌리는 자의 비유

9. Jesus said, "Look, the sower went out, took a handful (of seeds), and scattered (them). Some fell on the road, and the birds came and gathered them. Others fell on rock, and they didn't take root in the soil and didn't produce heads of grain. Others fell on thorns, and they choked the seeds and worms ate them. And others fell on good soil, and it produced a good crop: it yielded sixty per measure and one hundred twenty per measure"

예수께서 말씀하시니라. "보라, 씨 뿌리는 자가 씨를 한 주먹 가지고 나가 뿌리매 어떤 것은 길 위에 떨어져 새들이 와서 씨들을 먹어버렸고 어떤 씨들은 돌 위에 떨어지매 (흙이 없어) 흙 속에 뿌리내리지 못한 고로 알곡을 생산하지 못했고. 다른 씨들은 가시떨기 밭에 떨어지매 씨가 나서 자라지만 가시떨기가 기운을 막아 질식시키고 또 벌레들이 먹어버렸느니라. 그런데 어떤 씨들은 좋은 밭에 떨어지매 그것이 좋은 곡식을 육십 배 또 백이십 배를 생산하였느니라"

[해설] 상기의 말씀은 예수님께서 씨 뿌리는 자의 비유를 들어서 하나님의 백성들이 거듭나는 과정을 말씀하고 있습니다. 이와 같이 하나님의 백성들, 즉 오늘날 기독교인들이 "나는 예수님을 믿는다" 혹은 "입으로 시인한다"하여 즉시 구원을 받거나 하나님의 아들이 되는 것이 아니라 하나님의 아들이 되는 과정이 있다는 것을 예수님께서 말씀하신 것입니다.

예수님을 믿는다는 것은 곧 예수님이 하시는 말씀을 믿는 것입니다. 그런데 예수님이 하신 말씀을 믿지 않는다는 것은 곧 예수님을 믿지 않는다는 것이며 더 나아가서 예수님을 부인하는 행위입니다.

예수님께서 말씀하신 씨 뿌리는 자의 비유는 이미 마태복음 13장 18절 이하의 말씀을 통해서 자세히 풀어주신 말씀입니다.

[마태복음 13장 18절-23절] 그런즉 씨 뿌리는 비유를 들으라 아무나 천국 말씀을 듣고 깨닫지 못할 때는 악한 자가 와서 그 마음에 뿌리운 것을 빼앗나니 이는 곧 길 가에 뿌리운자요 돌밭에 뿌리웠다는 것은 말씀을 듣고 즉시 기쁨으로 받되 그 속에 뿌리가 없어 잠시 견디다가 말씀을 인하여 환난이나 핍박

이 일어나는 때에는 곧 넘어지는 자요 가시떨기에 뿌리웠다는 것은 말씀을 들으나 세상의 염려와 재리의 유혹에 말씀이 막혀 결실치 못하는 자요 좋은 땅에 뿌리웠다는 것은 말씀을 듣고 깨닫는 자니 결실하여 혹 백배 혹 육십배 혹 삼십배가 되느니라.

　상기에 말씀을 듣고 깨닫는 자는 결실하여 백배 혹은 육십 배 혹은 삼십 배가 된다고 말씀하시는데 도마는 결실하는 열매를 육십 배 백이십 배라고 기록하고 있습니다. 이러한 것들을 보면 예수님이 하신 말씀을 마태나 도마나 똑같이 함께 들어서 기록하였으나 번역하는 자들에 의해서 다소 차이가 있다는 것을 알 수 있습니다.

　예수님의 말씀에 씨뿌리는 자는 말씀을 소유하고 있는 천사, 즉 하나님의 아들들이며 씨는 하나님의 말씀이며 밭은 하나님의 백성들의 마음을 말하고 있습니다. 하나님의 아들들은 오늘날도 하나님의 백성들의 마음에 말씀의 씨를 뿌리고 있습니다.

　그런데 첫번째 밭은 하나님의 백성들이 말씀을 받아도 마음이 굳어져 말씀의 뿌리를 내리지 못하기 때문에 악한 자들, 즉 삯군목자와 거짓목자들이 그 말씀을 빼앗아간다

는 것입니다. 둘째 밭은 말씀을 듣고 기쁨으로 받아들이지만 받은 말씀을 이단이라고 배척하거나 핍박을 하면 곧 넘어지는 자며 셋째 밭은 말씀을 듣고 생명의 말씀이라고 잘 간직을 하고 있지만 세상의 물질이나 돈의 미혹이 오면 말씀을 버리고 떠나간다는 것입니다. 넷째 밭은 말씀을 듣고 그 말씀의 비밀을 깨달아 하나님의 생명으로 거듭나는 자로 하나님이 원하시는 열매, 즉 이웃에 죽어 있는 영혼들을 구원하고 살려서 삼십배, 육십배, 백배로 열매를 맺는다는 말씀입니다.

세상에 불을 던지러 온 예수

10. Jesus said, "I have cast fire upon the world, and look, I'm guarding it until it blazes"

예수께서 말씀하시니라. "나는 이 세상에 불을 던졌노라. 보라, 이 불이 (너희 안에서)타오를 때까지 내가 지켜보고 있노라"

[해설] 예수님은 이 세상에 불을 던졌다고 말씀하시면서 이 불이 타오를 때까지 내가 지켜보고 있다고 말씀하십니다. 불은 영적으로 심판을 의미합니다.

　오늘날 기독교인들은 예수님은 사랑이시며 평강이시기 때문에 이 세상에 화평을 주기 위해서 오셨다고 모두 믿고 있습니다. 그런데 예수님은 마태복음 10장 34절을 통해서도 "내가 세상에 화평을 주러 온 줄로 생각지 말라 화평이 아니요 검을 주러 왔노라"고 말씀하시며 누가복음 12장 49절을 통해서는 "내가 불을 땅에 던지러 왔다"고 말씀하고 있습니다.

　왜 그럴까요? 그것은 하나님의 백성들과 목자들이 너무나 부패했기 때문입니다. 예수님은 하나님의 뜻대로 말

씀에 따라 신앙생활을 하는 자들에게는 화평을 주시지만 자신의 욕심을 채우기 위한 기복신앙이나 교리에 따라 신앙생활을 하는 자들에게는 불을 던지십니다. 이 때문에 예수님은 하나님의 생명으로 거듭난 알곡은 천국 곳간에 모아들이지만 거듭나지 못한 쭉정이들은 모두 불에 태우신다고 말씀하시는 것입니다.

예수님은 나를 믿고 내 음성을 듣고 내가 주는 생명의 떡을 먹는 자는 영생에 이르게 하지만 삯군목자를 믿고 그 음성을 예수의 음성으로 듣고 먹는 자들은 심판을 하신다는 말씀입니다.

이렇게 예수님은 생명의 말씀이 없는 쭉정이들에게 불을 던져 불이 타올라 모두 타버리기까지 지켜보신다고 말씀하십니다. 이 얼마나 무서운 말씀입니까? 오늘날 기독교인들은 이런 말씀을 통해서 자신을 인도하는 목자를 확인해보고 자신의 신앙을 돌아보아야 합니다.

11. Jesus said, "This heaven will pass away, and the one above it will pass away"

예수께서 말씀하시니라. "이 하늘(애굽의 교리신앙)은 없어질 것이요 또 그 위의 하늘(광야의 율법신앙)도 없어질 것이라"

[해설] 예수님은 이 하늘은 없어질 것이며 그 위에 있는 하늘도 없어질 것이라 말씀하십니다. 그러면 하늘도 있다가 없어지고 없어진 하늘이 다시 나타난다는 말입니까? 예수님은 이렇게 인간들이 이해할 수 없는 말씀을 하고 계십니다. 그러면 예수님께서 말씀하시는 하늘은 무엇을 말하며 그 위에 있는 하늘은 어떤 하늘을 말하고 있을까요? 오늘날 기독교인들은 하늘이라고 말하면 머리위의 창공을 바라봅니다. 그러나 하나님께서 말씀하시는 하늘이나 땅은 우리가 알고 있는 하늘과 땅을 말하는 것이 아닙니다.

    예수님께서 말씀하시는 하늘은 3차원으로 분리된 신앙의 세계, 즉 애굽, 광야, 가나안을 말하는데 이를 삼층천이라고도 말합니다. 노아의 방주와 예루살렘 성전이 삼층으로 되어 있는 것은 하나님의 백성들이 머물고 있는 하늘의 세계와 영적인 차원이 셋으로 분리되어 있다는 것을 보여

주는 것입니다. 이와 같이 첫째 하늘은 애굽의 세계, 즉 교리와 기복의 신앙을 말하며 그 위에 있는 둘째 하늘은 광야의 세계, 즉 율법과 표적신앙을 말합니다.

그러므로 예수님은 이 하늘(교리와 기복신앙)은 없어질 것이며 하늘 위에 있는 하늘(율법신앙)도 없어져야 진리와 생명이 존재하는 셋째 하늘인 가나안에 이르게 된다고 말씀하시는 것입니다. 왜냐하면 첫째 하늘이 떠나지 않고는 둘째 하늘이 올 수 없고 둘째 하늘이 떠나가지 않으면 셋째 하늘이 올 수 없기 때문입니다. 이것은 천국으로 가는 길을 첫째 하늘인 애굽과 둘째 하늘인 광야와 셋째 하늘인 가나안으로 비유하여 말씀하신 것입니다.

이렇게 예수님은 하나님의 백성들이 애굽의 기복신앙에서 벗어나 광야의 율법신앙을 거쳐 가나안 땅에 들어가 진리의 생명으로 거듭나는 길, 곧 좁고 협착하여 찾는 이조차 적은 길을 생명의 길 혹은 십자가의 길이라 말씀하시는 것입니다.

"The dead are not alive, and the living will not die. During the days when you ate what is dead, you made it come alive. When you are in the light,

what will you do? On the day when you were one, you became two. But when you become two, what will you do?"

"죽은 자는 살아나지 못하고 산 자는 죽지 아니하리라. 너희(산자)가 죽은 자를 먹던 날들 동안에 너희는 그것(죽은 자)을 살게 했느니라. 너희가 빛(진리) 가운데 있을 때 무엇을 하느냐? 너희가 하나(영)였던 그날에 너희는 둘(혼과 영)이 되었노라. 그러나 너희가 둘(영과 육)이 된즉 무엇을 할 수 있느냐?"

[해설] 이어지는 말씀에 예수님께서 죽은 자는 살아나지 못하고 산자는 죽지 않는다는 말씀은 죽은 자는 스스로 살아나지 못하고 산자가 살린다는 말씀입니다. 그러므로 너희 산자가 죽은 자를 먹던 날 동안에 너희가 죽은 자를 살게 한 것이라 말씀하시는 것입니다.

오늘날 기독교인들은 산자가 죽은 자를 먹는다는 의미를 전혀 모르고 있습니다. 왜냐하면 이러한 말씀들은 유대인들은 물론 예수님의 제자들도 잘 이해하지 못했던 말씀이기 때문입니다. 그러나 성경을 살펴보면 산자들이 먹는 양식이 무엇인가를 분명하게 알 수 있습니다.

[사도행전 10장 9절-] 이튿날 저희가 행하여 성에 가까이 갔을 그 때에 베드로가 기도하려고 지붕에 올라가니 시간은 제 육시더라 시장하여 먹고자 하매 사람이 준비할 때에 비몽사몽간에 하늘이 열리며 한 그릇이 내려오는 것을 보니 큰 보자기 같고 네 귀를 매어 땅에 드리웠더라 그 안에는 땅에 있는 각색 네 발 가진 짐승과 기는 것과 공중에 나는 것들이 있는데 또 소리가 있으되 베드로야 일어나 잡아 먹으라 하거늘 베드로가 가로되 주여 그럴 수 없나이다 속되고 깨끗지 아니한 물건을 내가 언제든지 먹지 아니하였삽나이다 한대 또 두번째 소리 있으되 하나님께서 깨끗케 하신 것을 네가 속되다 하지 말라 하더라 이런 일이 세 번 있은 후 그 그릇이 곧 하늘로 올리워 가니라 베드로가 본바 환상이 무슨 뜻인지 속으로 의심하더니 마침 고넬료의 보낸 사람들이 시몬의 집을 찾아 문 밖에 서서 불러 묻되 베드로라 하는 시몬이 여기 우거하느냐 하거늘 베드로가 그 환상에 대하여 생각할 때에 성령께서 저더러 말씀하시되 두 사람이 너를 찾으니 일어나 내려가 의심치 말고 함께 가라 내가 저희를 보내었느니라 하시니 베드로가 내려가 그 사람들을 보고 가로되 내가 곧 너희의 찾는 사람이니 너희가 무슨 일로 왔느냐 저희가 대답하되 백부장 고넬료는 의인이요 하나님을 경외하는 자라 유대 온 족속이 칭찬하더니 저가 거룩한 천

사의 지시를 받아 너를 그 집으로 청하여 말을 들으려 하느니라 한대 베드로가 불러 들여 유숙하게 하니라 이튿날 일어나 저희와 함께 갈쌔 욥바 두어 형제도 함께 가니라 이튿날 가이사랴에 들어가니 고넬료가 일가와 가까운 친구들을 모아 기다리더니 마침 베드로가 들어 올 때에 고넬료가 맞아 발 앞에 엎드리어 절하니 베드로가 일으켜 가로되 일어서라 나도 사람이라 하고 더불어 말하며 들어가 여러 사람의 모인것을 보고 이르되 유대인으로서 이방인을 교제하는 것과 가까이 하는 것이 위법인 줄을 너희도 알거니와 하나님께서 내게 지시하사 아무도 속되다 하거나 깨끗지 않다 하지 말라 하시기로 부름을 사양치 아니하고 왔노라 묻노니 무슨일로 나를 불렀느뇨 고넬료가 가로되 나흘 전 이맘때까지 내 집에서 제 구시 기도를 하는데 홀연히 한 사람이 빛난 옷을 입고 내 앞에 서서 말하되 고넬료야 하나님이 네 기도를 들으시고 네 구제를 기억하셨으니 사람을 욥바에 보내어 베드로라 하는 시몬을 청하라 저가 바닷가 피장 시몬의 집에 우거하느니라 하시기로 내가 곧 당신에게 사람을 보내었더니 오셨으니 잘하였나이다 이제 우리는 주께서 당신에게 명하신 모든 것을 듣고자 하여 다 하나님 앞에 있나이다 베드로가 입을 열어 가로되 내가 참으로 하나님은 사람의 외모를 취하지 아니하시고 각 나라중 하나님을 경외하며 의를

행하는 사람은 하나님이 받으시는 줄 깨달았도다 (생략) 베드로가 이 말 할 때에 성령이 말씀 듣는 모든 사람에게 내려오시니 베드로와 함께 온 할례 받은 신자들이 이방인들에게도 성령 부어 주심을 인하여 놀라니 이는 방언을 말하며 하나님 높임을 들음이러라.

　상기의 말씀은 베드로가 이방인 백부장 고넬료의 가정을 구원시키는 장면입니다. 하나님께서 베드로에게 잡아먹으라고 하신 부정한 짐승은 실제 짐승들이 아니라 고넬료의 집에 모인 고넬료의 가족들을 말하고 있습니다. 이렇게 하나님의 생명으로 거듭난 하나님의 아들들이 먹어야 할 양식은 죄 가운데 죽어가는 하나님의 백성들이며 이들을 구원시키는 것을 잡아먹는다는 비유로 말씀하신 것입니다.
　오늘날도 하나님의 생명으로 실제 거듭난 산자들은 지금도 죽은 자들을 구원하여 살리고 있다는 것을 알아야 합니다. 요한복음 4장 30절 이하를 보면 예수님께서 제자들에게 내게는 너희가 알지 못하는 먹을 양식이 있다고 말씀하시면서 나의 양식은 나를 보내신 이의 뜻을 행하며 그의 일을 온전히 이루는 것이라고 말씀하시는 것을 볼 수 있습니다.

　이 말씀은 예수님이 먹을 양식은 죽은 영혼들을 구원하고 살려서 하나님의 아들로 거듭나게 하는 것이라는 뜻입니다. 이와 같이 예수님이 먹어야 할 양식은 제자들이 구해 온 음식물이 아니라 지금 예수님 앞에 앉아 있는 수가성 우물가의 여인이라는 뜻입니다. 이렇게 성경을 통해서 사도들이나 예수님 그리고 오늘날 하나님의 아들로 거듭난 자들이 먹을 양식은 육신의 양식이 아니라 죄 가운데서 죽어가는 하나님의 백성들을 말씀하고 있는 것입니다.

　이어지는 말씀에 예수님께서 너희가 빛 가운데 있을 때 무엇을 했느냐고 묻는 것은 너희가 진리 가운데 있을 때 아무 일도 하지 않았다는 뜻입니다. 때문에 너희가 진리로 하나가 되었어야 할 그 날에 너희는 두 마음(영과 육)이었고 이제 두마음이 된 너희가 무슨 일을 할 수 있겠느냐는 것입니다. 이 말씀은 예수님의 마음과 제자들의 마음이 진리로 하나가 될 때 하나님의 일을 할 수 있다는 뜻입니다.

메시야

업은 아기 삼면 찾듯
눈앞에 계신 메시야를 모르네
이천년을 기다린 메시야
이천년을 더 기다려도 오지 않으리

마음자리 바꾸어
마음 눈을 뜨면
눈앞에 계신 메시야
확연하게 보련마는

미련하고 어리석은 백성들
오늘도 뜬구름 바라보며
구름타고 오실 메시야를
학수고대하며 기다리네.

2. 땅이 하늘되어 온 자
whose sake heaven and earth came into being.

야고보는
땅이 하늘이 되어 온 자, 즉
죄인이 하나님의 생명으로 거듭나서
하나님의 아들이 된 자이기 때문인 것입니다.

12. The disciples said to Jesus, "We know that you are going to leave us. Who will be our leader?" Jesus said to them, "No matter where you are you are to go to James the Just, for whose sake heaven and earth came into being"

제자들이 예수께 말하되, "우리는 당신이 우리를 떠나 갈 것을 압니다. (그러면) 누가 우리의 인도자가 되겠습니까?" 예수께서 제자들에게 말씀하시되, "염려하지 말라 너희가 어느 곳에 있든지 너희는 의인 야고보에게 가라. 그는 땅이 하늘이 되어 온 자(아들)이다"

[해설] 예수님의 제자들은 앞으로 예수님이 떠나갈 것을 미리 알고 예수님에게 당신이 떠나면 누가 우리의 인도자가 되느냐고 질문을 하고 있는 것입니다. 그런데 예수님은 제자들에게 염려하지 말라고 하시면서 너희의 인도자는 야고보가 될 것이라고 말씀하십니다. 왜냐하면 야고보는 땅이 하늘이 되어 온 자, 즉 죄인이 하나님의 생명으로 거듭나서 하나님의 아들이 된 자이기 때문이라는 것입니다. 오늘날 기독교인들은 제자들 중에 천국 열쇠를 받은 예수님의 수석제자 시몬 베드로가 제자들을 인도하는 목자로 알고 있습니다. 그래서 천주교에서는 베드로를 초대교황으로 모시고 있습니다. 그런데 예수님은 너희를 인도할 자는 베

드로가 아니라 야고보라고 말씀하십니다. 이 말씀은 야고보는 예수님 당시에 이미 하나님의 아들로 거듭났다는 것을 말해주는 것입니다. 그럼에도 불구하고 어느 신학자는 야고보가 기록한 야고보서가 믿음보다 행함을 강조한다 하여 지푸라기 복음이라 천대를 하고 있습니다. 왜냐하면 천국은 믿음으로 가는 것이지 행함으로 가는 곳이 아니라고 굳게 믿고 있기 때문입니다. 그러나 기독교인들은 예수님도 천국은 하나님의 뜻대로 행한 자들이 들어가는 곳이라고 행함을 강조하고 있다는 것을 모르고 있기 때문입니다.

[마태복음 7장 21절] 나더러 주여 주여 하는 자마다 천국에 다 들어 갈 것이 아니요 다만 하늘에 계신 내 아버지의 뜻대로 행하는 자라야 들어가리라

예수님은 나더러 주여 주여 하는 자마다 모두 천국에 들어가는 것이 아니라 오직 하늘에 계신 아버지의 뜻대로 행한 자들이 들어간다고 분명하게 말씀하고 있습니다. 그런데도 불구하고 오늘날 삯군목자들은 아무런 행함이 없어도 예수를 믿고 입으로 시인만 하면 모두 천국에 들어간다고 거짓증거를 하고 있는 것입니다.

13. Jesus said to his disciples, "Compare me to something and tell me what I am like"

Simon Peter said to him, "You are like a just messenger" Matthew said to him, "You are like a wise philosopher" Thomas said to him, "Teacher! my mouth is utterly unable to say what you are like"

예수께서 그의 제자들에게 말씀하시되, "(너희는) 나를 다른 것(사람)에 견주어 보아라. 그리고 내가 무엇과 같은지 말해보아라" 시몬 베드로가 예수에게 대답하되, "당신은 의로운 예언자와 같나이다" 마태가 예수에게 대답하되, "당신은 지혜로운 철인(현인, 철학자) 같나이다" 도마가 예수에게 대답하되, "선생이여! 제 입으로는 당신이 무엇과 같은지 감히 말할 수 없나이다"

[해설] 예수님은 제자들에게 나를 다른 사람에게 비교하여 내가 어떤 자와 같은지 말해보라고 말씀하십니다. 예수님의 질문에 시몬 베드로는 의로운 예언자 같다고 말하고 마태는 지혜로운 철학자와 같다고 말하는데 도마는 예수님에게 제 입으로는 당신이 어떤 사람과 같다고 감히 말할 수 없다고 대답하고 있습니다. 도마가 예수님에 대하여 감

히 말을 하지 못한 것은 예수님을 하나님으로 보았기 때문입니다.

　　예수님의 제자들은 각기 예수님을 바라보는 눈과 자신이 소유하고 있는 믿음의 분량에 따라 예수님을 보고 말하고 있는 것입니다. 이렇게 예수님은 바라보는 사람의 믿음에 따라 랍비(선생), 선지자, 메시야, 참 목자, 하나님의 아들로 볼 수 있습니다. 그러나 유대인들이나 제사장들은 예수를 유대교를 파괴하려는 이단자 혹은 귀신들린 자로 정죄까지 하고 있는 것입니다. 그런데 마태복음(16장 13절-17절)에 기록된 말씀은 조금 다르게 기록되어 있습니다.

　　[마태복음 16장 13장-17절] 예수께서 가이사랴 빌립보 지방에 이르러 제자들에게 물어 가라사대 사람들이 인자를 누구라 하느냐 가로되 더러는 세례요한 더러는 엘리야 어떤 이는 예레미야나 선지자 중의 하나라 하나이다 가라사대 너희는 나를 누구라 하느냐 시몬 베드로가 대답하여 가로되 주는 그리스도시요 살아계신 하나님의 아들이시니이다. 예수께서 대답하여 가라사대 바요나 시몬아 네가 복이 있도다 이를 네게 알게 한 이는 혈육이 아니요 하늘에 계신 내 아버지시니라.

　이 말씀을 보면서 오늘날 기독교인들은 무엇 때문에 도마가 기록한 말씀과 마태가 기록한 말씀과 다를까 의아하게 생각하는 사람도 있을 것입니다. 그러나 이 말씀도 자신의 믿음대로 보고 생각 할 수밖에 없습니다.

　상기의 말씀에 시몬베드로는 예수님에게 주는 그리스도시요 살아계신 하나님의 아들이라고 말을 하지만 예수님은 이를 알게 한 이는 혈육이 아니요 하늘에 계신 내 아버지라고 말씀하고 있습니다. 이 말은 베드로가 예수님이 그리스도요 하나님의 아들이라는 것을 알게 된 것이 스스로 안 것이 아니라 하나님이 알려주어서 알았다는 뜻입니다. 즉 베드로는 예수님이 그리스도라는 것을 모르고 있었다는 것입니다.

　Jesus said, "I am not your teacher. Because you have drunk, you have become intoxicated from the bubbling spring that I have tended"

　예수께서 말씀하시되, "나는 너의 선생이 아니다. 왜냐하면 너는 (내가 주는 말씀으로) 취했고, 내가 지켜온(소유하고 있는) 솟아나는 샘물(생명의 말씀)로 네가 도취(변화)되었기 때문이다"

　[해설] 예수님은 제자들의 답변을 듣고 나는 너의 선생이 아니라고 말씀하고 있습니다. 왜냐하면 너희는 내가 주는 말씀으로 성령에 취했고 내가 소유하고 있는 샘물, 곧 생명의 말씀으로 너희가 변화되었기 때문이라는 것입니다. 이렇게 예수님은 말씀이나 가르치는 선생이 아니라 말씀으로 너희의 죄를 사해주고 구원시켜 하나님의 아들로 거듭나게 하는 구원자라는 뜻입니다.

　그 이유는 너희는 내가 주는 말씀으로 이미 죄 사함을 받았고 또한 날마다 하나님의 아들로 변화되고 있기 때문이라는 것입니다. 그럼에도 불구하고 예수님의 제자들은 아직도 예수님에 대하여 잘 모르고 있습니다. 예수님께서 수가성 우물가의 여인에게 이 물을 먹는 자마다 다시 목마르려니와 내가 주는 물(생수)은 영원히 목마르지 않다고 말씀하신 것은 예수님이 주는 말씀이 곧 생명이라는 뜻입니다.

　그러나 오늘날 기독교인들은 물론 수가성 우물가의 여인도 물과 생수가 무엇이며 어떻게 다른지 그리고 영원히 목마르지 않는 생수는 어디 있는지 모르고 있는 것입니다. 먹어도 다시 갈한 물은 제사장이나 목사들이 주는 말씀이고 영원히 목마르지 않는 생수는 예수님이 주시는 생명의

말씀을 말하고 있습니다.

  그런데 기독교인들은 오늘날 생수를 주는 하나님의 아들이 앞에 와 있어도 수가성 우물가의 여인처럼 그가 예수인지를 전혀 모르고 있다는 것은 심히 안타까운 일입니다.

예수께서 도마에게 말씀하신 세 가지 비밀

And he took him, and withdrew, and spoke three sayings to him. When Thomas came back to his friends they asked him, "What did Jesus say to you?"

그리고 예수께서 도마를 데리고 물러나 그에게 세 가지를 말씀하셨다. 도마가 그의 동료들(제자들)에게 돌아왔을 때에 그들이 "예수께서 너에게 무엇을 말씀하셨는가?" 라고 물었다.

[해설] 예수님께서 그의 제자들에게 너희는 나를 누구라고 하느냐는 질문의 답변을 모두 들으신 후에 도마를 불러 한적한 곳으로 데리고 가서 도마에게 아주 중요한 말씀 세 가지를 들려주셨습니다. 오늘날 기독교인들은 예수님께서 모든 제자들 가운데 무엇 때문에 의심 많은 도마를 불러 중요한 말씀을 해주셨을까? 하는 의구심이 들것이라 생각합니다.

　　예수님께서 모든 제자들 중에서 도마를 특별히 선택한 것은 도마를 가장 신뢰할 수 있었기 때문입니다. 오늘날 기

독교인들은 도마를 가리켜 의심 많은 도마라고 부릅니다. 그런데 이 말씀을 보면 예수님께서 도마를 얼마나 신뢰하고 있다는 것을 알 수 있습니다.

　예수님께서 도마를 데리고 간 후 남아 있는 제자들은 예수님이 도마에게 무슨 말씀을 하시는지 궁금하여 도마가 오기를 모두 학수고대 기다리고 있었습니다. 때문에 도마가 예수님이 하시는 말씀을 모두 듣고 제자들에게 다시 돌아 왔을 때 제자들은 도마에게 이구동성으로 예수님께서 너에게 무슨 말씀을 하셨느냐고 묻고 있는 것입니다. 예수님께서 모든 제자들을 모아놓고 말씀하시지 못하고 오직 도마에게만 말씀을 하신 것은 특별한 이유가 있었기 때문입니다. 아래 말씀을 보면 그 이유를 알수 있습니다.

Thomas said to them, "If I tell you one of the sayings he spoke to me, you will pick up rocks and stone me, and fire will come from the rocks and devour you"

도마가 그들에게 말하되, "만약 (예수님께서) 내게 말씀하신 것들 중에서 하나(하나라도)를 너희에게 말한다면, 너희들은 바위와

돌을 집어 나를 칠 것이라. 또 바위(반석)에서 불이 나와 너희를 삼키리라(태워버릴 것이다)"

[해설] 도마는 제자들의 질문공세에 예수님께 들은 말을 곧 바로 하지 못하고 주저하고 있습니다. 왜냐하면 만일 예수님께서 내게 하신 세 가지 말씀을 너희가 들으면 돌과 바위를 들어서 나를 쳐 죽이려고 할 것이며 또 그때 바위에서 불이 나와 너희를 태워버릴 것이기 때문이라는 것입니다. 그러면 도마가 예수님께 들은 세 마디의 말씀은 무엇이며 바위에서 불이 나온다는 것은 무슨 말씀일까요? 도마가 입을 열지 않으면 예수님께서 도마에게 하신 말씀은 영원한 비밀로 침묵할 수밖에 없습니다. 예수님께서 도마를 불러 조용히 일러준 말씀은 유대인들이나 오늘날 기독교인들은 물론 예수님의 제자들도 두렵고 떨리는 말씀인 것이 분명합니다. 때문에 예수님은 이러한 말씀을 모든 제자들에게 공개적으로 말하지 못하시고 예수님의 말씀을 평소에 잘 이해하고 소화할 수 있는 도마를 조용히 불러서 은밀하게 말씀을 하신 것입니다. 그러면 예수님께서 도마에게 은밀하게 하신 세 가지의 말씀은 과연 어떤 말씀일까요? 그 말씀은 아래 절에 잘 나타나 있습니다.

14. Jesus said to them, "If you fast, you will bring sin upon yourselves, and if you pray, you will be condemned, and if you give to charity, you will harm your spirits"

예수께서 그들(도마)에게 말씀하셨다. "만약 너희가 금식한다면 너희 자신에게 죄를 불러들이는 것이요, 만약 너희가 기도한다면 너희는 (기도한대로) 정죄(심판)를 받을 것이요, 또 만약 너희가 자비를 베푼다면 너희 영혼에 해를 끼칠 것이다"

[해설] 예수님이 도마를 불러 은밀하게 하신 세 가지의 말씀은 첫째 만약 너희가 금식을 한다면 너희 자신에게 죄를 불러들이는 것이요, 둘째 만약 너희가 기도를 한다면 너희는 기도한대로 심판을 받을 것이요, 셋째 또 만일 너희가 자비를 베푼다면, 너희 영혼이 해를 받게 된다는 것입니다. 이렇게 충격적인 말씀을 하나님의 백성들 가운데 그 어느 누가 이해하고 들을 수 있단 말입니까?

　　예수님의 제자들은 물론 오늘날 기독교인들도 신앙생활 가운데 기도를 하는 것과 금식을 하는 것 그리고 가난한 이웃을 찾아 자비를 베푸는 것은 신앙생활의 전부라 해도

과언이 아닐 만큼 중요한 것입니다. 그런데 예수님은 기도하는 것은 정죄를 받는 것이며 금식을 하는 것은 자신에게 죄를 불러들이는 것이며 가난한 이웃에게 자비를 베푸는 것은 자신의 영혼에 해를 끼치는 것이라고 말씀하고 있는 것입니다. 이런 말씀은 유대인들은 물론 오늘날 기독교인들에게 충격을 넘어 분노를 일으키는 말씀입니다. 때문에 예수님은 이런 말씀을 자신을 믿고 따르는 제자들에게도 말씀하지 못하시고 도마만 불러 말씀하신 것입니다.

　이와 같이 예수님께서 도마에게 하신 말씀은 유대인들이나 오늘날 기독교인들은 물론 예수님의 제자들도 받아들이기 힘든 말씀인 것입니다. 때문에 예수님은 제자들 모두를 불러놓고 공개적으로 말씀을 하지 못하고 도마만 조용히 불러서 말씀하신 것입니다. 만일 오늘날 기도나 금식이나 자비에 대하여 이렇게 말을 하는 사람이 있다면 기독교인들은 설령 그가 예수나 사도나 선지자라 할지라도 모두 이단이라고 정죄를 하며 돌을 들어 칠 것입니다. 그러므로 이러한 말씀들은 예수님께서 도마나 제자들에게 직접 하셨다 해도 하나님의 백성들은 도저히 받아들일 수 없기 때문에 성경번역자들이 번역하면서 이러한 충격적인 말씀들은 4복음서에서 모두 삭제해 버린 것입니다.

　그런데 이러한 말씀이 그대로 기록된 도마복음이 삭제되지 않은 채 발견됨으로 오늘날 기독교인들에게 큰 충격과 더불어 분노를 일으키는 것입니다. 때문에 오늘날 기독교회에서는 도마복음을 이단시하며 보지 못하게 하고 있는 것입니다. 그러나 오늘날 기독교인들이 올바른 신앙생활을 하려면 이러한 예수님의 말씀을 모두 사실로 믿고 받아 들여야 합니다.

　왜냐하면 예수님의 말씀과 같이 오늘날 기독교인들은 자신이 원하고 바라는 욕심을 채우기 위해서 기도를 하며 금식 역시 자신이 원하는 큰 문제를 해결하기 위해서 하나님께 떼를 쓰듯이 금식을 하기 때문입니다. 그리고 기독교인들이 가난한 이웃에게 베푸는 자비 곧 구제하는 것 역시 영혼을 불쌍히 여기는 마음보다 자신의 선행을 사람들에게 나타내 보이려고 혹은 하나님께 상급을 받기 위해서 욕심으로 행하는 것이 대부분입니다. 이러한 기도나 금식이나 베푸는 자비는 모두 외식 적이며 가증한 행위로 하나님께 죄를 범하는 행위입니다. 때문에 예수님은 마태복음을 통해서 하나님의 백성들이 하고 있는 기도와 자비(구제)와 금식에 대해서 이렇게 말씀하고 있습니다.

　　[마태복음 6장 2절-5절] 그러므로 구제할 때에 외식하는 자가 사람에게 영광을 얻으려고 회당과 거리에서 하는 것 같이 너희 앞에 나팔을 불지 말라 진실로 너희에게 이르노니 저희는 자기 상을 이미 받았느니라. 너는 구제할 때에 오른손의 하는 것을 왼손이 모르게 하여 네 구제함이 은밀하게 하라 은밀한 중에 보시는 너희 아버지가 갚으시리라 또 너희가 기도할 때에 외식하는 자와 같이 되지 말라 저희는 사람에게 보이려고 회당과 큰 거리 어귀에 서서 기도하기를 좋아하느니라. 내가 진실로 너희에게 이르노니 저희는 자기 상을 이미 받았느니라.

　　[마태복음 6장 16절-18절] 금식할 때에 너희는 외식하는 자들과 같이 슬픈 기색을 내지 말라 저희는 금식하는 것을 사람에게 보이려고 얼굴을 흉하게 하느니라. 내가 진실로 너희에게 이르노니 저희는 자기 상을 이미 받았느니라. 너희는 금식할 때에 머리에 기름을 바르고 얼굴을 씻으라. 이는 금식하는 자로 사람에게 보이지 않고 오직 은밀한 중에 계신 네 아버지께 보이게 하려 함이라 은밀한 중에 보시는 네 아버지께서 갚으시리라.

　예수님은 상기의 말씀과 같이 잘못된 기도와 구제(자비)와 금식에 대해서 경고하였음에도 불구하고 오늘날 기독교인들은 대중이 모인 교회와 집회장소에서 큰 소리를 내어가며 교인들이 듣기 좋은 내용으로 기도를 하며 고아원이나 양로원을 찾아 구제할 때에는 현수막까지 만들어 자기 교회를 자랑스럽게 드러내며 금식할 때 얼굴도 씻지 않고 머리에 기름도 바르지 않은 흉한 모습으로 금식을 하는 것입니다.

　금식할 때 씻으라는 얼굴은 더러운 마음을 깨끗하게 하라는 말씀이며 머리에 바르라는 기름은 머리 기름을 바르라는 말씀이 아니라 머릿속에 생명의 말씀을 넣으라는 뜻입니다. 그런데 예수님의 말씀과는 전혀 관계없이 자신이 바라고 원하는 대로 자기의 유익과 욕심을 채우기 위해서 기도하고 금식도 하며 또한 자비도 자신을 나타내기 위해서 자랑스럽게 베풀고 있는 것입니다.

　때문에 예수님은 하나님의 백성들이 하고 있는 잘못된 외식적인 기도와 금식 그리고 자비(구제)는 오히려 죄를 범하는 것이요 결국 하나님의 심판을 받게 된다고 말씀하신 것입니다.

"When you go into any region and walk about in the countryside, when people take you in, eat what they serve you and heal the sick among them"

"너희가 지방이나 시골로 여행(전도)할 때 사람들이 너희를 영접하면 그들이 대접하는 것을 먹을 것이요, 그들 가운데 병든 자를 치료하여라"

[해설] 예수님은 너희가 지방이나 시골로 여행을 할 때 사람들이 너희를 영접하면 그들이 대접하는 것을 먹을 것이요 그들 가운데 병든 자를 치료하라고 말씀하십니다. 예수님께서 보내는 제자들을 사람들이 영접한다는 것은 곧 제자들이 전하는 말씀을 믿고 받아들인다는 것입니다. 그리고 영접하는 자들이 먹을 것을 대접하는 것은 육신의 음식을 말하는 것이 아니라 구원받을 영혼들을 말합니다. 그러므로 그들 가운데 병든 자를 치료하라는 것은 하나님의 말씀으로 그들의 죄를 사해주라는 말씀입니다. 예수님과 그의 제자들이 하시는 일들은 모두 하나님의 말씀으로 죄인들의 죄를 사해주는 것이며 죽은 영혼을 살리는 것입니

다. 이러한 일들은 오늘날도 하나님의 생명으로 거듭난 자들이면 모두 하고 있는 일들입니다. 그러나 아직 하나님의 생명으로 거듭나지 못한 자들은 설령 목사님이나 장로님이라 해도 할 수 없다는 것을 알아야 합니다.

"After all, what goes into your mouth will not defile you; rather, it's what comes out of your mouth that will defile you"

"결국 너희 입안으로 들어가는 것(음식)은 너희를 더럽히지 않으며 오히려 너희 입에서 나오는 것(말, 말씀)이 너희를 더럽힐 것이다"

[해설] 예수님께서 너희의 입안으로 들어가는 것은 너희를 더럽게 하지 않고 너희의 입안에서 나오는 것이 너희를 더럽게 한다고 말씀하십니다. 즉 사람을 더럽게 만드는 것은 입으로 들어가는 음식이 아니라 입에서 나오는 말이라는 뜻입니다.

하나님의 백성들의 마음이 더러워지는 것은 삯군목자들의 입에서 나오는 말씀 때문입니다. 왜냐하면 삯군목자

들은 교인들에게 하나님의 말씀을 가감하여 만든 각종 교리와 기복신앙으로 더러운 욕심을 날마다 채워주기 때문입니다. 이렇게 예수님이나 사도들의 말씀은 교인들의 욕심을 날마다 버리게 하지만 삯군목자나 거짓 선지자들은 오히려 욕심을 불어넣고 있습니다.

하나님은 야고보서 1장을 통해서 '욕심이 잉태하면 죄를 낳고 죄가 장성하면 사망하게 된다'고 분명히 말씀하고 계십니다. 그러므로 아무리 예수를 잘 믿고 교회를 위해 열심히 봉사활동을 한다 해도 욕심이 있는 자는 절대로 천국을 갈 수 없다는 것을 알아야 합니다.

여자에게서 나지 않은 자

15. Jesus said, "When you see one who was not born of woman, fall on your faces and worship. That one is your Father"

예수께서 말씀하시니라. "너희가 여자에게서 나지 않은 이를 (남자에게서 난자) 볼 때에 (그에게) 너희의 머리를 조아리고 경배하라. (왜냐하면)그가 (곧) 너희 아버지시니라"

[해설] 예수님은 너희가 여자에게서 나지 않은 이를 보면 그에게 머리를 숙이고 경배하라고 말씀하고 있습니다. 왜냐하면 그가 곧 너희의 아버지이기 때문이라고 말씀하십니다. 그런데 이 세상 사람 가운데 여자에게 나지 않은 자가 어디 있단 말입니까? 예수님은 이러한 기상천외한 말씀을 하시기 때문에 유대인들에게 귀신들린 자 혹은 이단자라는 말을 듣는 것입니다. 그러나 예수님은 여자에게서 나지 않은 자가 있기 때문에 이렇게 말씀을 하신다는 것을 알아야 합니다. 여자에게서 나지 않았다는 것은 남자에게서 났다는 말인데 남자가 어떻게 아이를 낳는다는 말입니까? 이런

말씀은 영적인 눈이 없으면 볼 수도 없고 알 수도 없습니다. 예수께서 말씀하시는 남자는 성령으로 난 자, 즉 하나님으로부터 난 자들을 말합니다.

하나님께서 말씀하시는 남자는 하나님의 씨(생명)를 가진 자이며 여자는 씨(생명)를 받아야 하는 자를 말합니다. 그러므로 하나님의 아들은 씨(생명)를 가진 남자만이 낳으며 여자는 낳을 수 없는 것입니다. 이렇게 남자에게서 난 자는 성령으로 난 예수님과 예수님에 의해서 낳음을 받은 사도들입니다. 또한 사도바울이 복음(성령)으로 낳은 디모데와 디도와 오네시모 같은 자들을 말합니다. 이렇게 남자에게서 낳은 자를 보면 너희는 그에게 머리 숙여 경배하라는 것입니다. 왜냐하면 남자(성령)에게서 난 자가 곧 하나님의 아들이며, 너희를 구원할 구원자이며, 참 목자이며, 너희의 영적 부모이기 때문입니다. 이렇게 남자에게서 난 자는 예전에만 있었던 것이 아니라 오늘날도 존재하고 있습니다. 그런데 안타까운 것은 오늘날 기독교인들은 성령으로 난 남자들에게 머리를 숙여 경배하는 것이 아니라 오히려 이단으로 배척을 하고 핍박을 하고 있는 것입니다. 그리고 여자나 짐승에게서 난 자, 곧 삯군목자와 거짓선지자들을 아비로 믿고 섬기며 경배하고 있는 것입니다.

세상에 불과 검과 전쟁을 던지러 오신 예수

16. Jesus said, "Perhaps people think that I have come to cash peace upon the world. They do not know that I have come to cast conflicts upon the earth: fire, sword, war"

예수께서 말씀하시니라. "아마도 사람들은 내가 세상에 평화(화평)를 주러 왔다고 생각하고 있을 것이다. 그들은 내가 이 땅(존재)에 불과 검과 전쟁이라는 분쟁을 던지러왔음을 모르고 있다"

[해설] 상기의 말씀을 보면 예수님께서 제자들에게 충격적인 말씀을 하고 있습니다. 하나님의 백성들은 예수님께서 이 세상에 평화를 주러 왔다고 생각하고 있을 뿐 세상에 불과 검을 주며 분쟁시키러 왔다는 것을 전혀 모르고 있다는 것입니다. 왜냐하면 오늘날 기독교인들이 예수님은 오직 사랑의 주시며 평강의 주님이시라고 모두 믿고 또한 그렇게 알고 있기 때문입니다. 그래서 예수를 믿으면 마음이 편안해지고 기쁘다고 말합니다. 그러면 예수를 믿는 자들

은 항상 마음이 편안하고 기쁘단 말인가요? 예수를 믿기 때문에 고통 받는 사람이 얼마나 많습니까?

　얼마 전에 예수를 믿는 기독교인들이 목사님과 함께 아프카니스탄에 복음을 전하러 갔다가 테러를 당해 얼마나 많은 고통과 죽임을 당했습니까? 이들이 아프카니스탄으로 떠날 때는 하나님의 사명감을 가지고 죽으면 죽으리라는 각오를 하고 기쁜 마음으로 떠났습니다. 그러나 그들이 포로로 잡혀 고난을 당할 때 화면에 비쳐진 그들의 모습은 어떠했나요? 모두 비참하고 가련한 생지옥의 모습이 아니었습니까?

　그들이 한국을 떠날 때는 사자 굴에 들어가는 다니엘과 풀무 불에 들어가는 다니엘의 친구 사드락과 메삭과 아벤느고 같이 죽음을 각오하고 하나님만 바라보고 떠났을 것입니다. 그런데 그들이 막상 포로가 되어 고통을 받게 되니 우리 정부와 유엔을 향해 얼마나 살려달라고 애원을 하였습니까? 그들이 믿는 예수님과 하나님은 어디로 가셨으며 그들에게 무엇을 해주셨나요? 그보다 그들의 예수를 통해서 얻은 믿음과 평강과 기쁨은 어디로 사라졌나요? 이들이 아프카니스탄 반군에게 포로로 잡혀 고통을 받은 것은 오직 예수를 믿고 복음을 전파한다는 이유 때문이었습니다.

또한 이 세상에 예수를 믿기 때문에 남편에게 혹은 아내나 자식에게 아니면 주위사람들에게 핍박을 받는 경우가 얼마나 많습니까? 그보다 예수님을 믿는다는 이유 하나로 믿음의 조상들이 원형경기장에서 사자의 밥이 되고 십자가에 달려 처형을 당하며 또한 일제 시대에 기독교인들이 신사참배를 거부한다고 얼마나 많은 사람들이 목 베임을 당했습니까? 그리고 오늘날 예수님의 말씀을 사수하며 생명의 좁은 길을 걸어가는 자들이 기독교인들에게 이단으로 몰려 얼마나 많은 핍박을 받고 있습니까? 그보다 사도바울을 비롯한 사도들이 예수님의 말씀을 증거하다 얼마나 많은 핍박과 고통을 받았나요? 이 모두가 예수를 믿는 이유 때문에 나타나는 현상들입니다.

그러므로 예수를 믿는다 해서 모두 편안하고 기쁜 것이 아니라 예수를 믿는 믿음과 신앙에 따라서 기쁠 수도 있고 고통스러울 수도 있다는 것을 알아야 합니다.

그런데 예수님께서 상기의 말씀을 통해서 내가 세상에 불을 던지러 왔다는 것은 오늘날 부패한 기독교인들이나 삯군목자들에게 하시는 말씀입니다. 왜냐하면 예수님께서 신앙생활을 올바로 하는 자들에게는 구원의 주요 평강의 주시지만 부패한 삯군목자들이나 멸망의 넓은 길을 따라가

는 자들에게는 심판의 주님이시기 때문입니다.

"For there will be five in a house: there'll be three against two and two against three, father against son and son against father, and they will stand alone"

"이는 한 집에 다섯이 있음이니, 셋은 둘을 대적하겠고 둘은 셋을 대적하며 아버지는 아들을 대적하겠고 아들은 아버지를 대적하리라. 그리고(그런 후에) 그들은 홀로 서게 되리라"

[해설] 상기의 말씀은 16절 말씀에 계속되는 말씀입니다. 예수님께서 던지는 불은 가정까지 분쟁을 일으키는데 한 집안에 다섯이 살고 있는데 셋은 둘을 대적하고 둘은 셋을 대적하며 아버지는 아들을 대적하고 아들은 아버지를 대적한다는 것입니다. 예수님의 말씀으로 인해서 가정이 구원이 되고 화목해야 하는데 이렇게 예수님의 말씀으로 인해서 가정이 서로 분쟁하게 된다면 예수님은 가정 파괴범이라 오해 할 수도 있습니다. 그러나 예수님이 말씀하시는 한 집은 자기 자신을 말하며 서로 대적을 하는 셋과 둘은 영과

육을 말합니다. 또한 아버지와 대적하는 아들도 육신적인 부자가 아니라 성령을 향한 마음과 세상을 향한 마음을 말합니다. 이렇게 자신 안에서 성령의 소욕과 육체의 소욕이 서로 대적을 하며 싸움을 하고 있는 것입니다.

[갈라디아서 5장 16절-17절] 내가 이르노니 너희는 성령을 좇아 행하라 그리하면 육체의 욕심을 이루지 아니하리라 육체의 소욕은 성령을 거스리고 성령의 소욕은 육체를 거스리나니 이 둘이 서로 대적함으로 너희의 원하는 것을 하지 못하게 하려함이라.

상기의 말씀과 같이 하나님을 향한 마음과 육체를 향한 마음이 자신 안에서 항상 대적을 하며 싸우는 것입니다. 이 때문에 하나님께 성령을 좇아 행하여 육체의 소욕에서 벗어나라는 것입니다. 이렇게 성령을 좇아 행하면 하나님의 마음과 하나가되어 홀로 서게 된다는 말입니다. 홀로 서게 된다는 것은 하나님의 생명으로 거듭나 하나님의 아들이 된다는 뜻입니다.

17. Jesus said, "I will give you what no eye has seen, what no ear has heard, what no hand has touched, what has not arisen in the human heart"

예수께서 말씀하시니라. "나는 너희에게 (지금까지)어떤 눈도 보지 못했고 어떤 귀도 듣지 못했고 어떤 손도 만지지 못했으며 어떤 사람의 마음에도 일어나지 않던 것(영적인 눈과 귀와 손과 마음)을 주겠노라"

[해설] 예수님은 너희에게 지금까지 어떤 눈도 보지 못했고 또 어떤 귀도 듣지 못했고 그 어떤 손도 만져보지 못했고 그리고 어떤 사람의 마음에도 느껴보지 못한 것(눈과 귀와 손과 마음)을 주겠다고 말씀하십니다. 그러면 예수님이 주시는 눈과 귀와 손과 마음은 어떤 것들을 말하는 것일까? 예수님이 주시는 눈과 귀와 손과 마음은 이 세상에 없는 하나님의 눈과 귀와 손과 마음을 말합니다. 즉 할례 받은 자, 곧 하나님의 생명으로 거듭난 자들이 소유하고 있는 영적인 눈과 귀와 손과 마음을 말합니다. 예수님은 유대인들에게 너희는 귀가 있어도 듣지 못하고 눈이 있어도 보지 못하고 마음이 있어도 깨닫지 못한다고 말씀하십니다.

    그런데 유대인들이나 오늘날 기독교인들은 예수님이 하시는 이 말씀이 무슨 뜻인지 잘 모르고 있습니다. 왜냐하면 유대인들이나 오늘날 기독교인들은 모두 귀로 듣고 눈으로 보고 마음으로 깨닫는다고 착각을 하고 있기 때문입니다. 예수님께서 이스라엘의 선생(신학교 교수)에게 네가 거듭나지 못하면 하나님의 나라를 볼 수 없다고 말씀하십니다. 왜냐하면 이스라엘 백성들을 말씀으로 가르치고 인도하는 선생(랍비)이라 해도 할례 받은 영적인 눈이 없기 때문에 하신 말씀입니다. 예수님께서 유대인들을 인도하고 있는 제사장(목자)들에게 소경이라고 말씀하신 것은 곧 영적인 눈이 없기 때문에 말씀하신 것입니다. 이 말은 아직 하나님의 생명으로 거듭나지 못했다는 말씀입니다.

    [요한복음 3장 3절-7절] 예수께서 대답하여 가라사대 진실로 진실로 네게 이르노니 사람이 거듭나지 아니하면 하나님 나라를 볼 수 없느니라 니고데모가 가로되 사람이 늙으면 어떻게 날 수 있삽나이까 두 번째 모태에 들어갔다가 날 수 있삽나이까 예수께서 대답하시되 진실로 진실로 네게 이르노니 사람이 물과 성령으로 나지 않으면 하나님나라에 들어 갈 수 없느니라 육으로 난 것은 육이요 성령으로 난 것은 영이니 내가 네게 거

듭나야 하겠다 하는 말을 기이히 여기지 말라.

　이 말씀은 예외 없이 오늘날 하나님의 백성들도 하나님의 나라인 천국으로 들어가려면 물과 성령으로 거듭나야한다는 것입니다. 오늘날 기독교인들은 물로 세례를 받고 천국을 간다고 믿고 있습니다. 그런데 물로 세례 받는 것은 육으로 난 것이며 성령으로 세례를 받는 것이 영으로 낳는 것이라 말씀하십니다. 할례는 표면적 할례와 이면적 할례가 있습니다. 표면적인 물세례는 육으로 낳는 것이며 이면적 성령의 세례가 영으로 낳는 것을 말하고 있습니다.

　　유대인들이나 오늘날 기독교인들은 니고데모와 같이 물세례는 받았지만 성령으로 받는 세례는 어떻게 받는지 조차 모르고 있습니다. 물세례는 아직 거듭나지 못한 자들이 교리와 의식에 따라서 주는 세례이며 성령세례는 하나님의 생명으로 거듭난 아들들이 생명의 말씀으로 주는 세례를 말합니다. 이렇게 하나님의 아들들이 주는 세례를 받을 때 하나님의 영적인 세계(영적인 말씀)를 듣고 보고 마음으로 깨닫게 된다는 것입니다. 사도요한은 이 말씀을 이렇게 말씀하고 있습니다.

[요한일서 1장 1절-2절] 태초부터 있는 생명의 말씀에 관하여는 우리가 들은 바요 눈으로 본 바요 주목하고 우리 손으로 만진 바라 이 생명이 나타내신바 된지라 이 영원한 생명을 우리가 보았고 증거하여 너희에게 전하노니 이는 아버지와 함께 계시다가 우리에게 나타내신바 된 자니라.

상기의 말씀에 태초에 있는 생명의 말씀을 듣고 보고 주목하고 손으로 만진바 된 우리는 유대인들이나 오늘날 기독교인들을 말하는 것이 아니라 하나님의 생명으로 거듭난 예수님의 사도들을 말하고 있습니다.

그러나 오늘날 기독교인들도 하나님의 생명으로 거듭나면 사도들과 같이 생명의 말씀을 듣고 보고 손으로 만진 바 된 자들이 됩니다. 예수님은 우리에게 바로 이러한 귀와 눈과 손과 마음을 주시겠다는 것입니다.

사랑의 열매

넓은 대지에
씨 뿌려 놓은 듯한
우리들의 현실은
무엇이 그리 바쁘던지

제 갈길로 가다가
우연인가 필연인가
우리들 만남의
인연이 무르익어
사랑의 싹이 트입니다

사랑의 달콤한 향기가
코끝에 냄새를 풍기고
사랑의 아름다운 노래로
흥겨워 집니다

싱그러운 사랑의 열매가
주렁주렁 달려서
농부의 마음은 마냥
즐겁기만 합니다.

편 지

당신이 보내주신 편지는
사랑의 기쁨과 서글픔으로
가득차 있습니다

기다리는 슬픔이
너무 벅차긴 해도
당신을 만날 수 있는
소망이 있기에
마냥 기쁘기만 합니다

당신을 만나는 그날에
그 동안 간직했던
모든 일들을
사랑의 노래로 꽃 피우렵니다

아름답고 향기로운 열매로
당신이 보내주신 편지에
보답하는 양이 되고 싶습니다.

3. 종말은 태초가 있는 곳에 있다
The end will be where the beginning is.

예수님이 말씀하시는 종말은
시대적인 종말이 아니라 존재적 종말입니다.
즉 예수님이 하늘의 구름타고 나타나시는
날이 종말이 아니라
예수님(생명)이 우리 안에 임하는 날을
종말 혹은 세상 끝이라 말합니다.

18. The disciples said to Jesus, "Tell us, how will our end come?" Jesus said, "Have you found the beginning, then, that you are looking for the end? You see, the end will be where the beginning is"

그 제자들이 예수께 말하되, "우리에게 말씀하소서. 우리의 종말은 어떻게(언제) 오는 것입니까?" 예수께서 말씀하시니라. "너희는 태초를 발견하고(깨닫고) 종말을 보고자 하느냐?(기다리느냐?) 너희는 보라. 종말은 태초가 있는 그 곳에 있느니라"

[해설] 예수님의 제자들은 종말이 언제 어떻게 오는지 궁금하여 예수님에게 우리의 종말은 언제 어떻게 오느냐고 묻고 있습니다. 그런데 예수님은 종말에 대하여 답변을 하지 않으시고 오히려 "너희가 태초는 알고서 종말을 기다리느냐?" 라고 되묻고 있습니다. 그러시면서 예수님은 태초가 있는 곳에 종말도 있다고 말씀하십니다. 이 말은 너희가 태초를 알면 종말도 알 수 있는데 너희가 종말을 모르는 것은 태초도 모르고 있다는 것입니다. 당연지사입니다. 시작을 모르는 사람이 어떻게 끝을 안단 말입니까? 오늘날 기독교인들도 제일 궁금하고 알 수도 없는 것이 세상이 끝나

는 날, 즉 종말입니다.

　그래서 종말론 자들이 나오고 예언자들은 종말이 곧 온다고 예언을 수도 없이 하였지만 아직도 종말은 오지 않고 있습니다. 문제는 종말론 자들이나 예언자들이 종말이 무엇인지 조차도 모르고 종말을 기다리며 예언을 하고 있다는 것입니다. 그러므로 오늘날 기독교인들은 종말이 언제인가라는 질문보다 예수님께서 말씀하시는 종말이 무엇이냐고 물어야 합니다. 이렇게 종말은 비밀에 쌓여 있어 예수님의 제자들도 모르고 있었던 것입니다. 그런데 유대인들이나 오늘날 기독교인들이 어떻게 종말을 알 수 있단 말입니까?

　종말은 마태복음 24장과 계시록 말씀에 잘 나타나 있습니다. 이렇게 예수님은 이미 종말에 대해서 마태복음 24장을 통하여 자세히 말씀하셨는데도 불구하고 오늘날 기독교인들은 영적인 눈이 없어서 보지 못하고 있는 것입니다. 예수님이 말씀하시는 종말은 시대적인 종말이 아니라 존재적 종말입니다. 즉 예수님이 하늘의 구름타고 나타나시는 날이 종말이 아니라 예수님(생명)이 우리 안에 임하는 날을 종말 혹은 세상 끝이라 말합니다. 이렇게 예수님이 말씀하시는 종말은 세상이 망하는 날이 아니라 혼적인 존재가 죽

고 영적 존재로 거듭나는 날을 종말이라는 것입니다. 즉 애굽의 육적존재가 기복신앙에서 벗어나 출애굽을 하는 날이 종말이며 광야의 혼적존재가 율법에서 벗어나 요단강을 건너 영적존재로 거듭나는 날을 세상 끝 혹은 종말이라 말씀하고 있습니다. 오늘날 기독교인들이 말세지말 이라고 하는 말은 세상의 종말이 아니라 광야의 혼적존재가 죽고 하나님의 생명으로 거듭나기 직전을 말하는 것입니다.

예수님께서 마태복음 24장을 통해서 말씀하시는 종말은 애굽에서 자신이 건축한 성전과 광야에서 만든 성막성전이 모두 무너지는 날을 말합니다. 때문에 예수님께서 예루살렘 성전이 돌 하나도 돌 위에 남지 않고 다 무너진다고 말씀하신 것이며 예루살렘 성전이 모두 무너지는 날이 세상 끝이라 말씀하신 것입니다. 이 말은 내 안에 교리와 유전으로 지어놓은 성전이 무너지는 날이 종말이며 광야의 율법신앙이 죽고 성막이 떠나가는 날이 종말인데 이때 천국복음이 땅 끝(내 안에 전체)까지 전파되는 것입니다. 즉 세상적인 육신의 존재(어둠)가 죽고 하나님의 생명(빛)으로 거듭나는 날을 종말 혹은 세상 끝이라 말하는 것입니다.

결국 예수님이 말씀하시는 종말은 기독교인들이 기다리는 시대적 종말이 아니라 존재적 종말로 육적 존재와 혼

적 존재가 죽고 영적 존재로 거듭나는 날을 종말이라 말합니다. 그러므로 마태복음 24장의 종말이나 계시록 사건은 모두 하나님의 백성들이 말씀으로 죽고 하나님의 생명으로 거듭나는 시점을 말씀하고 있는 것입니다. 이것은 이어지는 예수님의 말씀이 더욱 확실하게 뒷받침을 해주고 있습니다.

"Congratulations to the one who stands at the beginning: that one will know the end and will not taste death"

"태초에 서있는 자는 복(생명)이 있도다. 그가(하나님의 생명을 소유한자) 종말을 알 것이요 (그는)죽음을 맛보지 않으리라"

[해설] 예수님은 태초에 서있는 자가 복이 있다고 말씀하십니다. 그리고 태초에 서있는 자가 곧 종말을 아는 자이며 태초에 서있는 자는 죽지 않는다고 말씀하십니다. 그러면 태초는 무엇을 말하는가요? 만일 태초를 모르면 태초에 서있는 자는 영원히 모르게 됩니다. 태초라는 단어는 성경 창세기 1장 1절과 요한복음 1장 1절과 요한 일서 1장 1절에 나

옵니다. 그런데 성경학자들이나 목회자들이 태초를 시제로 번역하고 있습니다. 그러나 성경 원문에 태초라는 단어는 "베레쉬트"로 기록되어 있으며 뜻은 "머리, 근원, 근본, 우두머리, 태초, 최상"이라는 의미로 시제보다는 존재의 의미로 말하고 있습니다.

그러므로 태초는 어느 시점을 말하는 것이 아니라 근본 하나님, 즉 성부 하나님을 말하는 것입니다. 그러므로 태초에 서있는 자는 시작부터 있는 자가 아니라 하나님 안에 서있는 자를 말합니다. 즉 하나님으로부터 낳음을 받아 하나님이 그 안에 계신 하나님의 아들을 말하는 것입니다.

이와 같이 하나님이 그 안에 계신 하나님의 아들은 종말을 알 뿐만 아니라 죽음을 당하지 않고 영원히 산다는 것입니다. 이렇게 하나님의 생명으로 거듭난 자는 종말을 분명하게 알고 영원히 죽지도 않는 것입니다. 그런데 성경학자들이 태초를 시제로 번역을 해놓아 기독교인들이 모두 태초를 어느 시점으로 알고 있는 것입니다.

19. Jesus said, "Congratulations to the one who came into being before coming into being. If you become my disciples and pay attention to my sayings, these stones will serve you. For there are five trees in Paradise for you; they do not change, summer or winter, and their leaves do not fall. Whoever knows them will not taste death"

예수께서 말씀하시니라. "존재하기 전(태초)에 존재하게 된 자는 복(생명)이 있다. 만약 너희가 나의 제자가 되어 내가 하는 말에 주의 하면 이 돌들이 너희를 섬길 것이다. 이는 너희를 위하여 낙원에 다섯 나무들이 있음이라. 그것들은 여름이든 겨울이든 변치 않을 것이요, 또 그것들의 잎사귀들은 떨어지지 않는다. 누구든지 그것들(다섯 나무)을 아는 자는 죽음을 맛보지 아니하리라"

[해설] 예수님은 존재하기 전에 존재하게 된 자는 복이 있다고 말씀하십니다. 이 말씀에서 존재하기 전의 존재는 태초의 생명, 곧 하나님의 생명을 말합니다. 그러므로 이 말씀은 하나님의 생명이 존재하고 있는 자가 복되다는 말씀이며 예수님이 말씀하시는 복된 자는 하나님의 생명을

소유하고 계신 예수님 자신을 말하는 것입니다. 예수님은 이러한 자신의 존재를 비사로 말씀하시면서 만일 너희가 나의 제자가 되어 내가 하는 말을 청종한다면 이 돌들이 너희를 섬길 것이라 말씀하십니다. 그런데 돌들이 어떻게 사람들을 섬긴단 말입니까?

　예수님이 말씀하시는 돌은 실제 돌을 말하는 것이 아니라 아직 하나님의 생명이 없는 자들, 곧 영이 죽어 있는 자들을 말합니다. 그런데 돌들이 너희를 섬기는 것은 너희를 위한 다섯 나무가 너희 안에 존재하기 때문이라는 것입니다. 그러면 다섯 나무는 어떤 나무를 말하는 것인가요? 예수님이 말씀하시는 다섯 나무는 요한복음 15장에 포도나무와 마태복음 25장에 등에 기름을 준비한 슬기로운 다섯 처녀와 같은 의미입니다. 다섯 처녀는 신랑을 영접하기 위해 기름을 준비하는 정결한 처녀를 말하는데 다섯 처녀는 기름을 준비하여 신랑과 한 몸을 이루면 하나님의 아들로 거듭나 남자가 되는 것입니다.

　이와 같이 낙원에 있는 다섯 나무는 예수님을 믿고 따르는 예수님의 제자들과 같은 존재를 말씀하고 있습니다. 그런데 돌들이 너희를 섬기는 것은 너희가 잘나서 섬기는 것이 아니라 너희가 낙원 안에, 즉 내 안에 있기 때문이며

또한 내가 주는 말씀을 소유하고 있기 때문이라는 것입니다.

이렇게 예수님이 주는 생명의 말씀을 소유하고 있는 자들은 여름이든 겨울이든 항상 변치 않으며 그들에게 붙어 있는 가지나 잎도 떨어지지 않고 그 나무를 아는 자들도 죽지 않게 된다는 것입니다. 이렇게 예수님께서 말씀하시는 낙원은 예수님 자신을 말하며 낙원 안에 있는 다섯 나무는 예수님을 믿고 따르는 제자들을 비유하여 말하고 있습니다.

예수님의 제자들이 죽은 자 가운데서 살아날 수 있었던 것은 포도나무에 붙어서 나무로부터 나오는 진액, 즉 예수님의 입에서 나오는 생명의 말씀을 받아먹었기 때문입니다.

[요한복음 15장 5절-6절] 나는 포도나무요 너희는 가지니 저가 내안에 내가 저안에 있으면 이 사람은 과실을 많이 맺나니 나를 떠나서는 너희가 아무것도 할 수 없음이니라 사람이 내 안에 거하지 아니하면 가지처럼 밖에 버리워 말라지나니 사람들이 이것을 모아다가 불에 던져 사르느니라.

20. The disciples said to Jesus, "Tell us what Heaven's kingdom is like"

He said to them, "It's like a mustard seed, the smallest of all seeds, but when it falls on prepared soil, it produces a large plant and becomes a shelter for birds of the sky"

제자들이 예수께 말했다, "우리에게 말씀해주십시오. 천국은 무엇과 같나이까?"

그가 그들에게 말씀하셨다, "천국은 겨자씨 하나와 같다, (겨자씨는)모든 씨 가운데 가장 작지만 그것은 준비가 된 땅(밭)에 떨어질 때 큰 나무로 자라나 공중의 새들의 보금자리(안식처)가 되니라"

[해설] 예수님의 제자들은 평소에 하나님이 계신 천국이 궁금하여 예수님에게 천국은 무엇과 같으냐고 묻고 있습니다. 제자들의 질문에 예수님은 천국은 겨자씨 한 알과 같다고 말씀하시면서 겨자씨는 모든 씨 가운데 가장 작지만 그 씨가 준비된 땅에 떨어지면 큰 나무로 자라 새들의 보금자리가 된다고 말씀하십니다. 예수님의 이 말씀에 제자들은

많은 실망을 했으리라 생각합니다. 왜냐하면 제자들이 생각하는 천국은 금, 은, 보석으로 장식된 화려한 천국을 기대하고 있었는데 예수님은 뜻밖에도 겨자씨 한 알과 같다고 말씀하고 있기 때문입니다. 오늘날 기독교인들이 예수님의 말씀과 같이 천국이 이렇게 초라한 겨자씨 하나와 같다면 과연 누가 예수를 믿으며 누가 천국을 가려 하겠습니까?

만일 오늘날 기독교인들이 이러한 말씀을 예수님으로부터 직접 듣는다면 듣는 순간부터 실망과 좌절이 되어 대부분이 신앙생활을 포기할 것입니다. 이 때문에 오늘날 기독교인들은 예수님을 올바로 알아야 하고 천국도 확실하게 알아야합니다. 천국은 예수님의 말씀과 같이 특정한 어느 장소를 말하는 것이 아니라 예수님과 하나님의 생명으로 거듭난 하나님의 아들들을 말하고 있습니다.

예수님이 말씀하시는 겨자씨는 하나님의 말씀을 말하며 좋은 밭은 하나님 백성들의 마음 밭을 말합니다. 하나님의 말씀이 준비된 자들의 마음에 떨어지면 그 말씀이 삼십배 육십배 백배로 성장하여 하나님의 아들로 거듭나게 되는데 이렇게 하나님의 아들로 거듭난 자들은 주위에 많은 새들, 곧 진리를 찾는 하나님의 백성들이 모여들어 안식하

는 보금자리가 된다는 것입니다.
 이렇게 예수님이 말씀하시는 천국은 예수님 자신과 하나님의 생명으로 거듭난 자들을 말하고 있습니다. 이 때문에 예수님께서 하나님의 백성들을 향해서 "회개하라 천국이 가까이 왔다"고 말씀하신 것입니다. 이 말씀은 천국(예수님)이 너희 앞에 가까이 와있으니 내게로 돌아오라는 뜻입니다.

21. Mary said to Jesus, "What are your disciples like?"

He said, "They are like little children living in a field that is not theirs" when the owners of the field come, they will say, "Give us back our field. They take off their clothes in front of them in order to give it back to them, and they return their field to them"

마리아가 예수에게 물었다. "당신의 제자들은 무엇과 같나이까?"

예수께서 대답하였다, "그들은 자기의 소유가 아닌 밭에서 살고 있는 어린아이들과 같도다" 그 밭의 주인들이 와서 그들에게 말하기를 "우리에게 우리의 밭을 돌려다오 할 때 아이들은 그들 앞에서 밭을 돌려주기 위해 자기들의 옷가지를 벗느니라. 그리고 아이들은 주인에게 그들의 밭을 되돌려 주느니라"

[해설] 마리아가 예수께 당신의 제자들은 무엇과 같으냐고 묻고 있습니다. 여기에서 예수님께 묻고 있는 마리아는 예수의 어머니가 아니라 막달라 마리아를 말합니다. 예수

님은 막달라 마리아에게 내 제자들은 자기의 소유가 아닌 밭에서 살고 있는 어린아이들과 같다고 말씀하십니다. 그들은 그 밭의 주인이 와서 우리의 밭을 돌려달라고 할 때 아이들은 주인 앞에 밭을 돌려주기 위해 그들의 옷을 벗습니다. 그리고 그들은 주인에게 그 밭을 미련 없이 돌려주는 자들이라고 말씀하십니다. 여기서 말하는 어린아이가 살고 있는 밭은 제자들의 마음을 말하며 주인은 예수님을 비유하여 말한 것입니다.

예수님은 제자들을 하나님의 아들로 창조하는 자이며 제자들은 창조받을 피조물들입니다. 그러므로 제자들은 주인이 와서 마음(자기 존재)을 내놓으라고 하면 모두 내어 드려야 합니다. 그런데 자신의 존재(마음)를 주인에게 드리려면 그 동안 그들이 입고 있던 옷, 즉 신앙의 고정관념을 모두 벗어 놓아야 한다는 것입니다. 만일 자신이 가지고 있는 고정관념을 깨끗이 버리지 않고는 자신을 예수님께 드릴 수 없고 예수님은 더러운 마음을 받지도 않으십니다.

이 말씀은 오늘날 기독교인들에게도 동일하게 해당되는 말씀입니다. 때문에 예수님은 지금도 우리가 소유하고 있는 마음의 밭을 내놓으라고 명하고 계십니다. 그러면 조금도 주저하지 말고 내어 드려야 합니다. 왜냐하면 나의 더

러운 마음을 모두 벗어 놓을 때 예수님이 주시는 새롭고 깨끗한 마음을 받을 수 있기 때문입니다. 이렇게 예수님의 제자들이 옷을 모두 벗어 놓는 것을 회개라 말합니다.

양을 늑탈 하는 도적들

For this reason I say, "if the owners of a house know that a thief is coming, they will be on guard before the thief arrives and will not let the thief break into their house (their domain) and steal their possessions"

이런 연고로 내가 말하노니, "만일 한 집주인들이 도적이 오는 것을 안다면 그들은 도적이 (집에)도착하기 전에 (망을 보며)지키겠고 또 도둑이 그의 집안으로(그들의 영토)침입하지 못하게 하여 그들의 소유물(세간)을 늑탈하지 못하게 하리라"

[해설] 이런 연고로 내가 말한다는 것은 상기의 말씀을 말합니다. 제자들에게 오셔야 하는 분은 그들의 주인이신 예수님입니다.

그런데 주인이 오기 전에 도적이 먼저 와서 그들의 소유물(말씀)을 늑탈해 간다는 것입니다. 때문에 예수님은 도적이 집에 침입하지 못하도록 항상 깨어서 자신이 소유하고 있는 믿음(말씀)을 도적에게 빼앗기지 않도록 간직하라는 것입니다. 예수님께서 말씀하시는 도적은 하나님의 백성들의 재물과 영혼을 늑탈 하는 삯군목자들을 말하고 있습니다.

[요한복음10장 7절-14절] 그러므로 예수께서 다시 이르시되 내가 진실로 진실로 너희에게 말하노니 나는 양의 문이라 나보다 먼저 온 자는 다 절도요 강도니 양들이 듣지 아니 하였느니라 내가 문이니 누구든지 나로 말미암아 들어가면 구원을 얻고 또는 들어가며 나오며 꼴을 얻으리라 도적이 오는 것은 도적질하고 죽이고 멸망시키려는 것뿐이요 내가 온 것은 양으로 생명을 얻게 하고 더 풍성히 얻게 하려는 것이라 나는 선한 목자라 선한 목자는 양을 위하여 목숨을 버리거니와 삯군은 목자도 아니요 양도 제 양이 아니라 이리가 오는 것을 보면 양을 버리고 달아나나니 이리가 양을 늑탈하고 또 헤치느니라 달아나는 것은 저가 삯군인 까닭에 양을 돌아보지 아니 함이나 나는 선한 목자라.

　상기의 말씀에 예수님은 나보다 먼저 온 자는 절도이며 강도라 말씀하십니다. 그러면 예수님보다 먼저 온 자는 오늘날 어느 누구를 말하는 것인가요? 예수님보다 먼저 온 자는 예수님의 영(진리의 영), 곧 예수님의 생명이 오기 전에 비진리(교리)를 가지고 광명의 천사로 가장하여 하나님의 아들노릇을 하고 있는 삯군목자들을 말합니다. 예수님은 이런 자들을 절도요 강도라 말씀하십니다.

　이들은 비진리(교리)를 가지고 교인들의 영혼과 재물을 늑탈하고 있습니다. 예수님과 사도들 그리고 오늘날 하나님이 보내주시는 참 목자는 오직 교인(양)들에게 생명을 얻게 하고 말씀을 더 풍성히 주기 위해서 오십니다. 그러므로 오늘날 기독교인들은 하나님께서 보내주시는 오늘날의 참 목자 곧 이 시대의 구원자인 하나님의 아들을 구하고 찾아야 합니다. 그러면 하나님께서 반드시 이 시대의 구원자인 참 목자를 만나게 하여 주실 것입니다.

　이 시대의 참 목자는 잃어버린 한 마리의 양을 찾듯이 진리를 찾는 자를 찾으며 돌아오기를 기다리고 계십니다.

"As for you, then, be on guard against the world. Prepare yourselves with great strength, so the robbers can't find a way to get to you, for the trouble you expect will come"

"그러므로 너희들은 세상(악한 존재들)을 대항하여(마음을) 지켜라. 네 자신이 큰 힘으로 준비하여 약탈자들이 네게로 오는 길을 찾지 못하도록 하라. 이는 너희들을 위해 작정된 고난이 오겠음이라"

[해설] 이 말씀은 예수님의 계속되는 말씀으로 너희들은 세상의 삯군목자와 거짓선지자들을 대항하여 너희의 믿음(마음)을 굳게 지키라는 것입니다. 그리고 네 자신이 말씀으로 준비하여 약탈자인 절도와 강도(삯군목자와 거짓선지자)가 오지 못하도록 말씀으로 무장하라는 것입니다. 왜냐하면 생명의 좁은 길을 가는 자들은 항상 고난의 십자가와 삯군목자들의 미혹이 기다리고 있기 때문입니다. 이러한 고난들은 하나님께서 생명의 좁은 길을 가는 자들에게 영적 성장을 위해서 예비해 놓으신 것입니다. 그러므로 우리는 악한 자들로부터 오는 시험에 낙방하지 말고 이기게 하

여달라고 날마다 주기도문을 통해서 기도를 해야 하는 것입니다. 그보다 생명의 좁은 길을 걸어가는 나그네, 고아, 과부들은 항상 기도하며 평소에 말씀으로 중무장을 해야 합니다.

"Let there be among you a person who understands.
When the crop ripened, he came quickly carrying a sickle and harvested it. Anyone here with two good ears had better listen!"

"너희 가운데 (나의 뜻을)깨닫는 사람이 있다. 그 곡식이 익었을 때 그가 낫을 들고 속히 와서 그것(곡식)을 추수하였도다. 누구든지 좋은 두 귀가 있는 자는 잘 들어라"

[해설] 예수님은 너희 가운데 나의 뜻을 깨닫는 자가 있다고 말씀하십니다. 그는 곡식이 익은 것을 보면 낫을 들고 속히 달려가 알곡들을 추수한다고 말씀하십니다.

예수님의 뜻을 깨달았다는 것은 하나님의 생명으로 거듭났다는 말인데 하나님의 생명으로 거듭난 자는 곧 야고

보를 말하고 있습니다. 왜냐하면 예수님께서 내가 없으면 야고보가 너희의 인도자가 될 것이라고 말씀하셨기 때문입니다. 그는 곡식이 익는 것을 기다리고 있다가 익으면 속히 낫을 들고 익은 곡식을 추수한다고 말씀하십니다.

　하나님의 생명으로 거듭난 하나님의 아들들은 모두가 예수님과 같은 추수 꾼이며 일꾼들입니다. 하나님의 아들로 거듭난 추수 꾼들은 지금도 양들에게 때를 따라 양식을 나누어 주면서 추수할 날을 기다리고 있습니다. 예수님은 누구든지 좋은 두 귀, 즉 할례 받은 귀가 있는 자는 이 말씀을 잘 들으라고 말씀하십니다.

천국에 들어가는 어린 아이들

22. Jesus saw some babies nursing. He said to his disciples, "These nursing babies are like those who enter the kingdom"
They said to him, "Then shall we enter the kingdom as babies?"

예수께서 젖먹이 아이들 몇을 보았다. 예수는 그의 제자들에게 말씀하셨다. "이 젖 먹는 아이들은 그 나라에 들어가는 자들과 같도다"
제자들은 예수에게 말했다. "그렇다면 우리도 어린아이처럼 그 나라에 들어 갈 수 있겠네요?"

[해설] 예수님께서 젖먹이 어린 아이들을 보시고 그의 제자들에게 천국은 젖먹이 어린 아이와 같은 자들이 들어간다고 말씀하십니다. 제자들은 예수님의 말씀을 듣고 그렇다면 우리도 어린아이와 같이 그 나라에 들어갈 수 있습니까? 라고 묻고 있습니다. 이 말씀은 예수님께서 마태복음 18장 2절 이하를 통해서 좀더 자세히 말씀하고 있습니다.

[마태복음 18장 2절-3절] 예수께서 한 어린아이를 불러 저희 가운데 세우시고 가라사대 진실로 너희에게 이르노니 너희가 돌이켜 이 어린아이들과 같이 되지 아니하면 결단코 천국에 들어가지 못하리라

예수님은 제자들에게 너희가 어린아이와 같이 되지 않으면 결단코 천국에 들어가지 못한다고 말씀하십니다. 그런데 이미 성인이 되어있는 어른들이 어떻게 어린아이로 돌아 갈 수 있단 말입니까? 그러므로 이 말씀은 육신이 어린 아이와 같이 되는 것이 아니라 마음이 청순한 어린아이와 같이 깨끗하게 되어야 한다는 것입니다. 때문에 기독교인들은 더러운 마음을 깨끗하게 하려고 날마다 회개를 하고 있습니다. 그런데 날마다 회개를 해도 마음이 어린아이와 같이 깨끗하게 변하지 않고 있습니다. 왜 그럴까요? 그 이유는 더러운 죄를 씻는 것은 잘못을 회개를 한다 해서 되는 것이 아니라 오직 산 자, 즉 하나님의 아들의 입에서 나오는 말씀으로만 씻을 수 있기 때문입니다.

죄를 씻는다는 것은 곧 죄사함을 말하는데 죄는 유대 제사장이나 오늘날 목사님들의 말씀으로 사해지는 것이 아니라 예수님과 사도들 그리고 오늘날 하나님의 생명으로

거듭난 하나님의 아들의 입에서 나오는 생명의 말씀으로만 사해 질수 있다는 것입니다.

　예수님의 제자들이 어린아이와 같이 되어 천국에 들어가 사도들이 될 수 있었던 것은 그 당시 그들 앞에 살아계신 예수님이 계셨기 때문입니다. 그런데 예수님은 천국에 들어갈 수 있는 자들을 구체적으로 아래와 같이 말씀하십니다.

Jesus said to them, "When you make the two into one, and when you make the inner like the outer and the outer like the inner, and the upper like the lower, and when you make male and female into a single one, so that the male will not be male nor the female be female, when you make eyes in place of an eye, a hand in place of a hand, a foot in place of a foot, an image in place of an image, then you will enter [the kingdom]"

예수께서 그들(제자)에게 말씀하시되, "너희가 둘을 하나로 만들고, 안을 바깥과 같이 만들고, 바깥을 안과 같이 만들고, 위를

아래와 같이 그리고 남자와 여자를 홀로 하나인 것으로 그래서 남자는 남자가 아니고 여자는 여자가 아닌 것으로 만들 때, 그리고 너희가 눈이 있는 곳에 눈을, 손이 있는 곳에 손을, 발이 있는 곳에 발을, 형상(관념)이 있는 곳에 형상을 만들 때, 그 후에 너희는 그 나라에 들어가리라"

[해설] 예수님은 그의 제자들에게 너희가 천국에 들어가려면 둘을 하나로 만들고, 안을 바깥과 같이 만들고, 바깥을 안과 같이 만들고, 위를 아래와 같이 만들라고 말씀하십니다. 예수님께서 둘을 하나로 만들고 안을 바깥처럼 만들고 위를 아래와 같이 만들라는 것은 제자들의 마음과 생각을 하나님의 마음과 생각과 같이 만들라는 뜻입니다. 이렇게 남자와 여자가 연합해서 하나(한몸)가 되어 그가 남자인지 여자인지를 분별할 수 없는 존재(마음)로 만들어져야 한다는 것입니다.

이 말씀은 하나님의 백성들이라면 어느 누구나 반드시 이루어야 할 하나님의 명령으로 창세기 2장 24절을 통해서 말씀하고 있습니다.

[창세기 2장 24절] 이러므로 남자가 부모를 떠나 그 아내와 연합하여 둘이 한 몸을 이룰찌로다.

여기서 말씀하시는 남자는 하나님의 백성들을 말하며 그의 아내는 교회인 그리스도를 비유하여 말한 것입니다. 이것은 신부로 단장한 여인이 신랑이신 예수님을 만나 한 몸을 이루는 것을 말하고 있습니다. 그리고 너희가 눈이 있는 곳에 눈을 손이 있는 곳에 손을 발이 있는 곳에 발을 형상이 있는 곳에 형상을 만들 때 천국에 들어가게 된다고 말씀하십니다. 그런데 이 말씀의 뜻은 육의 눈을 대신하여 영의 눈을 육신의 손을 대신하여 하나님의 손을 육신의 발을 대신하여 하나님의 발을 사람의 형상이 있는 곳에 하나님의 형상을 만들 때 천국으로 들어가게 된다는 말씀입니다.

이 말은 육과 혼이 하나님의 영으로 거듭나서 하나님의 형상과 모양이 같은 하나님의 아들이 될 때 하나님의 나라에 들어갈 수 있다는 뜻입니다.

23. Jesus said, "I shall choose you, one from a thousand and two from ten thousand, and they will stand as a single one"

예수께서 말씀하시니라, "내가 너희를 천(명)에 하나, 만(명)에서 둘을 선택할 것이며 그들(선택된자)은 홀로 하나와 같이 서게 될 것이다"

[해설] 예수님은 내가 너희를 천명에 하나, 만 명에 둘을 택할 것이며 너희는 홀로 서게 될 것이라 말씀하십니다. 이 세상에는 바다의 모래 수와 같이 많은 하나님의 백성들이 존재하고 있지만 종교인과 신앙인으로 분류됩니다. 그런데 대부분의 하나님의 백성들이 종교인이며 신앙인은 찾아보기 힘들다는 것입니다. 그러면 종교인은 어떤 존재이며 신앙인은 어떤 존재를 말하는 것입니까? 종교인은 청함을 받은 자이며 신앙인은 택함을 받은 자를 말합니다. 다시 말하면 종교인은 자신을 위해서 하나님을 믿는 자들을 말하며 신앙인은 하나님을 위해서 하나님을 섬기는 자들을 말합니다.

예수님께서 천에 하나 만에 둘을 선택한다는 것은 종교

인들 가운데 있는 하나님을 향한 진실한 마음이 있는 자를 선택한다는 뜻입니다. 이렇게 이 세상에 종교인들은 많으나 신앙인들은 극히 적은 것입니다.

　즉 가나안 땅에서 예수님과 예수님의 말씀을 믿고 따르는 제자들은 신앙인이며 애굽에서 유대교와 제사장의 말을 믿고 따르는 자들은 종교인들이라는 것입니다. 때문에 하나님은 로마서 9장 6절 이하의 말씀을 통해서 이렇게 말씀하십니다.

　[로마서 9장 6절-7절] 또한 하나님의 말씀이 폐하여진 것 같지 않도다 이스라엘에게서 난 그들이 다 이스라엘이 아니요 또한 아브라함의 씨가 다 그 자녀가 아니라 오직 이삭으로부터 난 자라야 네 씨라 칭하리라.

　상기의 말씀과 같이 하나님을 믿는 이스라엘이 모두 하나님의 백성이 아니라 그 중에서 이삭, 즉 약속(생명의 말씀)으로 난 자가 하나님의 자녀라는 것입니다. 이와 같이 하나님의 자녀가 되려면 애굽교회의 교리와 기복신앙에서 벗어나 광야의 율법신앙으로 들어가야 합니다. 그리고 광야로 출애굽한 종들은 불과 구름기둥 속에서 광야의 율법

을 통한 훈련을 모두 마쳐야 가나안 땅으로 들어가게 되는 것입니다. 가나안에 들어가면 예수님께서 주시는 생명의 말씀을 일용할 양식으로 먹으며 말씀대로 행할 때 하나님의 생명으로 거듭나 하나님의 자녀가 되는 것입니다. 이렇게 이삭으로 난 자는 가나안 땅에 들어가 예수님의 말씀으로 거듭난 자를 말합니다.

　이어지는 말씀에 그들이 홀로 하나와 같이 서게 될 것이라는 말은 하나님의 생명으로 거듭난 자들은 예수님과 같이 하나님과 한 생명이 되어 하나님의 아들로 거듭난다는 말씀입니다.

예수님이 계신 곳

24. His disciples said, "Show us the place where you are, for we must seek it"

그의 제자들이 말했다, "당신이 어느 곳에 계신지 그곳을 우리에게 보여주십시오. 이는 우리는 그 곳을 찾아가야하기 때문입니다"

[해설] 지금 예수님의 제자들은 예수님에게 당신은 어느 곳에 계신지 보여 달라고 말하고 있습니다. 왜냐하면 제자들은 예수님이 계신 곳을 알고 찾아가야 하기 때문이라고 말하고 있습니다. 예수님의 제자들은 그동안 예수님과 함께 생활을 하며 날마다 그의 가르침을 받고 있는데도 불구하고 예수님에게 당신이 어떤 사람인지 그리고 어느 곳에 계신지 보여 달라고 간청을 하고 있습니다.

예수님의 제자들이 예수님에게 이렇게 묻고 있는 것은 생활 속에서 예수님을 아무리 보아도 보통사람과 같고 거룩하신 하나님의 신성이나 하나님의 큰 능력이 나타나지 않아 하나님의 아들로 느껴지지 않기 때문입니다. 이렇게

유대인들이나 예수님의 제자들도 예수님의 실상을 모르고 특별한 외모나 표적과 이적을 행하는 위대한 메시야를 바라고 있는 것입니다.

　예수님의 제자들은 예수님께서 위대한 하나님의 아들이라는 것을 확인하려는 것은 예수님이 하나님의 아들이라는 것이 분명해야 제자들도 예수님과 같이 하나님의 아들이 될 수 있기 때문입니다. 이 모두가 하나님의 뜻이나 하나님의 말씀을 모르는 무지의 소치입니다. 때문에 예수님은 여러 표적(영적)을 행하여 보여주신 것이며 결국은 베드로와 요한과 야고보를 데리고 변화 산에 올라가 예수님의 영적인 실체를 확실하게 보여 주신 것입니다.

　[마가복음 9장 2절-7절] 엿새 후에 예수께서 베드로와 야고보와 요한을 데리시고 따로 높은 산에 올라가셨더니 저희 앞에서 변형되사 그 옷이 광채가 나며 세상에서 빨래하는 자가 그렇게 희게 할 수 없을 만큼 심히 희어졌더라 이에 엘리야가 모세와 함께 저희에게 나타나 예수로 더불어 말씀하거늘 베드로가 예수께 고하되 랍비여 우리가 여기 있는 것이 좋사오니 우리가 초막 셋을 짓되 하나는 주를 위하여 하나는 모세를 위하여 하나는 엘리야를 위하여 하사이다 하니 이는 저희가 심히

무서워하므로 저가 무슨 말을 할는지 알지 못함이더라 마침 구름이 와서 저희를 덮으며 구름 속에서 소리가 나되 이는 내 사랑하는 아들이니 너희는 저의 말을 들으라 하는지라.

예수님의 제자들은 예수님과 함께 변화 산에 올라 예수님이 변형되신 모습으로 광채가 나는 빛난 옷을 입고 모세와 엘리야와 함께 계신 것을 바라보고 모두 놀란 것입니다. 이렇게 찬란한 옷을 입고 계신 예수님을 바라본 그의 제자들은 우리는 세상으로 다시 내려가지 않고 여기서 주와 모세와 엘리야를 위해 집을 짓고 함께 살자는 것입니다. 예수님은 평소에도 항상 빛난 옷을 입고 계셨지만 그의 제자들은 영안이 없어 보지 못한 것입니다. 때문에 예수님께서 지금 제자들을 변화 산으로 데리고 올라가셔서 예수님의 실체(영체)를 보여준 것입니다. 그런데도 불구하고 제자들은 예수님의 뜻도 모르고 예수님에게 자신들의 욕심대로 이곳에서 함께 살자고 말하는 것입니다.

이때 구름 속에서 "이는 내 사랑하는 아들이니 너희는 저의 말을 들으라"는 하나님의 음성이 들린 것입니다. 이렇게 예수님의 제자들은 예수님과 함께 있으면서도 아직 거듭나지 못해 빛난 옷을 입고 계신 예수님을 모르고 있는 것

입니다. 이 때문에 오늘날 기독교인들도 예수님이 지금 자신 앞에 와 계셔도 인간으로만 바라볼 뿐 하나님의 아들로 인정을 하지 않는 것입니다.

He said to them, "Anyone here with two ears had better listen! There is light within a person of light, and it shines on the whole world. If it does not shine, it is dark"

예수께서 그들에게 말씀하시되, "누구든지 두 귀가 있는 자는 잘 들어라! 빛은 빛의 사람 안에 있고 그 빛이 온 세상을 비추느니라. 만약 그 빛이 비추지 못한다면 그것은 흑암이니라"

[해설] 예수님은 제자들의 질문에 이렇게 말씀을 하십니다. 너희 중에 누구든지 두 귀가 있는 자는 잘 들으라고 말씀하시면서 빛은 빛의 사람 안에 있고 그 빛은 온 세상을 비춘다고 말씀하십니다.
　　예수님께서 말씀하시는 빛은 무슨 빛을 말할까요? 예수님께서 말씀하시는 빛은 말씀의 빛, 곧 생명의 말씀을 말합니다. 그러므로 예수님이 말씀하시는 빛은 말씀이 육신

되신 예수님과 같이 생명의 말씀을 소유하고 있는 하나님의 아들들을 말하는 것입니다.

[요한복음 1장 1절-5절] 태초에 말씀이 계시니라 이 말씀이 하나님과 함께 계셨으니 이 말씀은 곧 하나님이시라 그가 태초에 하나님과 함께 계셨고 만물이 그로 말미암아 지은바 되었으니 지은 것이 하나도 그가 없이는 된 것이 없느니라 그 안에 생명이 있었으니 이 생명은 사람들의 빛이라 빛이 어두움에 비취되 어두움이 깨닫지 못 하더라.

예수님은 말씀의 빛으로 오셨고 그의 빛으로 어둔 세상을 비추나 어둠들, 즉 어둠의 존재들(하나님의 백성들)은 영접하지(깨닫지) 않았다고 말씀하십니다. 이렇게 참 빛은 온 세상을 밝게 비추는데 만일 비추지 못하는 빛(생명이 없는 말씀)이 있다면 그 빛은 빛이 아니라 어둠이라 말씀하십니다. 예수님이 말씀하시는 어둠은 소경된 거짓선지자와 삯군 목자들이 전하는 말씀을 말하고 있습니다. 이 때문에 소경이 소경된 인도자를 따라가면 모두 웅덩이(지옥)에 빠져 죽게 된다는 것입니다.

25. Jesus said, "Love your friends like your own soul, protect them like the pupil of your eye"

예수께서 말씀하시니라. "너희 이웃들을 너희의 영혼처럼 사랑하고 너의 눈동자(자녀)와 같이 그들을 안위(보호)하라"

[해설] 예수님은 제자들에게 너희 이웃들을 너희 영혼처럼 사랑하고 너의 눈동자처럼 보호하라고 말씀하십니다. 이 말씀은 예수님께서 마태복음 19장 19절을 통해서 이웃을 네 몸과 같이 사랑하라는 말씀과 동일합니다.

문제는 내 이웃을 내 눈동자와 같이 그리고 내 몸과 같이 사랑할 수 있느냐 하는 것입니다. 예수님이 말씀하시는 사랑은 하나님의 "아가페" 사랑이며 하나님의 생명을 말합니다. 그런데 인간들에게는 하나님의 사랑이 없습니다. 왜냐하면 아직 하나님의 아들로 거듭나지 못한 자들에게는 인간들의 사랑뿐 하나님의 사랑(생명)이 없기 때문입니다.

예수님이 그의 이웃인 제자들을 사랑하여 자신의 몸과 같이 창조하신 것은 하나님의 생명이 있었기 때문입니다.

그러므로 이웃을 내 몸과 같이 사랑하려면 먼저 하나님을 사랑하여 예수님과 같이 하나님의 생명으로 거듭나야

합니다. 만일 하나님을 사랑하여 하나님의 아들로 거듭난다면 예수님과 같이 이웃을 내 몸과 같이 사랑할 수 있고 또한 이웃을 내 몸과 같이 창조하여 하나님의 아들로 거듭나게 할 수 있는 것입니다.

　오늘날 기독교인들이 이웃을 내 몸과 같이 사랑할 수 없고 죽은 영혼을 살릴 수 없는 것은 하나님의 생명이 없기 때문입니다. 그러므로 이웃을 사랑하기 위해서는 내가 먼저 마음과 뜻과 정성을 다하여 하나님을 사랑하여 하나님의 생명으로 거듭나야 하는 것입니다.

26. Jesus said, "You see the sliver in your friend's eye, but you don't see the timber in your own eye. When you take the timber out of your own eye, then you will see well enough to remove the sliver from your friend's eye"

예수께서 말씀하시되, "너희는 너희 이웃의 눈 속에서 티끌(나무조각)을 보나 네 눈 속의 들보(통나무)는 보지 못하는도다. 너희 눈 속의 들보를 빼낼 때 그제야 너희 이웃의 눈 속에서 티끌을 제거해 줄 만큼 잘 보게 되리라"

[해설] 예수님은 너희가 너희 이웃의 눈 속에 있는 티끌은 보나 네 눈 속에 있는 들보는 보지 못한다고 말씀하십니다. 그러므로 너희가 너희 눈 속에 있는 들보를 빼면 그때야 네 이웃의 눈 속에서 티끌을 제거해 줄만큼 잘 보게 될 것이라고 말씀하십니다.

이 말씀은 자신의 허물이나 잘못은 보지 못하면서 남의 허물이나 잘못은 잘 보고 지적하고 질책한다는 뜻입니다. 그러니 너희의 허물을 먼저 제거한 후에 남의 허물을 보고 고쳐주라는 말씀입니다.

　이 말씀은 예수님께서 마태복음 7장 1절 이하를 통해서 더욱 자세히 말씀하고 있습니다.

　[마태복음 7장 1절-5절] 비판을 받지 아니하려거든 비판하지 말라 너희의 비판하는 그 비판으로 너희가 비판을 받을 것이요 너희의 헤아리는 그 헤아림으로 너희가 헤아림을 받을 것이니라 어찌하여 형제의 눈 속에 있는 티는 보고 네 눈 속에 있는 들보는 깨닫지 못하느냐 보라 네 눈 속에 들보가 있는데 어찌하여 형제에게 말하기를 나로 네 눈 속에 있는 티를 빼게 하라 하겠느냐 외식하는 자여 먼저 네 눈 속에서 들보를 빼어라 그 후에야 밝히 보고 형제의 눈 속에서 티를 빼리라

　이 말씀은 아직 하나님의 아들로 거듭나지 못한 사람은 어느 누구에게나 해당되는 말씀입니다. 예수님은 남에게 비판을 받지 아니하려면 비판을 하지 말며 남을 헤아리지 말라고 말씀하십니다. 왜냐하면 너희가 비판을 하기 때문에 비판을 받고 헤아리기 때문에 자신도 헤아림을 받는다는 것입니다.
　그러므로 남의 허물을 판단하기 전에 자신부터 하나님의 생명으로 거듭나라는 것입니다.

만일 하나님의 아들로 거듭난다면 그때 이웃에 있는 자들의 허물을 지적해주고 치료해 줄 수 있는 것입니다.

금식과 안식일

27. "If you do not fast from the world, you will not find the kingdom. If you do not observe the sabbath as a sabbath you will not see the Father"

"만약 너희가 세상으로부터 금식하지 않는다면 너희는 그 나라(하늘나라)를 발견하지 못하리라. 만약 너희가 안식일을 안식일로 지키지 않는다면 너희는 아버지(하나님)를 보지 못할 것이다"

[해설] 예수님은 만약 너희가 세상으로부터 금식하지 않는다면 너희는 그 나라(하나님의 나라)를 보지 못한다고 말씀하십니다. 그리고 만일 너희가 안식일을 안식일로 지키지 않는다면 너희는 하나님을 보지 못한다고 말씀하십니다.

오늘날 기독교인이라면 어느 누구나 주일날을 안식일로 지키며 때를 따라 금식도 하고 있습니다. 그런데 예수님께서 말씀하시는 금식과 안식일은 영적으로 무엇을 말씀하고 있는지 분명히 알지 못하고 금식을 하며 안식일을 지키고 있습니다.

　예수님께서 세상으로부터 금식하라는 것은 사람이 먹는 음식을 먹지 말라는 것이 아니라 세상의 삯군목자나 거짓선지자들이 주는 가감된 말씀을 먹지 말라는 것입니다. 왜냐하면 삯군목자들이 가감하여 주는 말씀을 먹으면 부패하게 되어 결국은 영혼이 멸망하여 지옥으로 들어가기 때문입니다. 또한 안식일을 거룩히 지키라는 말씀도 토요일이나 주일인 날을 지키라는 말씀이 아니라 하나님의 거룩한 말씀, 즉 오늘날 하나님의 아들이 주는 생명의 말씀을 가감하거나 오염시키지 말고 거룩하게 간직하라는 뜻입니다.

　왜냐하면 정확무오한 하나님의 말씀을 거룩하게 간직하지 못하고 오염된 다른 말씀을 받아먹는다면 영혼이 병들어 죽게 되기 때문입니다. 이렇게 안식일은 날이 아니라 존재적 개념으로 하나님의 아들을 말하며 거룩히 지키라는 안식은 하나님의 말씀을 말하고 있습니다. 왜냐하면 예수님께서 나는 안식의 주인이라 말씀하신 것은 예수님 안에 하나님이 안식하고 계시기 때문입니다. 그런데 오늘날 기독교인들은 안식일의 실체를 모르기 때문에 안식일(예수님)이 주는 하나님의 말씀을 거룩히 지키는 것이 아니라 날을 거룩하게 지키고 있는 것입니다. 그러나 하나님의 백성

들이 거룩하게 되는 것은 하나님의 말씀을 오염시키지 않고 거룩히 지킬 때 거룩하게 되는 것이며 날은 아무리 거룩하게 지켜도 거룩하게 될 수가 없다는 것을 알아야 합니다. 결국 하나님의 백성들이 죽느냐 사느냐 하는 것은 하나님의 말씀을 거룩히 지키느냐 못 지키느냐에 달려있는 것이며 날은 아무리 거룩히 지켜도 살 수가 없다는 것입니다.

그러므로 오늘날 하나님의 백성들은 하나님의 말씀, 즉 예수님이 주시는 생명의 말씀을 가감시키거나 오염시키지 말고 거룩하게 간직해야 합니다. 만일 하나님의 아들이 주는 거룩한 말씀을 조금이라도 가감시키거나 오염시킨다면 독이 되어 온 몸에 퍼져 죽게 되는 것입니다. 그러므로 삯군목자들이 주는 가감된 말씀이나 오염된 말씀을 먹지 않기 위해 금식을 해야 하는 것입니다.

이렇게 예수님께서 하라는 금식과 지키라는 안식은 신앙생활에 아주 중요한 것입니다. 그러므로 지금부터라도 예수님께서 말씀하시는 금식과 안식일을 올바로 알고 지켜서 모두가 하나님의 아들로 거듭나야 합니다.

28. Jesus said, "I took my stand in the midst of the world, and in flesh I appeared to them. I found them all drunk, and I did not find any of them thirsty. My soul ached for the children of humanity, because they are blind in their hearts and do not see, for they came into the world empty, and they also seek to depart from the world empty"

예수께서 말씀하시니라. "나는 내 처소를 세상(존재) 가운데서 취했고 그리고 나는 육신으로 그들에게 나타냈느니라. 나는 그들이 모두 (비진리)취해있음을 보았고 또 나는 그들 가운데 누구도 (말씀에)목마른 자를 보지 못했노라. 내 마음이 인간의 자녀들로 인해 아프다, 왜냐하면 그들은 마음의 소경이 되어 (나를)보지 못하기 때문이다. 그들은 공허한 세상(존재)으로부터 왔고 또한 그들이 찾는 것도 공허한 세상(존재)을 찾다가 떠나가고 있다"

[해설] 예수님께서 나는 내 처소를 세상 가운데서 취했고 그리고 나는 육신으로 그들에게 나타냈다고 말씀하십니다. 예수님은 자신이 거하시는 처소를 세상 가운데서 취했다고 말씀하시는데 예수님의 영혼이 거하는 처소는 곧 예수님의

영이 거하는 몸을 말하고 있습니다. 그러므로 예수님은 세상에서 몸(육신)을 취하여 오셨기 때문에 그의 제자들에게도 육신으로 나타낸 것이라 말씀하시는 것입니다. 이것은 로마서 1장에 예수님의 육신은 다윗의 혈통, 즉 다윗의 씨에서 나셨다고 분명히 말씀하고 있습니다.

즉 예수님의 육신은 세상의 존재들 가운데서 자신이 거할 처소가 준비된 마리아의 몸에 잉태되어 오셨고 영은 예수님의 몸 안에 성령(생명의 말씀)이 잉태되어 하나님의 아들로 거듭나 구원자로 오신 것입니다. 그런데 예수님이 구원자가 되어 오셔서 세상을 구원하려고 바라보니 하나님의 백성들이 모두 비진리에 취해있기 때문에 그 누구도 말씀이 갈급하여 생명의 말씀(생수)을 찾는 자를 보지 못했다고 말씀하시는 것입니다.

예수님은 이러한 하나님의 백성들을 바라보시고 마음이 아프다는 것입니다. 왜냐하면 이들은 영적 소경이 되어서 자신을 구원할 예수를 보지 못하기 때문이라는 것입니다. 이들이 진리를 찾지 않고 따라서 예수님도 알지 못하는 것은 삯군목자를 믿고 따르며 자신의 욕심을 채우기 위해 기복신앙생활을 하다가 알곡이 되지 못하고 쭉정이로 허무하게 죽어가기 때문입니다. 공수래공수거라는 뜻은 이 세상

에 올 때 빈 쭉정이로 왔다가 하나님의 생명으로 거듭나지 못하여 다시 빈 쭉정이로 돌아간다는 뜻입니다.

　공허한 세상이란 진리나 생명이 없는 애굽의 세계를 말하며 공허한 것을 찾는다는 것은 욕심을 채우기 위해 세상의 썩어 없어질 육신의 복을 찾는다는 것입니다. 이렇게 진리와 생명이 없는 세상교회에서 기복에 매달려 신앙생활을 하다가 하나님의 생명으로 거듭나지 못하고 쭉정이로 이 세상을 떠나 지옥으로 들어가게 되는 것입니다.

비 진리에 취해 있는 자들

"But mean while they are drunk. When they shake off their wine, then they will change their ways"

"그러나 그 동안(살아 있는)에 그들은 (비진리에) 취해 있도다. 그들이 포도주를 떨쳐버릴 때 그들은 그들의 길(말씀)을 바꿀 것이다"

[해설] 예수님은 하나님의 백성들이 하나님의 뜻을 망각

하고 삯군목자를 따라 비진리(포도주)를 따라가면서 기복신앙에 취해있다는 것입니다.

    오늘날 기독교인들의 신앙이 바로 자신의 욕심을 채우기 위한 기복신앙이요, 표적신앙입니다. 이런 자들은 예수를 믿고 열심히 신앙생활을 한다 해도 마지막에 들어가는 곳은 천국이 아니라 지옥입니다. 그러므로 그들이 먹고 있는 비진리(포도주)를 하루속히 버리고 기복신앙에서 벗어난다면 멸망의 넓은 길에서 생명의 좁은 길로 바꾸게 될 것이라는 말씀입니다. 때문에 세례요한이나 예수님은 지금도 멸망의 넓은 길을 가는 자들을 향해서 "회개하라 천국이 가까이 와 있다"고 외치시는 것입니다.

    천국으로 가는 생명의 길은 애굽의 기복신앙에서 벗어나 광야의 율법신앙으로 들어가는 것이며 광야의 율법신앙을 모두 마치고 진리와 생명이 있는 가나안 땅으로 들어가서 하나님의 아들로 거듭나는 것입니다.

29. Jesus said, "If the flesh came into being because of spirit, that is a marvel, but if spirit came into being because of the body, that is a marvel of marvels.

Yet I marvel at how this great wealth has come to dwell in this poverty"

예수께서 말씀하시되, "만약 영 때문에 육신이 존재하게 된다면 그것은 놀라운 일이다. 그러나 만일 육신 때문에 영이 존재하게 된다면 그것은 놀랍고 놀라운 일이다.

그런데 나는 이렇게 큰 부요가 어떻게 가난 속에 거하게 되었는지 놀라운 일이다"

[해설] 예수께서 말씀하시기를 만약 영 때문에 육신이 존재하게 된다면 그것은 놀라운 일이라 말씀하십니다. 그런데 만일 육신 때문에 영이 존재하게 된다면 그것은 더욱 놀라운 일이라는 것입니다.

예수님께서 말씀하시는 영은 성령, 즉 하나님의 거룩한 말씀을 말합니다. 예수님께서 "내가 너희에게 이르는 말이 영이요 생명이라"고 말씀하신 것은 예수님이 곧 거룩한 영

이라는 뜻입니다. 예수님께서 영 때문에 육신이 존재하게 된다면 놀라운 일이라 말씀하시는 이유는 하나님의 백성들이 하나님을 위해서 신앙생활을 하는 것이 아니라 자기 욕심을 채우기 위해서 하기 때문입니다. 그런데 하나님, 곧 말씀 때문에 신앙생활을 하는 자가 있다면 놀라운 일이라는 것입니다.

그리고 육신 때문에 영이 존재한다면 더욱 놀라운 일이라는 것은 육신은 하나님의 피조물로 하나님을 위해 존재하는 것인데 반대로 하나님이 육신, 즉 자신을 위하여 존재하는 것과 같은 착각을 하기 때문에 더욱 놀라운 일이라는 뜻입니다. 이렇게 하나님의 백성들이 하나님 보다 자기 몸을 더 사랑하며 자신을 하나님 보다 더 위하며 신앙생활을 하고 있는 것입니다.

이렇게 하나님의 백성들이 몸을 위해 신앙생활을 하기 때문에 부활도 몸이 다시 사는 것을 바라며 천국에 들어가는 것도 죽은 몸이 살아서 들어가려 하고 있는 것입니다. 이 때문에 오늘날 기독교인들은 사도신경을 통해서 몸이 다시 사는 것과 영원히 사는 것을 믿는다고 신앙을 고백하고 있는 것입니다.

예수님은 이렇게 몸 때문에 하나님의 말씀을 의지하고

신앙생활을 하는 자들을 보시고 놀랍다는 것입니다.

이어지는 말씀은 나는 이렇게 큰 부자가 어떻게 가난한 자 속에 들어가 거하게 되었는지 놀라운 일이라고 말씀하십니다. 예수님이 말씀하시는 부자는 영적인 부자, 곧 말씀이 육신 되신 예수님을 말하며 가난한 자는 말씀이 갈급하여 애통하고 있는 자들을 말합니다.

예수님께서 말씀으로 들어가 거할 곳이 바로 이렇게 말씀이 가난하여 애통해하는 자들입니다. 그런데 하나님의 백성들이 육체의 소욕을 채우기 위해 기복적인 신앙생활을 하기 때문에 성령(말씀)의 소욕을 채우려고 하는 심령이 가난한 자들은 찾아볼 수 없다는 것입니다. 이 때문에 예수님은 마태복음 5장 3절을 통해서 심령이 가난한 자는 복이 있나니 천국이 저희 것이라고 말씀하신 것입니다.

천국은 이렇게 어린아이와 같이 심령이 가난하게 된 자들이 들어간다는 것을 알아야 합니다. 그런데 예수님은 나의 이렇게 큰 부요가 어떻게 가난한 자 속에 들어가 거하게 되었는지 놀라운 일이라고 말씀하십니다. 이 말씀은 예수님께서 말씀을 찾는 자, 곧 심령이 가난한 자(예수님의 제자)들 속에 들어가 함께 거하게 된 것이 놀랍다는 것입니다.

진실한 사랑

당신을 바라보고
당신의 이야기를 듣는 것이
당신의 마음을 담는 것인줄
몰랐습니다

내 마음에
당신의 마음을 담으니
당신의 마음을
알것 같습니다

당신의 마음을
읽고 아는 것이
진실한 사랑이라는 것을

시간이 흐른 뒤에야 느끼고
내 마음에 당신의 마음을
가득 채워가는 것이
진실한 사랑인줄
이제야 알았습니다

눈물

가슴이 무너져 내리는 눈물은
하늘이 무너져 내리는
여름 장마비 같구나

비야 비야 어서 내려라
온 세상이 더러워진 것을
깨끗이 씻어주고

가슴에 앙금처럼 가라앉은
더러운 찌끼도
주룩주룩 흐르는 눈물로
깨끗이 씻어서

눈물도 아픔도 고통도 없는
새 하늘과 새 땅이 되어라

4.
삼위일체 하나님

세 분이 모두 동일한 하나님이시나
일위는 성부하나님이시며
이위는 성령하나님이시며
삼위는 성자하나님이시라는
것입니다.

30. Jesus said, "Where there are three deities, they are divine. Where there are two or one, I am with that one"

예수께서 말씀하시되, "세 신(삼위 하나님)이 계신 곳에 있는 그들은 거룩하다. (이 세신 가운데) 둘(이위) 혹은 하나(일위)가 계신 그곳에 나는 (나도) 하나가 되어 함께 있도다"

[해설] 예수님은 세 신, 즉 삼위의 하나님이 계신 곳에 있는 그들은 거룩하다고 말씀하십니다. 세 신은 거룩하신 하나님으로 성부하나님과 성령하나님과 성자하나님을 말합니다.

삼위일체라는 말은 하나님의 생명은 모두 동일하나 그 위는 각기 다르다는 뜻입니다. 즉 세분이 모두 동일한 하나님이시나 일위는 성부하나님이시며 이위는 성령하나님이시며 삼위는 성자하나님이시라는 것입니다. 기독교에서는 삼위를 성부, 성자, 성령이라 말하지만 성경은 성부, 성령, 성자라 말씀하고 있습니다.

왜냐하면 성자 예수님은 성부와 성령에 의해서 잉태되어 나타난 하나님의 아들이기 때문입니다. 때문에 예수님

께서 일위 하나님과 이위 성령님이 계신 곳에 나도 한 생명이 되어 함께 있다고 말씀하시는 것입니다.

  만일 오늘날 기독교인들도 하나님의 생명으로 거듭나서 하나님의 아들이 되면 예수님과 같이 하나님과 한 생명이 되어 삼위의 자리에 함께 앉게 됩니다.

  그러므로 오늘날 기독교인들도 하루속히 하나님의 아들로 거듭나서 삼위일체 하나님 속에 들어가 한 영, 한 떡, 한 몸이 되어야 하는 것입니다.

고향에서 환영 받지 못하는 인간 예수

31. Jesus said, "No prophet is welcome on his home turf; doctors don't cure those who know them"

예수께서 말씀하시니라. "선지자는 그의 집(고향) 잔디(존재) 위에서는 환영받지 못하며 의사들은 그들을 알고 있는 자들을 치료하지 않는다"

[해설] 예수님께서 선지자는 그의 집 잔디 위에서는 환영을 받지 못한다고 말씀하고 있습니다. 예수님은 마태복음 (13장 57절)을 통해서도 선지자가 자기 고향과 자기 집 외에서는 존경받지 않음이 없다고 말씀하십니다.

이 말은 선지자들이 자기 고향과 자기 집에서는 존경이나 환영을 받지 못하지만 고향을 떠나서는 환영을 받는다는 것입니다. 때문에 예수님도 자신이 태어난 고향 사람들이나 예수님의 가족들에게는 하나님의 아들이나 선지자로 인정을 받지 못한 것입니다. 왜냐하면 예수님과 함께 성장하면서 예수님의 인성이나 사생활을 잘 알고 있는 사람들

은 예수님을 갑자기 하나님이나 하나님의 아들로 인정을 할 수 없기 때문입니다.

이 말은 예수님이 요단강에서 세례를 받고 하나님의 아들로 거듭나기 전에는 예수님도 평범한 보통사람이었다는 것을 말해주는 것입니다. 이 때문에 예수님과 함께 성장하면서 예수님의 일거일동을 지켜보며 알고 있는 가족이나 동네사람들은 예수님에게 구원을 받으려고 하지도 않고 예수님도 그들은 구원을 시킬 수 없었던 것입니다. 이와 같이 선지자들은 자기 고향사람들에게는 환영이나 존경을 받을 수 없고 구원도 시킬 수 없는 것입니다.

본문에서 말하는 잔디는 고향사람들을 말하며 예수님이 말씀하시는 의사는 영적인 의사로 병든 영혼을 치료하며 죽은 영혼을 살려주는 하나님의 아들들을 말합니다.

32. Jesus said, "A city built on a high hill and fortified cannot fall, nor can it be hidden"

예수께서 말씀하시니라. "높은 언덕 위에 견고하게 건축된 성읍(도시)은 무너지지 않고 또한 숨길 수 없다"

[해설] 예수님께서 말씀하시는 높은 언덕 위에 견고하게 건축된 성읍은 하나님의 교회, 즉 일반적인 세상교회가 아니라 하나님의 생명으로 거듭난 하나님의 아들을 말하고 있습니다. 이렇게 견고하게 세워진 하나님의 아들은 절대로 무너지거나 감출 수 없다는 뜻입니다.

예수님은 마태복음(7장 24절 이하)을 통해서 누구든지 예수님의 말을 듣고 행하는 자는 그 집을 반석 위에 지은 집과 같아서 비가오고 창수가 나도 무너지지 않지만 예수님의 말씀을 듣고도 행치 않는 자는 집을 모래위에 지은 집같이 비가 오고 창수가 나면 모두 무너진다고 말씀하고 있습니다. 이렇게 높은 언덕 위에 견고하게 건축된 성읍은 예수님의 말씀을 잘 듣고 그 말씀에 따라서 행하여 하나님의 생명으로 거듭난 자들을 말합니다.

이렇게 하나님의 말씀을 듣고 말씀대로 행하여 하나님

의 아들로 거듭난 자들은 절대로 죽지 않고 영원히 산다는 뜻입니다. 이 말씀은 오늘날 예수를 믿기만 하면 행함이 없어도 천국에 간다는 기독교인들에게 큰 경종을 울리고 있습니다.

    그러나 오늘날 기독교인들은 이러한 말씀을 보고도 전혀 느낌이나 감각이 없다는 것은 심히 안타까운 일입니다. 또한 높은 언덕 위에 견고하게 건축된 성읍은 예수님의 말씀을 듣고 말씀대로 행하여 하나님의 아들로 거듭난 자들로 이들은 진리의 빛을 소유하고 있기 때문에 감추거나 숨길 수 없다는 것입니다.

33. Jesus said, "What you will hear in your ear, in the other ear proclaim from your rooftops"

예수께서 말씀하시니라. "너희는 너희의 귀로 듣게 될 것들을 너희 지붕에서 다른 귀들에게 선포하리라"

[해설] 예수님께서 너희는 귀로 듣게 될 것들을 너희 지붕에서 다른 귀들에게 선포할 것이라 말씀하고 있습니다.

이 말씀은 마태복음 10장 27절에 예수님께서 내가 너희에게 어두운데서 이르는 것을 광명한데서 말하며 너희가 귓속으로 듣는 것을 집 위에서 전파하라는 말씀과 동일한 의미입니다. 이 말씀은 예수님의 말씀을 들은 자들은 이웃에 있는 영혼들에게 예수님의 영적(비밀)인 말씀들을 큰 소리로 전파하라는 뜻입니다.

왜냐하면 예수님의 말씀을 큰 소리로 외치지 않으면 이웃에 죽어 있는 영혼들이 살 수 없기 때문입니다. 이 때문에 너희에게 성령이 임하면 예루살렘과 유대와 사마리아와 땅 끝까지 이르러 내 증인이 되라고 말씀하시는 것입니다.

"After all, no one lights a lamp and puts it under a basket, nor does one put it in a hidden place. Rather, one puts it on a lampstand so that all who come and go will see its light"

"결국 아무도 등에 불을 켜서 바구니 아래 두지 않으며, 그것(등)을 숨겨진 장소에 두지 않는다는 말이다. 오히려 그 등의 빛을 오고 가는 사람들 모두가 볼 수 있도록 등대 위에 두느니라"

[해설] 이 말씀은 계속되는 예수님의 말씀으로 사람들이 등불을 켜서 바구니 속이나 가려진 곳에 두지 않고 모든 사람이 볼 수 있도록 높은 곳에 올려놓는다는 것입니다. 예수님이 말씀하시는 빛은 하나님의 말씀으로 하나님의 생명으로 거듭난 자들 안에 들어 있습니다.

예수님께서 죽은 영혼들을 구원하여 생명(빛)을 주시는 것은 이들을 통해서 이웃에 죽어 있는 영혼들을 구원하여 다시 살리기 위한 것입니다. 이렇게 예수님이 하나님의 백성들에게 원하시는 뜻은 첫째, 죽은 자들은 예수님의 말씀을 듣고 살아나는 것이며 둘째, 예수님의 말씀을 듣고 산 자들은 이웃에 죽어 있는 자들을 생명의 말씀으로 구원하

여 살리는 것입니다. 이와 같이 하나님께서 어둠 가운데 존재하고 있는 죄인들을 구원하고 살려서 빛의 아들로 만드는 것은 지금도 어둠가운데서 죽어가는 영혼들을 빛을 통해서 구원하고 살리려는 것입니다.

때문에 예수님께서 제자들에게 너희는 어둠을 비추는 세상의 빛이라 말씀하신 것입니다.

소경된 인도자(목자)

34. Jesus said, "If a blind person leads a blind person, both of them will fall into a hole"

예수께서 말씀하시니라. "만일 소경된 사람이(목회자) 소경(교인)을 인도한다면 둘 다 구덩이(지옥)에 빠지게 될 것이다"

[해설] 예수님은 제자들에게 만일 소경된 사람이 소경을 인도한다면 모두 구덩이에 빠지게 된다고 말씀하십니다. 당연지사입니다. 그런데 예수님이 말씀하시는 소경은 육신의 눈이 보이지 않는 소경을 말씀하시는 것이 아니라 영적인 소경, 즉 아직 하나님의 생명으로 거듭나지 못한 자를 말합니다.

성경에 예수님이나 사도들은 영안이 열린 참 목자이며 아직 하나님의 생명으로 거듭나지 못한 제사장이나 서기관들은 영안이 없어 소경된 인도자라 말하고 있습니다. 이것은 오늘날 기독교회나 목회자들에게도 동일합니다. 즉 오늘날 하나님의 생명으로 거듭난 하나님의 아들들은 구원자이며 참 목자이지만 아직 하나님의 생명으로 거듭나지 못

해 예수를 구주로 믿고 있는 자들은 목사님이라 해도 소경이라는 것입니다.

    이렇게 소경된 인도자들은 비록 신학교를 나온 목사님이라 해도 천국이 어느 곳에 있는지 또한 그곳은 어떤 자들이 어떤 과정을 통해서 들어가는지 조차도 모르면서 무조건 예수만 믿으면 천국에 들어간다고 교인들을 속이고 있습니다.

    그러므로 이런 자들은 결국 마지막 날에 목사와 교인들이 함께 지옥으로 들어가게 되는 것입니다.

35. Jesus said, "One can't enter a strong person's house and take it by force without tying his hands. Then one can loot his house"

예수께서 말씀하시니라. "사람이 강한 사람의 집에는 들어 갈 수 없고, 힘으로 그(강한 자)의 손을 결박하지 않고서는 그 집을 취할 수 없다. (강한자)결박하고 나서야 그의 집을 빼앗을 수 있느니라"

[해설] 예수님은 강한 사람의 집에는 도적이 들어갈 수 없고 그 집을 들어가려면 그보다 더 힘이 강한 자가 그 사람의 손을 결박해야 강한 자의 집에 들어가 재물을 탈취할 수 있다고 말씀하십니다. 그러면 예수님이 말씀하시는 강한 자의 집은 어떤 집을 말하며 그 집을 탈취하려는 더 강한 자는 어떤 사람을 말하는 것일까요?

예수님이 말씀하시는 강한 자의 집은 오늘날의 교회와 소경된 인도자, 즉 삯군목자에 의해서 교리와 비진리로 무장된 자들을 말합니다. 이렇게 소경된 인도자(삯군목자)들에 의해서 비진리로 의식화된 자들의 영혼을 구원하려면 생명의 말씀으로 더 강하게 무장해야 한다는 것입니다.

예수님께서 유대인들이나 바리새인들을 구원하시지 못한 것은 그들이 유대교의 교리와 유전으로 너무나 강하게 무장이 되어 있었기 때문입니다. 이렇게 영적인 싸움은 진리와 비진리와의 싸움이며 참목자와 삯군목자와의 싸움입니다.

이 싸움은 가인과 아벨에서 시작되어 유대인들과 예수님에 이르기까지 그리고 오늘날도 산 자와 죽은 자들 간에 싸우고 있는 것입니다.

그러므로 어둠과 죄 가운데서 죽어가는 영혼들을 삯군목자들로부터 구원하여 살리려면 말씀으로 무장을 하여 영적 권세를 갖추어야 하는 것입니다.

36. Jesus said, "Do not fret, from morning to evening and from evening to morning, [about your food--what you're going to eat, or about your clothing--] what you are going to wear. [You're much better than the lilies, which neither card nor spin]"

예수께서 말씀하시니라. "(너희는) 아침부터 저녁까지 또 저녁부터 아침까지 너희의 양식에 대하여 무엇을 먹을까 염려하지 말라, 그리고 너희의 의복에 대하여 어떤 옷을 입을까 염려하지 말라. 너희는 길쌈(방적)도 아니하고 카드도 없는(수고도 하지 않는) 백합화들보다 더 귀하니라"

[해설] 예수님은 그의 제자들에게 너희는 아침부터 저녁까지 먹을 양식에 대하여 무엇을 먹을까 염려하지 말고 또한 너희가 입을 옷에 대해서도 어떤 옷을 입을까 염려하지 말라고 말씀하십니다. 왜냐하면 너희는 수고(카드사용)도 하지 않고 길쌈(방적)도 하지 않는 백합보다 귀한 존재이기 때문이라는 것입니다. 이 말씀은 마태복음(6장25-32절)의 말씀을 통해서 더욱 자세히 말씀하고 있습니다.

[마태복음 6장 25절- 32절] 내가 너희에게 이르노니 목숨을 위하여 무엇을 먹을까 무엇을 마실까 몸을 위하여 무엇을 입을까 염려하지 말라 목숨이 음식보다 중하지 아니하며 몸이 의복보다 중하지 아니하냐 공중의 새를 보라 심지도 않고 거두지도 않고 창고에 모아 들이지도 아니하되 너희 천부께서 기르시나니 너희는 이것들보다 귀하지 아니하냐 너희 중에 누가 염려함으로 그 키를 한 자나 더할 수 있느냐 또 너희가 어찌 의복을 위하여 염려하느냐 들의 백합화가 어떻게 자라는가 생각하여 보라 수고도 아니하고 길쌈도 아니하느니라 그러나 내가 너희에게 말하노니 솔로몬의 모든 영광으로도 입은 것이 이 꽃 하나만 같지 못하였느니라 오늘 있다가 내일 아궁이에 던지우는 들풀도 하나님이 이렇게 입히시거든 하물며 너희일까보냐 믿음이 적은 자들아 그러므로 염려하여 이르기를 무엇을 먹을까 무엇을 마실까 무엇을 입을까 하지 말라 이는 다 이방인들이 구하는 것이라 너희 천부께서 이 모든 것이 있어야 할 줄을 아시느니라 너희는 먼저 그의 나라와 그의 의를 구하라 그리하면 이 모든 것을 너희에게 더하시리라.

예수님은 너희가 목숨을 위하여 무엇을 먹을까 무엇을 마실까 몸을 위하여 무엇을 입을까 염려하지 말라고 하십

니다. 왜냐하면 목숨이 음식보다 중하지 아니하며 몸이 의복보다 중하지 아니하기 때문이라는 것입니다. 이 말의 진정한 뜻은 사람의 몸과 목숨이 먹는 음식이나 마시는 음료 그리고 입는 옷보다 더 중요하다는 것입니다. 왜냐하면 사람의 몸과 목숨이 없으면 먹고, 마시고, 입는 것도 아무 소용이 없기 때문입니다. 그렇기 때문에 너희는 몸과 목숨을 위하여 그 나라와 그의 의를 먼저 구하라는 말씀입니다.

그의 나라는 예수님을 말하며 그의 의는 예수님의 입에서 나오는 말씀을 말합니다. 그러므로 하나님의 백성들이 구하고 찾아야 할 것은 예수님과 예수님의 입에서 나오는 말씀입니다.

예수님의 입에서 나오는 말씀이 하나님의 백성들이 먹고 마셔야 할 일용할 양식이며, 입어야 할 옷은 그리스도의 옷(말씀의 옷)입니다. 그런데 오늘날 기독교인들이 먹고 마셔야 할 오늘날의 일용할 양식은 2000년 전에 오셨던 예수님이 주시는 것이 아니라 오늘날 하나님의 아들로 거듭난 아들(참목자)이 주는 양식(말씀)을 말합니다.

오늘날 하나님의 백성들에게 때를 따라 일용할 양식(생명의 말씀)을 나누어 주는 자가 바로 오늘날 살아계신 인간 예수입니다.

　인간예수는 보통사람과 같이 사람의 몸을 입고 있는 평범한 모습의 하나님의 아들이라는 뜻입니다. 때문에 하나님께서 보내주신 인간예수는 유대인은 물론 오늘날 기독교인들도 예수로 믿거나 인정하지 않고 이단자로 배척을 하는 것입니다.

　그러므로 오늘날 기독교인들이 날마다 구하고 찾고 두드려야 할 것은 육신의 양식이나 옷이 아니라 오늘날 하나님께서 보내주시는 구원자, 곧 인성을 소유하신 인간 예수님입니다. 그런데 오늘날 기독교인들은 이러한 인간예수는 찾지도 않고 지금도 육신을 위한 의, 식, 주와 세상에서 채워지지 않는 자신의 욕심을 채우기 위해서 구하고 찾고 두드리고 있는 것입니다.

　예수님은 이렇게 육신적인 문제들을 위하여 구하고, 찾고, 두드리는 자들은 믿음이 적은 자로 하나님의 백성이 아니라 이방인이라 말씀하고 있습니다.

　예수님은 너희 천부(하나님)께서 너희에게 있어야 할 것(육신의 의, 식, 주)은 이미 알고 계시기 때문에 너희는 먼저 그의 나라와 그 의를 구하라는 것입니다. 그러면 하나님께서 육신에 필요한 것(의, 식, 주)도 더 채워주신다고 말씀하고 있습니다.

"As for you, when you have no garment, what will you put on? Who might add to your stature? That very one will give you your garment"

"너에게 네 의복이 없을 때 너는 무엇을 입겠느냐 ? 누가 너의 키를 더 자라게 할 수 있느냐. 네게 너의 의복을 줄 수 있는 분은 오직 한분(하나님)이다"

[해설] 상기의 말씀은 위에서 살펴본 바와 같이 마태복음 6장 25절 이하에 이어지는 의, 식, 주에 관한 예수님의 말씀입니다. 예수님은 너희가 먹고 마시고 입는 것을 염려하거나 걱정하지 말라고 하십니다. 왜냐하면 하나님은 공중에 나는 새도 먹이시며 들에 백합화도 입히시는데 하물며 만물의 영장이라는 너희를 굶기거나 벗게 하시겠느냐는 것입니다. 그런데 예수님이 말씀하시는 의, 식, 주는 육신의 양식과 음료와 의복에 국한해서 말씀하시는 것이 아니라는 것입니다.

    육신에 속한 자들은 양식이나 옷을 육신의 것으로 생각하고 말하지만 영에 속한 예수님과 사도들은 모두 영적인 양식과 음료와 옷을 말하고 있습니다. 즉 영에 속한 사람들

의 양식은 하나님의 말씀을 말하며 마시는 음료는 성령을 말하며 옷은 그리스도의 옷을 말하고 있습니다. 이렇게 너희가 먹고 마실 영적인 양식이나 입을 옷(세마포)은 하나님께서 미리 준비하여 주신다는 것입니다. 또한 예수님은 너희가 염려한다 하여 키를 한 치라도 크게 하거나 작게 할 수 있느냐고 말씀하십니다.

이 말씀 역시 육신적인 사람의 키(생명)는 물론 하나님의 백성들의 영적인 키(생명)도 하나님께서 자라게 하신다는 것입니다. 이것은 인간들의 생사화복은 물론 영적인 생사화복도 모두 하나님이 주관하신다는 것을 말씀해주는 것입니다.

눈앞에 계신 예수를 보지 못하는 제자들

37. His disciples said, "When will you appear to us, and when will we see you?"

그(예수)의 제자들이 묻기를, "언제 당신께서 우리에게 나타내실 것이며 언제 우리는 당신을 볼 수 있습니까?"

[해설] 예수님의 제자들이 예수님께 언제 당신께서 우리에게 나타나실 것이며 또한 우리는 언제 당신을 볼 수 있느냐고 예수님께 묻고 있습니다. 이 말씀은 예수님의 제자들이 앞에 계신 예수님을 보고 당신은 언제 우리에게 다시 나타나시며 우리는 언제 당신을 다시 볼 수 있느냐고 묻는 것입니다.

제자들의 질문은 오늘날 기독교인들처럼 하늘의 구름을 타고 재림하실 예수님을 묻는 것이 아니라 예수님의 생명이 제자들 안에 들어와 예수님과 같이 하나님의 아들로 거듭나는 시점을 묻고 있는 것입니다. 그러므로 제자들이 우리는 당신을 언제 다시 볼 수 있느냐는 질문은 재림하는 예수님의 육신을 본다는 의미가 아니라 제자들의 몸 안에 영

(생명)으로 임하시는 예수님을 언제 볼 수 있느냐는 뜻입니다.

이와 같이 예수님의 부활이나 재림은 모두 영적인 의미로 제자들의 몸이나 오늘날 하나님의 생명으로 거듭나는 자들 안에서 일어나는 일이며 외적으로 예수님의 육체가 구름을 타고 오시는 것이 아닙니다.

오늘날 기독교인들이 구름타고 재림하시는 예수님을 학수고대하며 기다리고 있지만 이천년이 지난 지금까지 오시지 않는 것은 영으로 임하시는 예수님을 육신의 재림으로 오해를 하고 있기 때문에 지금 눈앞에 오신 예수님을 보지 못하고 있는 것입니다.

예수님의 말씀과 같이 재림하신 예수님은 당시에 예수님을 찌른 자도 볼 수 있게 속히 오셨으며 지금도 하나님의 생명으로 거듭난 자들 안에 재림하셔서 계십니다. 이렇게 예수님이 재림한 자들이 곧 하나님의 아들이며 사도이며 오늘날 예수(구원자)들입니다. 왜냐하면 이렇게 예수님이 오셔서 하나님의 아들로 거듭난 자(예수)들은 지금도 예수님과 같이 죄인들의 죄를 사해주고 죽은 영혼들을 살리고 있기 때문입니다.

Jesus said, "When you strip without being ashamed, and you take your clothes and put them under your feet like little children and trample then, then [you] will see the son of the living one and you will not be afraid"

예수께서 말씀하시니라. "너희가 부끄럼 없이 벗고 또 너희가 어린아이들과 같이 너희의 옷들을 취하여 너희 발아래 놓고 짓밟을 때 너희는 살아계신 분의 아들을 보며 너희들은 두려워하지 않게 되리라"

[해설] 상기의 말씀은 제자들이 당신은 우리에게 언제 나타나실 것이며 우리는 언제 당신을 볼 수 있느냐는 질문에 예수님께서 답변하신 말씀입니다. 그러므로 이 말씀은 예수님께서 제자들 안에 그리고 오늘날 기독교인들 안에 임(재림)하시는 과정과 그 시점을 대답해 주시는 말씀입니다.

예수님은 너희가 부끄러움 없는 어린아이와 같이 되어 지금 입고 있는 옷들을 부끄러워하지 않고 모두 벗어서 발아래 놓고 그 옷들을 짓밟을 때 너희는 살아계신 하나님의 아들(예수)을 볼 것이라고 말씀하십니다. 그러면 예수님께

서 어린아이와 같이 되어 벗어버리라는 옷은 과연 어떤 옷을 말하는 것일까요? 예수님께서 벗어버리라는 옷은 의복을 말하는 것이 아니라 유대인들이나 오늘날 기독교인들이 가지고 있는 의식화 된 신앙의 고정관념, 즉 사람들이 만들어 지켜오는 교리와 규례와 전통 그리고 사람들이 가지고 있는 신학적 지식들을 말합니다.

그러므로 오늘날 기독교인들은 지금까지 지켜오는 의식화된 신앙을 모두 벗어 버리지 않고는 예수님을 볼 수가 없다는 것입니다. 예수님께서 말씀하시는 회개는 바로 이렇게 잘못된 신앙의 고정관념들을 모두 벗어버리는 것입니다.

예수님은 오늘날 기독교인들에게 지금까지 소유하고 있는 신앙의 고정관념을 모두 벗어버리고 어린아이와 같이 순전한 마음이 되어야 나(예수님)를 볼 수 있다고 말씀하시는 것입니다. 때문에 예수님께서 마음이 청결한 자가 하나님을 볼 것이라고 말씀하신 것입니다.

38. Jesus said, "Often you have desired to hear these sayings that I am speaking to you, and you have no one else from whom to hear them. There will be days when you will seek me and you will not find me"

예수께서 말씀하시니라. "너희는 가끔 내가 너희에게 말하는 이 말씀들(영적 비밀)을 듣기 원하였도다. 그리고 너희는 아무에게도 그것들을 들을 수 없었느니라. (조금 있으면) 너희가 나를 찾아도 나를 발견하지 못할 날이 올 것이다"

[해설] 예수님께서 너희는 가끔 내가 너희에게 하는 말을 듣기 원하였다고 말씀하십니다. 제자들은 예수님이 하시는 말씀이 얼마나 소중하다는 것을 모르기 때문에 말씀을 항상 잘 들으려고 하지 않았다는 것입니다. 예수님께서 이러한 말씀을 제자들에게 하시는 이유는 예수님의 말씀이 곧 생명이며 이 세상에 그 어떤 보화보다 더 소중한 말씀이라는 것을 모르고 있기 때문입니다.

　　예수님은 내 입에서 나오는 생명의 말씀은 너희가 지금까지 아무에게서도 듣지 못했다고 말씀하고 있습니다. 이

렇게 예수님께서 하시는 말씀 한마디 한마디는 모두가 영이요 생명이며 보화와 같이 귀한 말씀들입니다.

하나님의 백성들이 먹어야 할 양식이 바로 생명의 말씀이며 이 생수를 먹어야 죄 사함을 받고 하나님의 생명으로 거듭나서 하나님의 아들로 태어날 수 있습니다. 그런데 유대인들은 물론 예수님의 제자들도 예수님께서 하시는 말씀의 소중함을 별로 느끼지 못하고 있는 것입니다. 그러므로 예수님은 조금 있으면 내가 너희를 떠날 것인데 그때는 너희가 나를 찾아도 찾지 못할 것이며 이런 말씀을 들으려 해도 듣지 못할 것이라고 경고를 하는 것입니다.

사람들은 흔히 "있을 때 잘해" 라고 말은 하면서도 있을 때는 잘하지 않고 떠난 후에 후회를 하는 경우를 흔히 볼 수 있습니다. 그러므로 예수님이 계실 때 잘 해야 합니다. 빛이 열두 시간 밖에 없듯이 지금 살아계신 예수님도 떠날 때가 온다는 것을 명심해야 합니다.

천국 문을 닫고 있는 자들

39. Jesus said, "The Pharisees and the scholars have taken the keys of knowledge and have hidden them. They have not entered nor have they allowed those who want to enter to do so"

예수께서 말씀하시니라. "바리새인들과 학자들(서기관)이 지식의 열쇠들을 취하여 그들(비밀의 말씀)을 감추고 있다. 그들은 (천국)들어가지 못했으며 그들은 들어가기를 원하는 자들도 허용하지 않았다"

[해설] 예수님은 바리새인들과 서기관들(신학자)이 그들이 가지고 있는 신학적 지식을 가지고 하나님의 영적인 말씀들을 가리고 있다고 말씀하십니다. 바리새인들과 서기관들은 오늘날 신학자와 목회자들을 말합니다.

오늘날 성경을 연구하는 신학자들이나 목회자들은 성경을 통해서 교인들에게 알려주어야 할 것은 하나님의 마음, 즉 하나님의 영적인 뜻입니다. 그런데 이들은 무엇 때문에 신학적 지식을 가지고 교인들에게 하나님의 영적인 뜻을

숨기고 있을까요?

그 이유는 하나님의 뜻은 신학자들이나 목회자들이 추구하는 뜻과 다르기 때문입니다. 즉 하나님은 하나님의 말씀을 통해서 하나님의 백성들을 구원하여 살리려는 반면에 오늘날 목회자들은 하나님의 말씀을 가지고 자신들의 욕심을 채우려 한다는 것입니다. "중이 염불에는 관심이 없고 잿밥에만 가 있다"는 말과 같이 오늘날 목회자들도 영혼을 구원하는 데는 관심이 없고 교인들을 통해서 자신의 욕심을 채우고 있다는 것입니다.

오늘날 목회자들은 자신도 구원 받지 못한 상태이기 때문에 교인들을 구원시킬 수가 없습니다. 단지 예수를 믿음으로 자신이나 교인들도 구원을 받았다고 속고 속이고 있는 것입니다. 때문에 예수님께서 목회자들이 자신도 천국에 들어가지 않고 들어가려는 자들도 들어가지 못하도록 가로막고 있다는 것입니다. 그뿐만 아니라 예수님은 마태복음 23장 15절을 통해서 이렇게 말씀하십니다.

[마태복음 23장 15절] 화 있을찐저 외식하는 서기관들과 바리새인들이여 너희는 교인하나를 얻기 위하여 바다와 육지를 두루 다니다가 생기면 너희보다 배나 더 지옥자식이 되게 하는 도다

　　오늘날 기독교인들은 교회들 간에 서로 경쟁이라도 하듯이 전도를 치열하게 하고 있습니다. 그래서 교인들은 날로 늘어가고 교회는 점점 대형화 해가고 기업화 되어가고 있습니다. 그런데 예수님은 상기의 말씀과 같이 너희가 교인을 얻으면 배나 더 지옥자식을 만들고 있다고 말씀하고 계십니다. 얼마나 무서운 일입니까? 그런데 오늘날 기독교인들은 이러한 말씀과 현실들을 전혀 모르고 있고 관심조차도 없다는 것은 매우 안타까운 일입니다.

"As for you, be as sly as snakes and as simple as doves"

"이렇기 때문에 너희들은 뱀들처럼 간교하고 또한 비둘기들처럼 순전하라"

　[해설] 이어지는 말씀에 예수님은 제자들에게 "너희들은 뱀과 같이 간교하고 또 비둘기 같이 순전(순결)하라"고 말씀하십니다.
　　오늘날 기독교인들은 예수님께서 제자들에게 비둘기 같이 순결하라고 하신 말씀은 이해 할 수 있는데 뱀같이 간교

하라는 말씀은 이해가 잘 안되리라 생각합니다. 그런데 예수님께서 마태복음 10장 16절을 통해서 하신 말씀을 보면 너희는 뱀 같이 지혜롭고 비둘기 같이 순결하라고 말씀하고 있습니다.

   이 말씀은 예수님께서 그의 제자들을 이리, 즉 외식하는 서기관들과 바리새인들에게 보내면서 하신 말씀입니다. 왜냐하면 제자들이 순결한 마음만 가지고 간악한 자들 속에 들어가면 이리들의 밥이 되어 모두 죽게 되기 때문입니다.

   이 때문에 예수님은 제자들에게 비둘기 같은 순전한 마음은 가지되 이리가운데 들어가 사역을 할 때는 뱀과 같이 간교하고 민첩하게 행동하라고 말씀하신 것입니다.

40. Jesus said, "A grapevine has been planted apart from the Father. Since it is not strong, it will be pulled up by its root and will perish"

예수께서 말씀하시니라. "포도덩굴이 아버지로부터 떨어져 심겨졌다. 그런데 심겨진 나무가 지금까지 강(견고)하지 못한 고로 뿌리가 뽑혀 말라버릴 것이다" (가지가 열매를 맺지 못해 잘라버림)

[해설] 예수님은 제자들에게 포도나무의 가지가 나무로부터 떨어져 땅에 심겨졌는데 세월이 많이 흘렀으나 심겨진 나무가 튼튼하지 못해 바람에 뿌리가 뽑혀 말라버렸다고 말씀하십니다. 이 말씀은 예수님과 제자들을 포도나무와 가지로 비유한 것으로 요한복음 15장 1-2절을 통해서 자세히 말씀하고 있습니다.

[요한복음 15장 1절-2절] 내가 참 포도나무요 내 아버지는 그 농부라 무릇 내게 있어 과실을 맺지 아니하는 가지는 아버지께서 이를 제해 버리시고 무릇 과실을 맺는 가지는 더 과실을 맺게 하려하여 이를 깨끗케 하시느니라.

　농부가 포도나무와 가지를 잘 자라게 하는 것은 모두 열매를 추수하기 위함입니다. 그런데 포도나무나 가지가 열매를 맺지 못하면 농부는 이런 나무나 가지는 모두 잘라 버립니다.

　이와 같이 예수님께서 제자들을 구원하여 하나님의 아들로 거듭나게 하는 것은 제자들을 통해서 이웃에 죽어있는 영혼들을 구원하기 위함입니다. 그런데 하나님의 아들로 거듭난 제자들이 이웃에 죽어있는 영혼들을 구원하지 않으면 멸망하게 된다는 것입니다.

　그러나 열매를 맺는 가지는 열매를 더 맺게 하기 위해서 가지를 깨끗하게 해주신다는 것입니다. 이것은 오늘날 기독교인들에게도 동일하게 적용되는 말씀입니다.

41. Jesus said, "Whoever has something in hand will be given more, and whoever has nothing will be deprived of even the little they have"

예수께서 말씀하시니라. "누구든지 손에 무엇을 가진 자는 더 받게 될 것이요 또 (누구든지) 갖지 못한 자는 그들이 가지고 있는 적은 것마저도 빼앗기게 될 것이다"

[해설] 예수님은 상기의 말씀을 통해서 손에 가진 자는 더 받게 될 것이며 갖지 못한 자는 가지고 있는 것까지 빼앗기게 된다고 말씀하고 있습니다. 이 말씀을 잘못 이해하면 다다익선이고 욕심이 많을수록 더 좋다는 말로 오해할 수 있습니다. 그런데 예수님께서 말씀하시는 뜻은 그런 의미가 아니라 포도나무와 가지의 비유와 같이 하나님의 열매를 열심히 노력하여 맺는 자는 하나님께서 더 많이 맺을 수 있도록 도와주신다는 뜻이며, 게으르고 나태하여 열매를 맺지 않는 자는 가지를 자르듯이 잘라 버린다는 의미입니다.

　오늘날 기독교인들은 하나님 앞에서 짓는 죄가 수 없이 많이 있지만 게으르고 나태한 죄가 얼마나 크다는 것은 잘 모르고 있습니다.

　오늘날 기독교인들은 이 말씀을 통해서 하나님은 게을러서 열매 맺지 않는 가지는 모두 잘라버리듯이 하나님의 말씀대로 행하지 않는 자들은 모두 멸하신다는 것을 알아야 합니다. 하나님은 에스겔서를 통해서 이렇게 말씀하십니다.

　[에스겔서 3장 17-19절] 인자야 내가 너를 이스라엘 족속의 파숫군으로 세웠으니 너는 내 입의 말을 듣고 나를 대신하여 그들을 깨우치라 가령 내가 악인에게 말하기를 너는 꼭 죽으리라 할 때에 네가 깨우치지 아니하거나 말로 악인에게 일러서 그 악한 길을 떠나 생명을 구원케 하지 아니하면 그 악인은 그 죄악 중에서 죽으려니와 내가 그 피 값을 네 손에서 찾을 것이고 네가 악인을 깨우치되 그가 그 악한 마음과 악한 행위에서 돌이키지 아니하면 그는 그 죄악 중에서 죽으려니와 너는 네 생명을 보존하리라.

　오늘날 기독교인들은 모두 에스겔 선지자와 같이 전도의 사명을 받은 하나님의 파숫군으로 이웃에 죽어가는 영혼들을 구원하고 살려야 하는 것입니다. 그런데 전도의 사명을 하지 않거나 해도 올바로 행치 않아 그 영혼이 죽으면

그 죄 값을 전도자에게 받으신다는 것입니다.

　그러므로 이웃에 있는 죽어가는 영혼을 구원하고 살리려면 먼저 자신이 하나님의 생명으로 거듭나서 예수님과 사도들과 같이 오늘날의 구원자가 되어야 합니다. 그렇지 않으면 포도나무에 붙어 있는 가지라도 주인에게 잘려서 밖에 버림을 당해 불에 태우게 되는 것입니다.

42. Jesus said, "Be passersby"

예수께서 말씀하시니라. "(너희는 시험에) 합격(통과하는 자)하는 자가 되라"

[해설] 예수님은 제자들에게 너희는 모든 시험에 합격하는 자가 되라고 말씀하십니다. 세상의 삶은 물론 생명의 좁은 길을 걸어가는 자들은 시험과 연단 속에서 살아가고 있습니다. 왜냐하면 시험을 받을 때 믿음이 견고해지고 신앙이 성장되기 때문입니다. 그런데 오늘날 기독교인들은 시험은 성령님도 떤다고 시험을 두려워하며 시험을 피하게 해달라고 기도를 하며 혹은 시험이 오지 않게 하여 달라고 기도하고 있습니다.

왜냐하면 오늘날 기독교인들은 예수님도 주기도문을 통해서 시험에 들어가지 않게 기도하라고 가르쳐주셨다고 믿고 있기 때문입니다. 그러나 주기도문에 "시험에 들게 마옵시며 다만 악에서 구하옵소서" 라는 본문(원문)의 진정한 뜻은 악한 자들을 통해서 오는 "시험에 이기게 하여달라"는 뜻입니다.

왜냐하면 "시험에 들게 마옵시며"의 "들게"라는 단어는

　원문에 "에이세넹케스"로 뜻은 들어가다, 빠지다, 떨어지다, 낙방하다 등입니다. 그러므로 본문의 뜻은 시험에 낙방하지 않게, 즉 시험에서 합격하게 하여 달라는 뜻입니다. 그런데 성경번역자들이 "시험에 들게 마옵시며"로 즉 "시험이 없게, 시험을 피하게"라는 뜻으로 오역을 해놓은 것입니다. 하나님께서는 야고보서 1장을 통해서 "너희가 여러 가지 시험을 만나거든 온전히 기쁘게 여기라"고 말씀하고 있습니다.

　왜냐하면 믿음의 시련을 통해서 인내와 지구력을 키울 수 있고 인내심을 통해서 온전한 하나님의 아들로 거듭날 수 있기 때문입니다. 그런데 시험이 없거나 시험이 와도 피한다면 절대로 하나님의 아들로 거듭나지 못합니다. 하나님의 아들이신 예수님도 예외 없이 광야로 나아가 마귀로부터 혹독한 시험을 받으셨고 마귀의 시험을 모두 이긴 후에야 비로소 "회개하라 천국이 가까이 왔다"고 복음을 외치기 시작하신 것입니다. 그러므로 오늘날 기독교인들은 주기도문을 통해서 시험을 피하게 해달라고 기도하지 말고 시험에서 이기게 해달라고 기도를 해야 합니다.

당신의 사랑

당신의 뜨거운 사랑은
얼어 붙은 굳어진 마음을
따뜻한 햇살로
감싸주면서

불어오는 바람으로
어루만져
얼어붙은 마음을
달래주며 녹여줍니다

당신의 사랑은
따뜻한 봄날의
햇살처럼 따뜻하게
느껴집니다.

5. 제자들도 알아보지 못하는 인간 예수

이 때문에
예수를 열심히 믿고
신앙생활을 하였던 자들에게
심판 때 주님께서 나는 너를 도무지
모른다고 말씀하시는 것입니다.

43. His disciples said to him, "Who are you to say these things to us?" "You don't understand who I am from what I say to you"

그의 제자들이 그(예수)에게 묻되, "이러한 것들을 우리에게 말씀하시는 당신은 누구십니까?" "너희는 내가 너희에게 이르는 것으로부터 내가 누구인지 알지 못하도다" (본문의 의미 : 너희는 내가 너희에게 하는 말을 듣고도 내가 누구인지 모르고 있다.)

[해설] 예수님의 제자들은 예수님이 그들을 구원하려고 오신 하나님의 아들이라는 것을 믿고 따르며 숙식을 함께 하면서 그의 가르침을 받고 있는 자들입니다. 그런데 지금 그의 제자들이 예수님에게 "당신은 누구시냐"고 묻고 있습니다. 왜냐하면 예수님의 제자들은 그의 가르침을 항상 받으면서도 예수님이 누구인지 그리고 그 실체가 무엇인지 도무지 알 수 없기 때문입니다. 그런데 오늘날 기독교인들은 예수를 얼마나 잘 알고 있습니까? 예수님은 자기 친구이고 하나님은 자기 아버지라 말합니다.

예수님과 함께 살고 있는 예수님의 제자들도 잘 모르는 예수를 오늘날 기독교인들은 어떻게 그렇게 잘 알고 있는지 모르겠습니다.

　그런데 하나님이 오늘날 기독교인들을 언제 아들로 낳았으며 예수님은 언제부터 잘 아는 친구가 되었습니까? 때문에 예수님은 오늘날 기독교인들의 신앙을 "고르반" 신앙이라 말하는 것입니다.

　고르반 신앙이란 하나님이나 예수님께서 자신을 인정하던 안하던 관계없이 일방적으로 믿기만 하면 된다는 신앙을 말합니다. 이렇게 오늘날 기독교인들은 하나님의 뜻과 관계없이 자신이 믿고 하는 일은 모두 하나님의 뜻이며 하나님의 일이라 생각하고 있습니다. 때문에 예수를 열심히 믿고 신앙생활을 하였던 자들에게 심판 때 주님께서 나는 너를 도무지 모른다고 말씀하시는 것입니다.

　이어지는 말씀은 예수님께서 제자들의 질문에 "너희가 지금까지 나의 가르침을 받고도 내가 누구인지 아직도 모르느냐"고 책망하시는 것을 볼 수 있습니다. 오늘날 기독교인들은 본문 말씀을 통해서 예수님을 알기가 이렇게 힘들고 어렵다는 것을 알아야 합니다.

　왜냐하면 예수님은 영이시고 예수님의 제자들이나 오늘날 기독교인들은 육에 속해 있기 때문입니다. 그러므로 예수를 알려면 하루속히 하나님의 말씀을 통해서 하나님의 아들로 거듭나야 합니다. 그러면 하나님의 아들이 되어 예

수님도 알고 하나님도 알게 될 것입니다.

"Rather you have become like the Judeans, for they love the tree but hate its fruit, or they love the fruit but hate the tree"

"너희는 오히려 유대사람과 같이 되었도다. 이는 그들이 나무는 사랑하되 그 열매는 미워하며 혹은 열매는 사랑하되 나무를 미워하기 때문이다"

[해설] 예수님은 제자들에게 너희가 나의 가르침을 받고도 오히려 유대인과 같이 되었다고 한탄하고 계십니다. 왜냐하면 예수님의 제자들은 유대인들과 같이 나무는 사랑하지만 그 열매는 미워하며 또한 열매는 사랑하지만 나무는 미워하고 있기 때문입니다.
　예수님께서 그의 제자들에게 이렇게 말씀하시는 이유는 예수님의 제자들이 말씀을 들을 때는 하나님의 아들로 인정을 하고 잘 섬기지만 예수님의 인성적인 삶을 볼 때는 실망하여 하나님의 아들로 인정을 하지 않기 때문입니다. 왜냐하면 예수님도 육신이 있기 때문에 배가 고프면 먹어

야 하고 추우면 입어야 하고 보통사람들과 같이 감기나 배탈도 나며 인성이 있기 때문에 슬퍼하고 괴로워하며 때로는 분을 낼 때도 있기 때문입니다. 이러한 문제 때문에 번민하는 제자들에게 예수님은 마태복음 (12장 33절)을 통해서 이렇게 말씀하십니다.

[마태복음 12장 33절] 나무도 좋고 실과도 좋다 하든지 나무도 좋지 않고 실과도 좋지 않다 하든지 하라

　오늘날 기독교인들이 예수님을 거룩한 하나님으로 존경하고 잘 섬기는 것은 성경에 예수님의 육신이나 인성적인 삶이 기록되어 있지 않기 때문입니다.
　예수님과 함께 자란 형제들이나 동네 사람들이 예수님을 하나님의 아들로 인정을 하지 않고 구원자로 믿지도 않았던 것은 예수님의 육신과 인성적 삶을 보았기 때문입니다. 이 때문에 예수님께서 선지자들은 고향에서는 인정이나 대접을 받지 못한다고 말씀하시는 것입니다.
　유대인들은 물론 오늘날 기독교인들도 예수님은 하나님의 아들이기 때문에 신성적 삶이 완전할 뿐만 아니라 인성적인 삶도 흠이나 점이나 티도 없이 완벽한 예수님으로

알고 믿고 있습니다. 그러나 성경대로 오시는 예수님은 우리와 같은 육신을 입고 있기 때문에 인성이나 그의 삶이 크게 다르지 않다는 것을 명심해야 합니다.

성령을 훼방하는 자들의 죄

44. Jesus said, "Whoever blasphemes against the Father will be forgiven, and whoever blasphemes against the son will be forgiven, but whoever blasphemes against the holy spirit will not be forgiven, either on earth or in heaven"

예수께서 말씀하시니라. "누구든지 아버지에 대하여 훼방한 자는 용서받을 수 있고 아들에 대하여 훼방한 자도 용서받을 수 있으되 성령에 대하여 훼방한 자는 땅에서나 하늘에서도 용서받지 못하리라"

[해설] 상기의 말씀은 예수님께서 성령을 훼방하는 자들과 그 죄에 대하여 말씀하고 있습니다. 이 말씀은 예수님께서 이미 마태복음을 통해서 더욱 자세히 말씀하고 있습니다.

[마태복음 12장 30절-32절] 나와 함께 아니하는 자는 나를 반대하는 자요 나와 함께 모으지 아니하는 자는 헤치는 자니라.

그러므로 내가 너희에게 이르노니 사람의 모든 죄와 훼방은 사하심을 얻되 성령을 훼방하는 것은 사하심을 얻지 못하겠고 또 누구든지 말로 인자를 거역하면 사하심을 얻되 누구든지 말로 성령을 거역하면 이 세상과 오는 세상에도 사하심을 얻지 못하리라.

하나님의 백성들이 인간들의 죄, 즉 윤리도덕적인 죄와 훼방은 사함을 받을 수 있지만 성령, 즉 하나님이나 예수님의 말씀을 훼방하는 자는 죄 사함을 받을 수 없다는 것입니다. 또한 예수님을 사사로운 말로 거역하는 것은 사함을 받을 수 있지만 성령, 곧 예수님의 입에서 나오는 생명의 말씀을 거역하면 이 세상과 오는 세상에서도 사함을 받지 못한다는 것입니다.

이어서 예수님은 나와 함께 하지 않는 자는 나를 반대하는 자며 나와 함께 모으지 않는 자는 헤치는 자라고 말씀하고 있습니다. 왜냐하면 예수님과 함께 하지 않는 자는 삯군목자와 함께 하기 때문에 예수님을 대적하게 되며 예수님과 함께 영혼을 모으지 않는 자는 예수님의 말씀을 부정하는 자로 예수님께 오는 자도 오지 못하게 방해하기 때문입니다.

    이와 같이 하나님이나 예수님의 말씀은 오늘날 목회자들도 부정을 하거나 대적을 하면 안 되는 것입니다. 그런데도 불구하고 오늘날 삯군목자들과 거짓선지자들은 하나님께서 구원자로 보내주시는 하나님의 아들이 전하는 말씀을 이단으로 배척하고 핍박하고 있는 것입니다. 왜냐하면 하나님의 아들이 전하는 말씀을 들으면 자신들의 거짓이 모두 드러나기 때문입니다.

    이렇게 하나님께서 오늘날의 구원자로 보내주신 하나님의 아들의 말씀을 배척하는 자들이 바로 성령을 훼방하는 자들로 이 세상뿐만 아니라 다음 생에서도 용서를 받을 수 없게 되는 것입니다.

악한 열매를 맺는 자와 선한 열매를 맺는 자

45. Jesus said, "Grapes are not harvested from thorn trees, nor are figs gathered from thistles, for they yield no fruit.

Good persons produce good from what they've stored up; bad persons produce evil from the wickedness they've stored up in their hearts, and say evil things. For from the overflow of the heart they produce evil"

예수께서 말씀하시니라. "가시나무에서 포도를 추수할 수 없고 엉겅퀴에서 무화과를 수확할 수 없다. 왜냐하면 그것들(가시나무와 엉겅퀴)은 열매를 맺을 수 없기 때문이다.

선한 자들은 그들이 (마음)쌓은 것으로부터 선한 것을 맺고, 악한 자는 그들의 생각(마음)속에 쌓은 악한 것으로부터 나쁜 것을 맺느니라. (그리고 악한 말) 이는 그 마음으로 넘쳐나는 것(욕심)으로부터 그들이 나쁜 것을 맺음이라"

[해설] 예수님은 가시나무에서 포도를 추수할 수 없고 엉

겅퀴에서 무화과를 수확할 수 없다고 말씀하십니다. 예수님께서 이 말씀을 하신 이유는 양의 탈을 쓰고 노략질하는 거짓선지자들 때문입니다. 이 말씀은 예수님께서 마태복음 (7장 15절이하)을 통해서 하신 말씀입니다.

[마태복음 7장 15절-18절] 거짓 선지자들을 삼가라 양의 옷을 입고 너희에게 나아오나 속에는 노략질하는 이리라 그의 열매로 그들을 알찌니 가시나무에서 포도를 또는 엉겅퀴에서 무화과를 따겠느냐 이와 같이 좋은 나무마다 아름다운 열매를 맺고 못된 나무가 나쁜 열매를 맺나니 좋은 나무가 나쁜 열매를 맺을 수 없고 못된 나무가 아름다운 열매를 맺을 수 없느니라

이 말씀을 통해서 거짓선지자와 삯군목자들은 오늘날이나 예수님 당시에나 항상 존재하고 있다는 것을 알아야 합니다. 이렇게 거짓선지자와 삯군목자들은 선한 양의 탈을 쓰고서 교인들의 영혼과 재물을 탈취하고 있는 것입니다.

하나님께서 세우신 선지자와 참 목자는 오직 영혼을 구원하고 살리기 위해 목회를 하지만 거짓선지자와 삯군목자들은 자신의 욕심을 채우기 위해서 목회를 합니다. 그런데

순진한 교인들은 그러한 사실도 모르고 하나님께서 기름 부어 보내주시는 선지자와 참 목자는 이단으로 배척을 하면서 거짓선지자와 삯군목자의 말은 믿고 따르고 있는 것입니다.

　때문에 이들은 심판 날에 하나님으로부터 정죄를 받아 지옥 불에 들어가서 죄의 값을 받게 되는 것입니다.

46. Jesus said, "From Adam to John the Baptist, among those born of women, no one is so much greater than John the Baptist that his eyes should not be averted.

But I have said that whoever among you becomes a child will recognize the kingdom and will become greater than John"

예수께서 말씀하시니라. "아담으로부터 세례 요한까지 여자에게서 난 자들 가운데 세례 요한보다 더 큰 자가 없으니 그에게서 눈길을 떠나지 말지니라.

그러나 나는 너희 가운데 누구든지 어린아이가 되어 그 나라를 깨달아 아는 자는 요한보다 더 큰 자가 될 것이다"

[해설] 예수님은 아담으로부터 세례 요한까지 여자에게서 난 자들 가운데 세례요한 보다 더 큰 자가 없다고 말씀하시면서 세례 요한에게서 눈길을 떠나지 말라고 하십니다. "그러나 너희 가운데 어린아이가 되어 하나님의 나라를 깨달아 아는 자(하나님의 아들로 거듭난 자)는 세례 요한보다 더 큰 자가 될 것이다"라고 말씀하십니다.

　이 말씀은 예수님께서 마태복음(11장 11절 이하)을 통해서 이렇게 말씀하고 있습니다.

　[마태복음 11장 11절-12절] 내가 진실로 너희에게 말하노니 여자가 낳은 자 중에 세례요한보다 큰 이가 일어남이 없도다 그러나 천국에서는 극히 작은 자라도 저보다 크니라 세례 요한의 때부터 지금까지 천국은 침노를 당하나니 침노하는 자는 빼앗느니라.

　예수님은 여자가 낳은 자 중에 세례 요한보다 큰 이가 없지만 천국에서는 극히 작은 자라도 요한보다 크다고 말씀하고 있습니다. 즉 세례 요한은 여자가 낳은 자 중에는 제일 크지만 남자가 낳은 자보다는 작다는 뜻입니다.
　여자는 세상을 말하며 남자는 하늘을 말합니다. 즉 여자는 제사장이나 선지자를 말하며 남자는 예수님과 사도들 그리고 하나님의 아들들을 말합니다. 그러므로 여자로부터 낳음을 받은 자는 다시 남자로부터 낳음을 받아야 합니다. 이렇게 남자, 즉 하나님의 아들로부터 낳음을 받은 자가 하나님의 아들이며 구원자입니다.
　문제는 천국에 들어갈 수 있는 자는 여자가 낳은 자중

에 제일 큰 자인 세례 요한과 같은 자들이라는 것입니다. 이 말은 천국은 아무나 들어 갈 수 있는 것이 아니라 세례 요한과 같은 영적 수준에 이른 자들이라는 뜻입니다. 더욱 충격적인 말씀은 세례 요한 때부터 지금까지 천국은 침노하는 자만이 들어 갈 수 있다는 것입니다.

오늘날 기독교인들은 천국을 어느 누구나 예수를 믿기만 하면 들어간다고 믿고 있습니다. 그런데 예수님의 말씀은 전혀 다르다는 것을 알 수 있습니다. 이것은 예수를 믿는다 하여 천국에 들어가는 것이 아니라 예수를 믿는 믿음과 행함을 통해서 하나님의 생명으로 거듭난 자가 들어간다는 것을 말하고 있는 것입니다. 이렇게 예수를 믿는 것은 구원의 시작일 뿐이며 천국을 들어가려면 먼저 출애굽을 하여 광야를 거쳐 가나안땅으로 들어가야 하는 것입니다.

천국으로 가는 길은 태초부터 하나님께서 하나님의 백성들에게 제시하고 있는 길입니다. 이 길이 바로 예수님의 뒤를 따라 사도들과 세례 요한이 걸어가신 좁고 협착한 생명의 길이며, 오늘날 기독교인들도 천국을 가려면 이 길을 따라서 가야 합니다. 예수를 믿기만 해서 천국을 들어가려는 자들의 길은 넓고 평탄한 멸망의 길이라는 것을 알아야 합니다.

47. Jesus said, "A person cannot mount two horses or bend two bows"

"And a slave cannot serve two masters, otherwise that slave will honor the one and offend the other"

예수께서 말씀하시니라. "한 사람이 두 말을 탈 수 없고 또한 두 활을 구부릴(당기다) 수 없느니라"

"그리고 한 종이 두 주인을 섬길 수 없으니 그렇게 되면 한 주인은 공경하되 다른 주인은 업신(등한이) 여기게 된다"

[해설] 예수님은 한사람이 동시에 두 말을 탈 수 없고 또한 두 활을 당길 수 없다고 말씀하십니다. 이와 같이 한 종이 동시에 두 주인을 섬길 수 없는데 만일 한 종이 두 주인을 섬기게 된다면 한 주인은 잘 공경하되 다른 주인은 등한이 여기게 된다는 것입니다. 예수님이 말씀하시는 두 주인은 마태복음(6장 24절)을 통해서 하나님과 재물을 말하고 있습니다. 하나님의 백성들이 예수를 열심히 믿으면서도 하나님의 아들로 거듭나지 못하고 천국도 들어가지 못하는 것은 두 주인을 섬기기 때문입니다.

　왜냐하면 오늘날 기독교인들도 하나님을 믿고 섬기나 하나님보다 돈이나 재물을 더 사랑하기 때문입니다. 그보다 하나님을 믿고 섬기며 신앙생활을 하는 목적이 구원과 영생이 아니라 하나님을 통해서 재물을 얻으려는 욕심으로 하기 때문입니다. 오늘날 기독교인들의 신앙이 모두 기복에 치우쳐 있다는 것은 하나님보다 재물을 더 중시하고 있다는 증거입니다.

　그런데 예수님께서 말씀하시는 재물의 영적인 의미는 자기 몸을 말하고 있습니다. 그러므로 하나님 보다 재물을 더 섬긴다는 진정한 의미는 하나님보다 자기 자신을 더 소중히 여긴다는 뜻입니다.

　예수님께서 두 주인을 섬기는 것은 간음을 하는 행위이며 간음을 하는 자는 하나님의 아들로 거듭날 수 없을 뿐만 아니라 지옥으로 들어가 형벌을 받게 된다는 것입니다.

새 포도주 와 헌 포도주

"Nobody drinks aged wine and immediately wants to drink young wine. Young wine is not poured into old wineskins, or they might break, and aged wine is not poured into a new wineskin, or it might spoil.

An old patch is not sewn onto a new garment, since it would create a tear"

"아무도 오래된 포도주를 마시고 곧 새 포도주를 마시기를 원하는 사람은 없다. 새 포도주는 오래된(낡은) 부대에 넣지 않는다. (왜냐하면) 부대가 찢어질 수도 있기 때문이다, 그리고 오래된 포도주는 새 부대에 넣지 않는다. (그 이유는) 부대가 썩기(상하기) 때문이다. 낡은 헝겊(조각)을 새 옷에 기우지(붙이다) 않으니 그것이 찢어지게 만들기 때문이다"

[해설] 예수님은 사람들이 오래된 좋은 포도주를 마신 후에 바로 만든 새 포도주를 마시려고 하는 사람은 없다고 말씀하십니다. 또한 사람들이 새 포도주는 낡은 부대에 넣지

않는데 그 이유는 얼마 되지 않아 부대가 찢어지기 때문입니다. 그러므로 사람들이 새 포도주는 새 부대에 넣는 것입니다.

예수님이 말씀하시는 새 포도주와 새 부대는 성령(하나님의 생명)과 사람을 비유하여 말씀하신 것입니다. 하나님은 성령을 새 부대, 즉 하나님의 말씀으로 모든 죄를 깨끗이 씻고 하나님의 아들로 거듭난 자에게만 부어 주신다는 것입니다. 이어지는 말씀에 사람들이 낡은 헝겊조각을 새 옷에 붙여 기우지 않는다는 비유도 동일한 의미입니다.

왜냐하면 낡은 헝겊조각을 가지고 새 옷에다 붙이면 낡은 조각은 속히 상해 버리기 때문입니다. 이 말은 하나님께서 모든 죄를 회개하여 새롭게 거듭나지 않으면 절대로 하나님의 생명을 주시지 않는다는 뜻입니다. 때문에 예수님이 정결한 마리아의 몸에 들어가 잉태하신 것이며 사도바울은 너희를 정결한 처녀를 만들어 그리스도에게 중매하려 한다고 말씀하신 것입니다.

즉 오늘날 하나님의 백성들도 회개하여 더러운 몸이 정결한 처녀와 같이 되지 않으면 하나님의 성령이 임할 수 없고 따라서 하나님의 아들로 거듭날 수 없다는 것입니다.

48. Jesus said, "If two make peace with each other in a single house, they will say to the mountain, 'Move from here!' and it will move"

예수께서 말씀하시니라. "만약 두 사람이 한 집안에서 서로(각기) 화평하도록 만들고 그들이 산에게 '여기서 옮기라'고 말한다면 산이 옮겨질 것이다"

[해설] 상기의 말씀은 한 집안에 있는 두 사람이 서로 화평으로 한 몸이 된다면 산에게 명하여 이 산에서 저 산으로 옮기라고 명한다 해도 옮겨질 것이라 말씀하십니다.

여기서 말하는 한 집은 한 진리(생명)를 말하며 두 사람은 예수님과 제자들을 말합니다. 그러므로 이 말씀은 오직 생명의 좁은 길을 따라가면서 예수님과 연합하여 한 몸(마음)이 된다면, 즉 하나님의 아들로 거듭나게 된다면 그 입에서 나오는 말씀으로 이 세상의 존재를 하늘의 존재로 거듭나게 할 수 있다는 뜻입니다. 즉 예수님과 한 몸이 되어 하나님의 아들로 거듭난 자들은 죄인을 의인으로 땅을 하늘로 어둠을 빛으로 창조할 수 있다는 뜻입니다.

오늘날 기독교인들은 우리의 죄를 사해주시고 영원한

생명을 주시는 분은 오직 예수님 한 분 뿐이라고 믿고 있습니다. 그러나 예수님께서는 상기의 말씀과 같이 예수님의 생명으로 거듭나 하나님의 아들이 되면 어느 누구나 죄를 사해 줄 수 있고 죽은 영혼을 구원하여 살릴 수 있다고 말씀하십니다.

  오늘날 목회자들이 교인들의 죄를 사해주지 못하고 죽은 영혼을 살리지 못하고 있는 것은 하나님의 생명으로 거듭나지 못했기 때문입니다. 때문에 예수님은 오늘날 목회자들을 소경된 인도자라 말씀하시는 것입니다. 그러므로 오늘날 목회자들이나 교인들은 한 진리 안에서 예수님과 연합하여 한 몸이 되어야 하는 것입니다.

49. Jesus said, "Congratulations to those who are alone and chosen, for you will find the kingdom. For you have come from it, and you will return there again"

예수께서 말씀하시니라. "홀로(나그네, 고아, 과부) 있다가 선택을 받은 자들은 복이 있다. 왜냐하면 그가 그 나라(하나님 나라)를 발견할 것이기 때문이다. 그들(홀로 있는 자)은 그 곳(하나님 나라)으로부터 왔다가 다시 그 곳으로 돌아갈 자들이다"

[해설] 예수님은 홀로 있다가 선택을 받은 자는 복이 있다고 말씀하십니다. 왜냐하면 홀로 있는 자가 바로 하나님의 나라를 발견할 수 있는 자이기 때문입니다.

성경을 통하여 홀로 있는 나그네, 고아, 과부를 신원하라는 말씀은 바로 이 때문입니다. 그런데 성경이 말씀하고 있는 나그네, 고아, 과부는 육신적인 존재들이 아니라 영적인 고아, 과부, 나그네들을 말합니다.

영적인 고아는 애굽교회에서 섬기던 하나님이 자신의 부모가 아니라는 것을 깨닫고 출애굽을 하여 참 부모(참 하나님)를 찾고 있는 자를 말하며, 나그네는 애굽교회가 자신

이 거할 하나님의 집이 아니라는 것을 알고 하나님의 집(하나님의 교회)을 찾아 방황하는 자들을 말하며, 과부는 지금까지 함께 살고 있던 남편(예수)이 참 남편이 아니라는 것을 알고 그 남편을 버리고 참 남편(참 예수)을 찾고 있는 자들을 말합니다.

이렇게 홀로 있는 영적인 고아, 과부, 나그네가 하나님의 나라, 즉 예수님을 발견 할 수 있다는 뜻입니다. 이런 자들이 바로 진정한 하나님의 나라 백성(소속)으로 하나님의 나라인 천국으로 들어갈 자들이라는 것입니다.

빛으로부터 온 자들

50. Jesus said, "If they say to you, 'Where have you come from?' say to them, 'We have come from the light, from the place where the light came into being by itself,

established [itself], and appeared in their image"

예수께서 말씀하시니라 "만약 그들이 너희에게, '너희는 어디로부터 왔느냐?'고 묻는다면 그들에게 말하기를 우리는 빛으로부터 왔는데, 그 빛은 스스로 존재하며 그자신이 (만물을)창조하여 (창조된)그들의 형상 안에 나타내신바 되신 곳(하나님의 아들)으로부터 왔다고 말하라"

[해설] 예수님께서 제자들에게 말씀하시기를 그들이 너희에게 어디로부터 왔느냐고 묻는다면 우리는 빛으로부터 왔다고 말하라는 것입니다. 그리고 그 빛은 스스로 존재하고 있는 빛이며 모든 만물을 창조하시는 빛으로 그가 창조하신 형상 안에 나타내신바 된 그 곳, 즉 하나님의 아들로부터 왔다고 말하라고 가르쳐주십니다.

　예수님의 제자들에게 너희는 어디로부터 왔느냐고 묻는 자들은 하나님의 백성인 유대인들입니다. 이들이 제자들에게 너희는 어디서 왔느냐고 묻는 이유는 제자들의 신앙관이나 그들의 입에서 나오는 말씀이 유대인들의 신앙관이나 말씀과는 전혀 다르기 때문입니다.

　이것은 오늘날 기독교인들이 말씀이 좀 다르면 당신은 어느 종교냐 아니면 어느 교파냐 하며 소속을 묻는 것과 같은 것입니다. 그런데 예수님은 제자들에게 빛으로부터 왔다, 즉 하나님으로부터 왔다고 말하라는 것입니다. 예수님께서 말씀하시는 빛은 성령, 곧 하나님의 생명이며 진리를 말하고 있습니다.

　이 빛은 스스로 존재하는 하나님의 빛이며 모든 만물을 창조하는 빛이며 창조된 창조물 안에 나타나신 빛이라고 말씀하십니다. 제자들에게 너희는 바로 이러한 영원한 빛으로부터 왔다고 유대인들에게 말하라고 가르쳐 주시는 것입니다.

"If they say to you, 'Is it you? say, 'We are its children, and we are the chosen of the living Father"

"If they ask you, 'What is the evidence of your Father in you?' say to them, 'It is motion and rest'"

"만약 그들이 네게 말하기를 '그가 바로 너냐'고 묻는다면, '우리는 그의 자녀이며, 또 우리는 살아계신 아버지의 택함을 받은 자라' 대답하라"

"만약 그들이 말하기를, '너희 속에 너희 아버지의 증거가 무엇이냐'고 그들이 물으면, '그것은 안식하심과 역사하심이라'고 대답하라"

[해설] 상기의 말씀은 계속되는 예수님의 말씀입니다. 만약 유대인들이 너의 말을 듣고 빛으로 온자가 바로 너냐고 묻는다면 우리는 빛의 자녀이며 또한 우리는 살아계신 하나님 아버지의 택함을 받은 자라고 담대히 말하라고 하십니다. 이렇게 말할 때 그들이 다시 너희 속에 너희 아버지가 있는 증거가 무엇이냐고 물으면 그 증거는 하나님이 우리 안에서 안식하고 계시다는 것과 날마다 하나님이 우리와 함께 역사하고 계신다는 것을 말하라는 것입니다.

이렇게 제자들에게 하나님이 계신 내적증거는 안식하심, 즉 하나님이 제자들 속에 항상 말씀으로 계신다는 것이

며 외적증거는 하나님은 제자들을 통해서 역사(하나님의 일)하고 계신다는 것입니다.

    하나님이 안식하시는 곳은 예수님과 사도들 그리고 하나님의 생명으로 거듭난 자들 안입니다. 이렇게 하나님께서 안식하고 계신 하나님의 아들을 하나님의 나라 혹은 천국이라 말하는 것입니다. 이와 같이 오늘날 기독교인들도 말씀으로 회개하여 죄를 깨끗이 씻고 하나님의 말씀을 영접하면 하나님이 오셔서 안식하게 되는 것입니다.

    유대인들이 안식을 범하는 예수님을 정죄 할 때 예수님께서 나는 안식의 주인이라 말씀하신 것은 예수님 안에 아버지가 안식하고 계시기 때문에 하신 말씀입니다.

환난의 날

환난 날의 잡힌 마음이
등불을 밝히는 구나

부끄러운 줄 모르며 달려 가더니
어리석음을 깨닫고 후회하면서

지난밤의 쑤시던 뼈마디가
쉬지 아니하였더면

흑암 중에 잡히지 않은 마음이
고생의 날 보내는 자가
광명을 볼 수 있었던가

6. 구름타고 오시는 예수를 기다리는 자들

그런데 예수님은 제자들에게
앞으로 보기를 원하는 메시야(재림주)는
이미 너희 앞에 와 있는데
너희가 보지 못하고 있을 뿐이라고
말씀하십니다.

51. His disciples said to him, "When will the rest for the dead take place, and when will the new world come?"

He said to them, "What you are looking forward to has come, but you don't know it"

그의 제자들이 그(예수님)에게 말했다. "죽은 자를 위한 휴식(안식)은 언제 있을 것이며 새 세상은 언제 옵니까?"

예수께서 그들에게 대답하셨다. "너희가 앞으로 보고자 하는 것(재림예수)은 와 있는데 너희가 그것을 모르고 있을 뿐이다"

[해설] 상기의 말씀은 제자들이 예수님에게 죽은 자들을 위해 오시는 메시야(구원자)는 언제 오며 주님이 안식하시는 새 세상(천국)은 언제 이루어지느냐고 묻는 것입니다. 이 말은 주님께서 언제 그리고 어느 곳(장소)으로 오시며 주님이 안식하시는 새 하늘과 새 땅은 언제 이루어지느냐고 묻고 있는 것입니다. 즉 세상의 종말인 말세에 대하여 질문하고 있는 것입니다. 이러한 문제들은 오늘날 기독교인들에게도 가장 큰 관심사이며 가장 궁금한 일들입니다. 그런데 이 문제는 기독교 이천년의 역사 속에서 아직도 해결하지 못한 일입니다.

    이 때문에 오늘날 기독교인들은 지금도 하늘의 구름을 타고 다시 오실 주님을 막연히 기다리고 있는 것입니다. 가실 때 속히 오신다고 약속하고 가신 예수님은 이천년이 지난 지금까지 오시지를 않고 있습니다. 무엇 때문일까요? 그런데 예수님은 제자들에게 앞으로 보기를 원하는 메시야(재림주)는 이미 너희 앞에 와 있는데 너희가 보지 못하고 있을 뿐이라고 충격적으로 말씀하십니다. 문제는 예수님의 제자들이나 오늘날 기독교인들이 예수님에 대해서 잘 모르고 있다는 것입니다. 왜냐하면 선지자들이나 예수님이 말씀하신 종말이나 재림의 뜻이 영적으로 무슨 의미인지를 모르고 있기 때문입니다.

    때문에 주님이 안식하시는 곳이 어느 곳인지 그리고 세상의 종말이 영적으로 무엇을 말하는지 모르는 상태에서 세상의 종말과 주의 재림을 기다리고 있는 것입니다. 만일 이 문제를 영적으로 해결하지 못하면 주의 임하심과 말세는 영원히 오지 않는다는 것을 알아야 합니다. 주님께서 말씀하시는 종말은 시대적 종말이 아니라 개인적 종말을 말하며 주의 임하심도 모든 사람의 눈으로 볼 수 있게 오시는 것이 아니라 아무도 모르게 도적같이 임하시는 것을 말씀하고 있습니다. 그러면 예수님께서 말씀하시는 종말은 무

엇을 말하며 주의 임하심은 언제인가를 분명하게 알아야 합니다.

예수님께서 말씀하시는 종말은 곧 주님이 임하시는 날로 하나님의 말씀에 의해서 내가 죽고 죽은 내안에 주님이 들어오시는 날을 말하고 있습니다. 이렇게 종말은 세상의 끝이 아니라 내가 말씀으로 죽는 날이며 또한 주의 임하시는 날 역시 내가 죽어 장사된 날을 말하는 것입니다.

왜냐하면 육신적인 존재와 혼적 존재가 모두 죽어 없어지지 않으면 거룩한 영이 우리 안에 임할 수 없기 때문입니다. 그러므로 성경이 말씀하고 있는 종말이나 세상 끝은 세상적인 육신과 혼적 존재가 모두 죽어 없어지는 날을 말씀하고 있는 것입니다. 이렇게 나의 존재가 죽어서 없어지면 주님이 내안에 들어오셔서 부활하시어 하나님의 아들로 태어나는 것입니다.

52. His disciples said to him, "Twenty-four prophets have spoken in Israel, and they all spoke of you"

그의 제자들이 예수에게 말했다, "스물 네 명의 선지자가 이스라엘 백성들에게 말씀한 것은 (그들) 모두 당신(예수)에 대하여 말하였나이다"

[해설] 예수님의 제자들은 예수님에게 스물 네 명의 선지자가 이스라엘 백성들에게 말씀한 것은 모두 당신에 대하여 말한 것이라 말씀드리고 있습니다. 이 때문에 구약성경은 모든 선지자들이 오실 메시야에 대하여 말씀을 한 것이며 신약성경은 예수님과 사도들이 오신 메시야에 대해서 말씀하고 있는 것입니다. 그런데 유대인들과 오늘날 기독교인들이 성경을 백 독 혹은 천 독을 하면서도 구약의 선지자나 신약성경에 예수님과 사도들이 말씀하신 구원자에 대해서 잘 모르고 있습니다.

　예수님께서 말씀하시기를 너희가 성경을 날마다 보고 상고 하지만 성경은 모두 내게 대해서 말씀하고 있다고 말씀하신 것은 곧 하나님의 아들인 예수님에 대해서 말하고

있다는 뜻입니다. 그런데 오늘날 기독교인들이 성경을 날마다 보고 성경공부를 하고 성경을 통달한다 해도 하나님이 구원자로 보내주시는 예수님에 대해서 모르면 성경을 하나도 모르는 것과 다름이 없습니다. 그런데 보다 심각한 문제는 유대인들이나 오늘날 기독교인들이 성경을 날마다 보면서도 과거에 오셨던 메시야(예수님)나 앞으로 오실 예수님은 잘 믿고 섬기면서 현재 와계신 예수는 전혀 모르고 오히려 이단으로 배척을 하며 멸시천대를 하고 있다는 것입니다.

그러나 오늘날 기독교인들을 구원할 예수는 과거의 예수님이나 미래에 나타날 예수가 아니라 현재 우리 앞에 와계신 살아계신 현재의 예수님이라는 것을 분명히 알아야 합니다.

살아계신 예수를 경솔히 여기는 자들

He said to them, "You have disregarded the living one who is in your presence, and have spoken of the dead"

예수께서 그들에게 대답하시니라. "너희는 (지금) 너희와 같이 있는 살아있는 자(예수)는 경솔히 여기면서 죽은 자에 대해 말하도다" (현재 와 계신 예수보다 과거에 오셨던 선지자나 오실 메시야에게 관심을 가짐)

[해설] 예수님은 제자들이 하는 말을 들으시고 말씀하시기를 너희는 지금까지 너희와 함께하고 있는 살아있는 메시야에 대해서는 경솔히 여기면서 이미 죽고 없는 선지자들에 대해서는 관심이 많다고 말씀하십니다. 이렇게 제자들은 지금 오셔서 계신 예수님보다 과거에 오셨던 모세나 선지자들에 관심이 많고 오늘날 기독교인들은 현재 와 계신 하나님의 아들보다 과거에 오셨던 예수님과 앞으로 오실 재림 예수님에게만 관심이 있다는 것입니다. 그러나 요한일서 4장을 통해서 기독교인들이 다시 오신다고 기다리

고 있는 예수님(메시야)은 이미 오셔서 계신다고 말씀하고 있습니다.

[요한일서 4장 1절-3절] 사랑하는 자들아 영을 다 믿지 말고 오직 영들이 하나님께 속하였나 시험하라 많은 거짓선지자가 세상에 나왔음이니라 하나님의 영은 이것으로 알찌니 곧 예수그리스도께서 육체로 오신 것을 시인하는 영마다 하나님께 속한 것이요 예수를 시인하지 아니하는 영마다 하나님께 속한 것이 아니니 이것이 곧 적그리스도의 영이니라 오리라 한 말을 너희가 들었거니와 이제 벌써 세상에 있느니라.

상기 요한일서의 말씀과 같이 예수님께서 다시 오시리라 한 말을 너희가 들었거니와 예수는 지금 벌써 세상에 와서 계신다고 말씀하고 있습니다. 지금 오셔서 계신 예수님의 외모는 초림 때 예수의 모습과는 다르지만 그 안에 오신 영(생명)은 분명히 예수님의 생명이라는 말씀입니다. 즉 예수님은 육신만 다른 사람의 몸을 입고 오셨지 예수님 안에 있던 동일한 예수의 생명이 오신 것입니다.

그러므로 예수그리스도께서 육체 안에 오신 것을 시인하는 영은 모두 하나님께 속한 것이며 예수께서 육체로 오

신 것을 부인하는 영은 적그리스도의 영이라 말씀하고 있는 것입니다. 이렇게 예수님은 오늘도 하나님의 생명으로 거듭난 자들의 육체 안에 오셔서 지금도 역사하고 계신 것입니다. 그런데 오늘날 기독교인들은 초림 때 오셨던 예수님의 모습도 모르면서 오늘날 육체로 오신 예수님을 부인하며 배척을 하고 있는 것입니다. 기독교인들이 예수를 배척하는 이유는 교리적 예수와 다르고 교회에 걸려있는 예수님의 초상화와도 전혀 다르기 때문입니다. 그러므로 하나님의 백성들에게 요한일서 4장을 통해서 영을 분별하는 방법을 말씀하신 것입니다.

영은 그 사람의 입에서 나오는 말씀을 말하는데, 예수그리스도께서 지금 육체로 오신 것을 시인하는 영(말씀)은 하나님께 속한 영이며 예수그리스도께서 지금 오신 것을 부인하는 영(말씀)은 적그리스도의 영이라는 말씀입니다.

오늘날 기독교인들은 이 말씀을 하나님이 주시는 말씀으로 믿고 이 말씀에 따라서 자기 목자들이 전하는 말씀을 분별해야 합니다. 적그리스도의 영을 가진 삯군목자들은 오늘날 육체로 오신 예수를 부인하며 이단으로 매도하기 때문에 오늘날 하나님께서 보내주신 예수(하나님의 아들)는 지금도 멸시와 천대를 받고 있는 것입니다.

할례(세례)는 유익한 것입니까?

53. His disciples said to him, "is circumcision useful or not?"

He said to them, "If it were useful, their father would produce children already circumcised from their mother. Rather, the true circumcision in spirit has become profitable in every respect"

예수의 제자들이 그에게 묻더라. "할례는 유익합니까, 그렇지 않습니까?" 그가 그들에게 대답하시니라. "만약 그것(할례)이 유익하다면 그들의 아버지(하나님)가 아이들을 그들의 어미에서부터 이미 할례를 하여 만들었을 것이다. 오히려(그러나) 영의 진정한 할례는 모든 점에서 유익하니라"

[해설] 예수님의 제자들이 예수님에게 "할례는 하는 것이 유익합니까? 유익하지 않습니까?"라고 묻고 있습니다.

이 질문에 예수님은 만일 할례가 유익하다면 하나님께서 그들의 어미에서부터 이미 할례가 되어 나오도록 만들었을 것이라고 말씀하십니다.

　이 말은 육신적인 할례는 할 필요가 없다는 뜻입니다. 그러나 영적인 진정한 할례는 모든 점에서 유익하다고 말씀하십니다. 이 말은 영적인 할례는 유익하지만 육적인 할례는 아무 소용이 없다는 것입니다. 할례는 로마서 2장 25절 이하를 통해서 자세히 말씀하고 있습니다.

　[로마서 2장 25절-29절] 네가 율법을 행한즉, 할례가 유익하나 만일 율법을 범한즉 네 할례가 무할례가 되었느니라 그런즉 무할례자가 율법의 제도를 지키면 그 무할례를 할례와 같이 여길것이 아니냐 또한 본래 무할례자가 율법을 온전히 지키면 의문과 할례를 가지고 율법을 범하는 너를 판단치 아니하겠느냐 대저 표면적 유대인이 유대인이 아니요 표면적 육신의 할례가 할례가 아니라 오직 이면적 유대인이 유대인이며 할례는 마음에 할찌니 신령에 있고 의문에 있지 아니한 것이라.

　성경이 말씀하고 있는 할례는 표면적 할례와 이면적 할례가 있습니다. 표면적 할례는 의식에 따라 물로 행하는 세례식이며 이면적 할례는 하나님의 말씀으로 행하는 마음의 할례입니다. 그런데 표면적 할례나 혹은 이면적 할례를 받았다 해도 율법을 지키지 않거나 말씀대로 살아가지 않는

다면 모두 무할례자와 같이 아무 소용이 없으며 세례를 받지 않은 무할례자라도 율법을 지키며 말씀대로 살아간다면 그가 곧 할례자라는 말씀입니다.

즉 행함이 없는 믿음은 죽은 것과 같이 할례를 받았다 해도 말씀대로 살지 않는다면 아무소용이 없다는 것입니다. 그러므로 오늘날 기독교인들은 자신이 진정한 할례자인지 아니면 무할례자인지 확인 해보아야 할 것입니다.

심령이 가난한 자들에게 주시는 하늘의 복

54. Jesus said, "Congratulations to the poor, for to you belongs Heaven's kingdom"

예수께서 말씀하시니라. "(심령이) 가난한 자들은 복이 있나니, 천국은 너희(저희)에게 속해 있느니라"

[해설] 예수님은 심령이 가난한 자들은 복이 있나니 천국이 너희 속에 있다고 말씀하십니다. 이 말씀은 예수님께서 마태복음 5장의 산상수훈을 통해서 하신 말씀으로 팔복을 말합니다.

이런 말씀들을 보면 예수님께서 하신 말씀들이 기록하는 제자들에 따라 다소 차이가 있다는 것을 볼 수 있습니다.

[마태복음 5장 1절-12절] 예수께서 무리를 보시고 산에 올라가 앉으시니 제자들이 나아온지라 입을 열어 가르쳐 가라사대 심령이 가난한 자는 복이 있나니 천국이 저희 것임이요 애통하는 자는 복이 있나니 저희가 위로를 받을 것임이요 온유한 자

는 복이 있나니 저희가 땅을 기업으로 받을 것임이요 의에 주리고 목마른 자는 복이 있나니 저희가 배부를 것임이요 긍휼히 여기는 자는 복이 있나니 저희가 긍휼히 여김을 받을 것임이요 마음이 청결한 자는 복이 있나니 저희가 하나님을 볼 것임이요 화평케 하는 자는 복이 있나니 저희가 하나님의 아들이라 일컬음을 받을 것임이요 의를 위하여 핍박을 받은 자는 복이 있나니 천국이 저희 것임이라 나를 인하여 너희를 욕하고 핍박하고 거짓으로 너희를 거스려 모든 악한 말을 할 때에는 너희에게 복이 있나니 기뻐하고 즐거워하라 하늘에서 너희의 상이 큼이라 너희 전에 있던 선지자들을 이같이 핍박하였느니라.

　　오늘날 기독교회에서 상기의 말씀을 팔복이라 말하고 있습니다. 그런데 예수님이 하신 말씀은 팔복이 아니라 구복입니다. 왜냐하면 "너희를 욕하고 핍박하고 거짓으로 너희를 거스려 모든 악한 말을 할 때에는 너희에게 복이 있나니 기뻐하고 즐거워하라 하늘에서 너희의 상이 큼이라"라는 복까지 아홉가지의 복을 말씀하고 있기 때문입니다.
　　예수님께서 말씀하신 구복은 심령이 가난한 자가 받는 복으로 시작하여 하나님의 아들로 거듭나 천국에서 하나님으로부터 상급을 받는 복까지 아홉(구복)과정으로 분리하

여 말씀하신 것입니다. 예수님이 하신 구복의 과정을 구체적으로 말씀드리면 다음과 같습니다.

1. 심령이 가난한 자는 복이 있나니 천국이 저희 것임이요.
– 심령이 가난한 자가 받는 복 – 천국(외적)

　예수님께서 말씀하시는 심령이 가난한 자는 세상의 복을 받지 못한 자나 목사들이 주는 말씀을 먹지 못해 가난한 자가 아니라 하늘의 양식인 산 떡, 즉 산 자(하나님의 아들)가 주는 생명의 말씀이 없어 갈급한 자를 말합니다. 이렇게 생명의 말씀이 없어 갈급해 하는 자들에게 복이 있는데 이 복은 하늘의 신령한 복으로 하나님의 생명인 예수님, 즉 천국을 저희의 구원자로 주신다는 말씀입니다.

2. 애통하는 자는 복이 있나니 저희가 하나님의 위로를 받을 것임이요. –애통하는 자가 받는 복 – 위로

　예수님께서 말씀하시는 애통하는 자는 세상의 고통이나 슬픈 일 때문에 애통하는 자가 아니라 생명의 말씀이 없어 애통하는 자를 말합니다. 이렇게 생명의 말씀(예수님)이

없어 산 자(예수)를 찾아다니며 애통하는 자들이 예수님을 만나 말씀의 위로를 받게 된다는 말씀입니다.

3. 온유한 자는 복이 있나니 저희가 땅을 기업으로 받을 것임이요. -온유한 자가 받는 복 – 땅의 기업

온유한 자는 바로 애통하는 자들이 예수님을 만나 말씀으로 위로를 받아 강퍅한 마음이 예수님의 마음과 같이 온유하게 된 자들을 말합니다. 이렇게 말씀으로 온유하게 된 자들은 하나님께서 주시는 땅(가나안)을 기업으로 받게 된다는 말씀입니다. 하나님이 주시는 땅은 젖과 꿀이 흐르는 가나안 땅을 말씀하고 있습니다.

4. 의에 주리고 목마른 자는 복이 있나니 저희가 배부를 것임이요. -의에 주리고 목마른 자가 받는 복 – 배부름

의에 주리고 목마른 자는 곧 생명의 말씀에 주리고 목마른 자를 말합니다. 이렇게 예수님이 말씀하시는 의는 세상 목사들이 전하는 말씀이 아니라 참 목자(하나님의 아들)가 주는 생명의 말씀을 말합니다. 예수님은 의에 굶주린 자,

곧 생명의 말씀이 없어 주리고 목마른 자들에게 생명의 말씀을 배불리 먹게 해 주신다는 말씀입니다.

5. 긍휼히 여기는 자는 복이 있나니 저희가 긍휼히 여김을 받을 것임이요. -긍휼히 여기는 자들이 받는 복 - 긍휼

긍휼히 여기는 자는 산 자가 주는 생명의 말씀을 먹고 배부른 자들로 자기 주변에 말씀에 갈급한 자들을 찾아 자신이 받은 말씀으로 위로해주는 것을 말합니다. 이렇게 가난한 이웃을 긍휼히 여기며 돌보는 자들이 바로 하나님으로부터 긍휼을 받게 된다는 말씀입니다.

6. 마음이 청결한 자는 복이 있나니 저희가 하나님을 볼 것임이요. -마음이 청결하게 된 자들이 받는 복 - 하나님을 보게 됨

마음이 청결하게 된 자들은 본래부터 마음이 청결한 자가 아니라 하나님의 말씀을 가지고 열심히 구원의 사역을 하여 하나님으로부터 긍휼함을 받아 마음이 깨끗하게 된 자를 말합니다. 이렇게 하나님의 긍휼로 말미암아 마음이

깨끗하게 된 자가 하나님을 보게 되는 것입니다. 하나님을 본다는 것은 곧 영안이 열려 영의 세계, 즉 감추어진 영의 말씀을 보게 된다는 뜻입니다.

7. 화평케 하는 자는 복이 있나니 저희가 하나님의 아들이라 일컬음을 받을 것임이요. -화평케 하는 자가 받는 복 - 하나님의 아들이라 일컬음

화평케 하는 자는 마음이 깨끗하게 되어 영안(계시의 눈)이 열린 자로 이웃에 있는 죄인들을 회개시켜 하나님과 화평케 하는 자를 말합니다. 이렇게 하나님의 말씀으로 죄인들을 회개시켜 하나님과 화평케 하는 자를 하나님은 하나님의 아들이라 칭하신다는 말씀입니다.

8. 의를 위하여 핍박을 받은 자는 복이 있나니 천국이 저희 것임이라. -의를 위하여 핍박을 받은 자가 받는 복 - 천국(내적)

의를 위하여 핍박을 받은 자는 곧 하나님의 아들이 되어 생명의 말씀을 전하기 때문에 동족인 유대인들로부터

핍박을 받은 자들을 말합니다.

　생명의 말씀이 무엇 때문에 하나님의 백성들에게 핍박을 받을까요? 그것은 육으로 난 자와 영으로 난 자가 대적을 하고 진리와 비진리가 대적을 하듯이 참 목자가 전하는 생명의 말씀은 삯군목자가 전하는 말씀과 항상 원수처럼 대적을 하고 있기 때문입니다. 이 때문에 예수님이나 사도들이 전하는 말씀을 유대인들이 대적을 하며 핍박을 한 것입니다. 이것은 오늘날도 예외 없이 일어나고 있는 일입니다. 이렇게 생명의 말씀 때문에 삯군목자들에게 핍박을 받아가면서도 죽어가는 영혼들을 구원하는 자들에게 천국이 이루어진다는 것입니다.

　9. 나를 인하여 너희를 욕하고 핍박하고 거짓으로 너희를 거스려 모든 악한 말을 할 때에는 너희에게 복이 있나니 기뻐하고 즐거워하라 하늘에서 너희의 상이 큼이라. -너희를 욕하고 핍박하고 거스려(말씀) 악한 말을 할 때에 받는 복 - 하나님께서 상급을 주심

　예수님은 나로 인해서 너희를 욕하고 핍박하고 거짓으로 대적하여 악한 말로 공격을 할 때 너희는 기뻐하고 즐거

워하라고 말씀하십니다. 왜냐하면 하나님께서 너희에게 큰 상을 주시기 때문이라는 말씀입니다.

　예수님으로 인해서 핍박 받는다는 것은 예수님으로부터 받은 생명의 말씀을 전파할 때 비진리(교리)를 소유한 자들에게 배척과 핍박을 받는 것을 말합니다. 이렇게 하나님께서 주시는 상을 받는 자들은 하나님의 아들로 거듭난 자로 하나님의 말씀을 전파 할 때 거짓선지자와 삯군목자들로부터 온갖 욕설과 핍박과 배척을 받는 자들입니다. 그러나 이러한 핍박은 너희뿐만 아니라 이미 전에 있던 선지자들이 모두 받았다고 말씀하고 있습니다. 그러므로 이러한 핍박을 받을 때 괴로워하지 말고 기뻐하고 즐거워하라는 것입니다.

　이러한 일들은 오늘날도 진리를 소유한 자와 비진리를 가진 자들 사이에서 일어나고 있는 일들입니다. 이렇게 예수님께서 말씀하시는 아홉가지 복은 예수를 믿는다 하여 누구나 받는 복이 아니라 심령이 가난한 자들에 한해서 시작되어 하나님의 아들로 거듭나 하나님께서 주시는 상급을 받는 복까지 차원적으로 이루어져 받게 되는 복입니다. 그런데 오늘날 기독교인들은 복이라면 무조건 육신의 썩어질 복으로 오해를 하며 서로 받으려 하고 있습니다.

　그러나 하나님께서 하나님의 백성들에게 주시는 복은 생명의 말씀으로 죄인들의 죄를 사해주시고 죽은 영혼을 살려서 영원한 생명을 주시려는 것입니다. 그러므로 오늘날 기독교인들도 이러한 신령한 복을 받으려면 반드시 생명의 말씀에 갈급하여 애통하며 찾는 자가 되어야 합니다.
　왜냐하면 삯군목자들이 주는 말씀(물)은 홍수처럼 많이 있지만 산 자가 주는 생명의 말씀(생수)은 말라 버렸기 때문입니다.

예수님의 제자들

55. Jesus said, "Whoever does not hate father and mother cannot be my disciple, and whoever does not hate brothers and sisters, and carry the cross as I do, will not be worthy of me"

예수께서 말씀하시니라. "누구든지 아비와 어미를 미워하지 않고는 나의 제자가 될 수 없고 누구든지 형제와 자매를 미워하지 않고 나처럼 십자가를 지지 않으면 내게 합당치(내가 인정) 않으리라"

[해설] 예수님은 누구든지 아비와 어미를 미워하지 않고는 나의 제자가 될 수 없고 누구든지 자신의 형제와 자매를 미워하지 않고, 또한 나처럼 십자가를 지지 않으면 내게 합당치 않으리라고 말씀하십니다. 이 말씀을 잘못 오해하면 예수님은 마치 가정파괴범과 같이 생각할 수도 있습니다.

그러나 예수님이 말씀하시는 아비와 어미는 육신의 부모를 말하는 것이 아니라 멸망의 길로 인도하고 있는 소경된 인도자들을 말하며 형제와 자매 역시 그들에 속한 교인

들을 비유하여 말한 것입니다. 그러므로 예수님의 제자가 되려면 지금 자신을 인도하는 삯군 목자나 거짓선지자를 미워하지 않으면 멸망의 길에서 나올 수가 없고 예수님의 제자가 될 수가 없다는 것입니다.

그뿐만 아니라 예수님은 나처럼 십자가를 지지 않으면 내게 합당치 않다고 말씀하십니다. 이 말씀은 예수님께서 누가복음 9장 23절 이하를 통해서 하신 말씀입니다.

[누가복음 9장 23절-24절] 또 무리에게 이르시되 아무든지 나를 따라 오려거든 자기를 부인하고 날마다 제 십자가를 지고 나를 좇을 것이니라 누구든지 제 목숨을 구원코자 하면 잃을 것이요 누구든지 나를 위하여 제 목숨을 잃으면 구원하리라.

예수님은 나를 따라오려면 먼저 자기를 부인하고 날마다 자기 십자가를 지고 나를 따르라고 말씀하십니다.

자기를 부인한다는 말은 자신의 목숨(삶)을 포기하라는 말이며 제 십자가를 지라는 것은 예수님이 지고 가신 십자가를 자신도 동일하게 지고 따르라는 말씀입니다.

오늘날 기독교인들은 우리가 지고 갈 고난의 십자가는 예수님이 모두 대신하여 지고 갔기 때문에 예수를 믿기만

하면 된다고 말합니다. 그런데 예수님의 말씀은 전혀 다르다는 것을 알아야 합니다.

오늘날 기독교인들이 자신의 생각대로 혹은 교리대로 믿는 것은 자유이나 자기를 부인하고 자기 십자가를 지고 예수를 따르지 않으면 예수님의 제자가 될 수 없고 제자가 되지 않으면 하나님의 생명으로 거듭날 수 없으며 하나님의 아들이 될 수 없다는 것을 알아야 합니다.

56. Jesus said, "Whoever has come to know the world has discovered a carcass, and whoever has discovered a carcass, of that person the world is not worthy"

예수께서 말씀하시니라. "누구든지 세상(존재)을 알게 된 자는 (자신이) 죽은 시체라는 것을 깨달은 자이며, 누구든지 죽은 자라는 것을 깨달은 사람은 그 세상이 합당치 않느니라"

[해설] 예수님은 누구든지 세상을 알게 된 자는 자신이 죽은 시체라는 것을 깨닫게 된 자라고 말씀하십니다. 그러면 세상은 어떤 세상을 말하는 것입니까? 원문성경에 세상이라는 단어는 "코스모스"와 "게"로 기록되어 있으며 뜻은 세상과 땅입니다.

그런데 예수님이 말씀하시는 세상이나 땅은 주로 존재의 의미로 말씀하고 있습니다. "하나님이 세상을 이처럼 사랑하사 독생자를 주셨으니" 요한복음 3장 16절에 하나님이 사랑하는 세상은 이 세상을 말하는 것이 아니라 세상에 속한 존재들을 말씀하고 있습니다. 그러므로 예수님이 세상을 알게 된 자라는 뜻은 곧 자신이 빛이 아니라 어둠이라는

것과 또한 자신이 의인이 아니라 죄인이라는 것을 발견하게 된 자를 말하는 것입니다. 이렇게 자기 존재를 발견한 자는 자신이 하나님의 아들이 아니라 죄인이라는 것과 산 자가 아니라 죽은 자라는 것을 깨달은 자를 말합니다. 그런데 자신의 존재가 어둠이요 죽은 자라는 것을 깨달은 자는 누구든지 이 세상에 합당하지 않다고 말씀하고 있습니다.

이 말은 자신이 소속된 교회나 단체가 모두 생명이 없다는 것을 알게 된 자는 그곳에서 벗어나게 된다는 뜻입니다. 왜냐하면 지금 자신이 머물고 있는 세상교회에서는 자신을 구원하거나 생명을 줄 수 없기 때문입니다. 또한 오늘날 세상교회나 애굽교회는 아직 하나님의 생명이 없는 목회자를 말하기 때문입니다.

그러므로 소경된 목자가 인도하는 애굽교회에서는 평생 동안 신앙생활을 해도 구원을 받거나 천국을 갈 수가 없는 것입니다. 때문에 이러한 사실을 깨닫게 된 자는 그곳에서 나와 참목자를 찾아가는 것입니다. 이렇게 자신의 존재를 알고 그 교회를 벗어나게 되면 기존교인들에게 이단자로 배척을 받게 되는 것입니다.

알곡과 가라지

57. Jesus said, "The Father's kingdom is like a person who has [good] seed. His enemy came during the night and sowed weeds among the good seed. The person did not let the workers pull up the weeds, but said to them, "No, otherwise you might go to pull up the weeds and pull up the wheat along with them. For on the day of the harvest the weeds will be conspicuous, and will be pulled up and burned"

예수께서 말씀하시니라. "아버지의 나라는 좋은 씨를 소유하고 있는 사람과 같도다. 그의 원수가 잠든 동안에 와서 좋은 씨들 사이에 가라지를 뿌렸느니라. 주인은 일꾼들에게 가라지를 뽑지 말라고 하시면서 그들에게 말했다, '뽑지 말고 그냥 두어라, 너희가 가라지를 뽑다가 밀까지 함께 뽑을까 염려 된다' 추수 날에 가라지는 뚜렷하게 드러나 뽑아서 불에 태워 버릴 것이다"

[해설] 상기의 말씀은 마태복음 13장 24절 이하에 예수

님께서 원수와 가라지의 비유를 들어서 하신 말씀과 동일한 말씀입니다. 도마와 마태, 마가, 누가 그리고 요한은 예수님의 같은 제자로 한 날 한시에 예수님의 말씀을 함께 들었지만 문장에 다소 차이가 있는 것은 제자들의 성격이나 표현력에 차이가 있기 때문입니다. 그러나 말씀의 핵심이나 근본 뜻은 모두 동일한 것을 볼 수 있습니다.

[마태복음 13장 24절-30절] 예수께서 그들 앞에 또 비유를 베풀어 가라사대 천국은 좋은 씨를 제 밭에 뿌린 사람과 같으니 사람들이 잘 때에 그 원수가 와서 곡식 가운데 가라지를 덧뿌리고 갔더니 싹이 나고 결실할 때에 가라지도 보이거늘 집 주인의 종들이 와서 말하되 주여 밭에 좋은 씨를 심지 아니 하였나이까 그러면 가라지가 어디서 생겼나이까 주인이 가로되 원수가 이렇게 하였구나 종들이 말하되 그러면 우리가 가서 이것을 뽑기를 원하시나이까 주인이 가로되 가만 두어라 가라지를 뽑다가 곡식까지 뽑을까 염려하노라 둘 다 추수 때까지 함께 자라게 두어라 추수 때에 내가 추숫군들에게 말하기를 가라지는 먼저 거두어 불사르게 단으로 묶고 곡식은 모아 내 곳간에 넣으라 하리라.

　예수님께서 천국은 자기 밭(넷째 밭- 옥토)에 좋은 씨를 뿌린 사람과 같다고 말씀하십니다. 예수님이 말씀하시는 자기 밭은 말씀을 받을 준비가 되어 있는 자들을 말하며, 좋은 씨는 생명의 말씀을 말합니다. 그리고 좋은 씨를 뿌리는 사람은 천사, 즉 하나님의 아들을 말합니다. 이렇게 좋은 밭은 길 밭과 돌밭과 가시밭의 과정을 거쳐 모든 죄를 회개하여 마음이 청결하게 된 자, 즉 멸망의 길에서 벗어나 생명의 좁은 길을 가고 있는 나그네, 고아, 과부들을 말합니다. 그런데 밤에 이들이 잠든 사이에 원수가 와서 가라지를 덧뿌리고 갔다는 것입니다. 그러면 가라지를 덧뿌리는 원수는 누구를 말하며 가라지는 무엇을 말하는 것일까요? 예수님이 말씀하시는 원수는 거짓선지자와 삯군목자를 말하며 가라지는 비진리, 즉 사람들이 하나님의 말씀을 가감하여 만들어 놓은 각종교리들을 말합니다.

　이 비유의 말씀은 특히 오늘날 생명의 좁은 길을 따라가는 자들에게 아주 중요합니다. 왜냐하면 지금도 생명의 좁은 길을 가는 자들에게 삯군목자들이 접근하여 가감된 비진리로 미혹을 하고 있기 때문입니다. 오늘날 기독교인들이 첫 번째 길가 밭의 존재에서 신앙생활을 시작하여 넷째 옥토 밭의 존재가 되기까지가 얼마나 어렵고 힘이 듭니

까? 그런데 옥토 밭이 된 존재들도 항상 깨어있지 않고 잠시라도 졸거나 잠이 들면 원수가 와서 가라지를 뿌린다는 말씀입니다.

이렇게 좋은 마음 밭을 가진 자들도 잠든 사이에 원수가 와서 가라지를 뿌리면 적은 누룩이 온 덩이에 퍼지듯이 가라지로 변하게 되는 것입니다. 문제는 주님께서 마지막 때에 알곡은 천국 곳간에 들이지만 가라지는 모아서 불에 태워버린다는 것입니다. 그러므로 생명의 길을 따라 좁고 협착한 길을 걸어가고 있는 자들은 평소에 말씀으로 무장을 하고 항상 깨어있어야 합니다.

오늘날 기독교인들은 이 말씀을 통해서 지금 내안에는 가라지가 자라고 있는지 아니면 알곡이 자라고 있는지를 확인 해 보아야 합니다. 왜냐하면 아무리 신앙생활을 열심히 하여도 하나님의 생명, 곧 생명의 말씀이 없는 쭉정이나 가라지들은 결국 지옥으로 들어가 불사름이 되기 때문입니다. 이런 자들이 바로 마지막 때 지옥문 앞에서 이를 갈며 슬피 우는 자들입니다.

그러므로 오늘날 기독교인들은 도마복음서를 통해서 자신의 신앙을 점검해 보아야 합니다. 그리고 만일 자신이 가고 있는 길이 넓고 평탄한 멸망의 길이라면 하루속히 그

곳에서 나와 좁고 협착한 생명의 길을 찾아가야 합니다. 그리고 오늘날 하나님께서 보내주시는 구원자, 곧 오늘날 말씀이 육신 되신 인간예수를 믿고 영접해야 합니다. 하나님은 오늘날 기독교인들을 구원하시기 위해서 지금도 변함없이 구원자들을 보내주십니다.

　하나님께서는 오늘날의 구원자(인간예수)를 영접하는 자, 곧 그 입에서 나오는 말씀을 믿고 받아들이는 자들에게는 지금도 하나님의 자녀가 되는 권세를 주십니다. (요한복음 1장 12절 이하) 그러므로 오늘날 기독교인들은 하나님께서 오늘날 보내주시는 구원자를 올바로 알고 그 말씀을 믿고 영접하여 하나님의 자녀가 되어야 합니다.

무 지

얽힌 삶의
현실이
사슬처럼 묶이어

풀고 또 풀어도
다시 엉키는 까닭은

진실을 모르며
드러나지 않은
정체에 이끌려

어두움을 향해
달려가는 모습이구나

7. 수고하여 생명을 발견한 자

즉 예수님은 수고하여 생명을 얻은 자가 복이 있다는 뜻으로 말씀하신 것입니다. 예수님이 말씀하시는 복이 있는 자는 곧 죽은 자 가운데서 구원을 받아 하나님의 아들로 거듭난 자를 말합니다.

58. Jesus said, "Congratulations to the person who has toiled and has found life"

예수께서 말씀하시니라. "수고하여 생명(진리)을 발견한 자는 복(생명의 말씀)이 있도다"

[해설] 예수님은 수고하여 생명을 발견한 자는 복이 있다고 말씀하십니다. 그런데 "발견하다"라는 동사 Found는 발견하다는 뜻도 있지만 "찾다, 얻다"의 뜻도 있습니다. 그러므로 상기의 말씀은 "수고하여 생명을 발견한자"라는 뜻보다 "수고하여 생명을 얻은 자"로 해석되어야 합니다. 즉 예수님은 수고하여 생명을 얻은 자가 복이 있다는 뜻으로 말씀하신 것입니다.

예수님이 말씀하시는 복은 원문에 유로기아로 뜻은 좋은 말씀, 즉 생명의 말씀을 말하기 때문에 하늘의 신령한 복은 생명의 말씀을 말합니다. 이 말씀은 수고해야 하나님의 복인 생명의 말씀을 얻어 하나님의 아들로 거듭난다는 뜻입니다. 예수님의 이 말씀은 "오직 믿음으로 살리라"는 오늘날 기독교의 이신칭의 교리와 전혀 다릅니다.

왜냐하면 오늘날 기독교인들이 사는 것(아들로 거듭남)은 어떤 행위나 수고로 하나님의 아들이 되는 것이 아니라

오직 예수님을 믿는 믿음으로 되기 때문입니다. 그러면 예수님의 말씀과 기독교의 교리가 어느 것이 진실이며 어느 것이 맞느냐 하는 것입니다.

　오늘날 기독교인들은 지금도 예수를 믿고 입으로 시인만하면 아무런 수고를 하지 않아도 하나님의 아들이 된다, 혹은 아들이 되었다고 믿고 있습니다. 이렇게 기독교인들이 예수를 믿음으로 모두 하나님의 아들이 된 것은 로마서 1장 17절의 말씀을 근거로 만들어낸 기독교의 "이신칭의" 교리 때문입니다.

　[로마서 1장 17절] 복음에는 하나님의 의가 나타나서 믿음으로 믿음에 이르게 하나니 기록된바 오직 의인은 믿음으로 말미암아 살리라.

　상기의 말씀에 "오직 의인은 믿음으로 말미암아 살리라"는 진정한 뜻은 오직 의인의 믿음(말씀)으로 살게 된다는 의미입니다. 그런데 "의인"은 곧 "예수님"을 말하고 "믿음"은 "말씀"을 말하기 때문에 죽은 자들이 살 수 있는 것은 오직 "예수님의 말씀"으로 살 수 있다는 뜻입니다. 즉 죽은 영혼이 살 수 있는 것은 의인의 믿음(산 자의 말씀),

곧 "하나님의 생명으로 거듭난 자(하나님의 아들)의 말씀"으로 살수 있다는 뜻입니다. 이 말은 아직 하나님의 생명으로 거듭나지 못한 자는 설령 목사님이나 신학박사라 해도 죽은 영혼을 살릴 수 없다는 것입니다. 때문에 오늘날 기독교인들이 하나님의 생명으로 거듭나려면 오늘날 산 자, 즉 오늘날의 예수(인간예수)가 반드시 존재해야 하는 것입니다.

이렇게 의인의 믿음은 산 자의 말씀, 곧 예수님의 말씀을 말하는 것입니다. 그런데 예수님은 나를 믿기만 하면 사는 것이 아니라 수고하여 생명을 얻은 자가 복(생명)이 있다고 말씀하고 있습니다. 이 말은 수고하지 않고 믿음만으로는 생명을 얻을 수 없다는 뜻입니다. 이 때문에 하나님은 야고보서 2장 26절을 통해서 "영혼이 없는 몸이 죽은 것 같이 행함이 없는 믿음은 죽은 것이니라" 라고 말씀하시는 것입니다. 이렇게 하나님의 아들이 되는 것은 예수를 믿기만 해서 되는 것이 아니라 하나님의 뜻에 따라 수고하는 행함이 있어야 합니다.

때문에 마태복음 7장을 통해서 "예수님께서 나더러 주여 주여 하는 자마다 천국에 다 들어갈 것이 아니요 다만 하늘에 계신 내 아버지의 뜻대로 행하는 자가 들어가리라"

라고 말씀하신 것입니다. "내 아버지의 뜻대로 행하는 행함은" 좁고 협착한 생명의 길, 즉 제사장이 인도하는 애굽교회를 벗어나 모세가 인도하는 광야교회에서 훈련을 받고 가나안교회로 들어가 예수님이 주시는 말씀을 먹고 하나님의 생명으로 거듭나는 것을 말합니다.

예수님이 수고하여 생명을 발견한 자가 복이 있다는 말씀은 바로 이 생명의 좁은 길을 걸어가서 생명을 얻은 자가 복이 있다는 말씀입니다.

59. Jesus said, "Look to the living one as long as you live, otherwise you might die and then try to see the living one, and you will be unable to see"

예수께서 말씀하시니라. "너희가 살아있는 동안에 살아계신 이(거듭난 자)를 바라보라. 그렇지 않으면 너희가 죽을 것이요 그때는 살아계신 이를 보려고 애써도 보지 못할 것이다"

[해설] 예수님은 너희가 살아있는 동안에 살아계신 이 곧 하나님의 생명으로 거듭난 하나님의 아들을 바라보라고 말씀하십니다.

왜냐하면 너희가 살아있는 동안에 하나님의 아들을 바라보지 않으면 죽기 때문이라는 것입니다. 이 말은 오늘날 참 목자, 곧 예수님과 같은 하나님의 아들을 믿고 따르지 않고 아직 거듭나지 못한 삯군목자나 거짓선지자를 믿고 따르면 죽는다는 말씀입니다.

예수님께서 이렇게 말씀하시는 이유는 오늘날도 삯군목자와 거짓선지자는 물론 예수님과 같이 살아있는 하나님의 아들이 계시기 때문에 하시는 말씀입니다.

그럼에도 불구하고 오늘날 기독교인들은 살아계신 하나

님의 아들은 믿지 않고 삯군목자를 믿고 따르면서 구름타고 재림하는 예수님만을 기다리고 있는 것입니다. 그러나 지금 오셔서 계신 예수를 보지 못하면 설령 앞으로 구름타고 오시는 예수님이 오신다 해도 볼 수가 없습니다. 오늘날 기독교인들은 예수님께서 알파와 오메가로서 시작부터 영원까지 언제나 육신의 몸을 입고 오셔서 하나님의 백성들을 구원하고 계시다는 것을 알아야 합니다.

왜냐하면 오늘날 말씀이 육신이 되어 오신 인간 예수가 없다면 아무도 구원을 받을 수 없기 때문입니다. 예수님께서 자신을 "인자"라고 계속 말씀하신 이유는 예수님도 육신은 사람으로부터 태어났다는 것을 알려주기 위함입니다. "인자"는 원어로 "안드로포스 휘이오스"로 뜻은 사람의 아들이라는 뜻입니다. 하나님은 예전이나 지금이나 앞으로도 말씀이 육신 된 "인간예수"(하나님의 생명으로 거듭난 하나님의 아들)를 통해서 죄인들을 구원하신다는 것을 알아야 합니다.

왜냐하면 성령이나 그리스도는 인간의 몸이 없기 때문에 사람들과 대화할 수도 없고 하늘의 양식인 생명의 말씀도 줄 수도 없기 때문입니다. 그러므로 하나님은 예전이나 지금이나 앞으로도 하나님의 아들로 거듭난 인간예수를 통

해서 죄인들을 구원하십니다.

　이렇게 죄인들을 구원할 인간예수는 오늘날도 변함없이 항상 존재하고 있습니다. 문제는 유대인들이나 오늘날 기독교인들은 한결같이 인간예수는 인정하지도 않고 믿지도 않고 있다는 것입니다.

　이 때문에 예수님께서 너희가 살아 있는 동안 인간예수를 보지 못한다면 죽을 것이며 이렇게 죽은 자는 앞으로 예수를 보려고 애를 써도 보지 못한다고 말씀하시는 것입니다.

양과 안식할 처소

60. He saw a Samaritan carrying a lamb and going to Judea. He said to his disciples, "that person ... around the lamb." They said to him, "So that he may kill it and eat it." He said to them, "He will not eat it while it is alive, but only after he has killed it and it has become a carcass"

They said, "Otherwise he can't do it"

He said to them, "So also with you, seek for yourselves a place for rest, or you might become a carcass and be eaten"

예수가 한 사마리아인이 양을 몰고 유대로 가고 있는 것을 보시더라. 예수가 제자들에게 말하되 "저 사람은 그 양을 어떻게 하겠느냐" 제자들이 대답하되, "그는 양을 잡아서 먹을 것입니다" 예수가 제자들에게 말씀하시되 "그는 양이 살아있을 동안에는 양을 (잡아)먹지 않을 것이다. 그러나 양을 죽여서 시체가 된 후에는 먹는다"

제자들이 말하되, "그렇게 하지 않으면(양을 죽이지 않으면) 그

가 양을 먹을 수 없습니까" 예수가 제자들에게 말씀하시니라. "너희도 마찬가지니라. 네 자신을 위해서 안식처(죽을 곳)를 찾아야 한다. 그렇게 너희가 (죽어서) 시체가 되어야 (내가)먹게 되는 것이다"

[해설] 예수님께서 한 사마리아인이 양을 몰고 유대로 가는 것을 보시고 그의 제자들에게 저 사람은 양을 어떻게 하겠느냐고 묻고 계십니다. 제자들은 예수님의 질문에 "저 사람은 그 양을 잡아서 먹을 것입니다"라고 대답을 합니다. 그러나 예수님께서는 그 사마리아인은 양이 살아 있을 동안에는 양을 먹지 않을 것이라 말씀하십니다. 그러나 사마리아인이 양을 죽여서 시체가 된 다음에는 그 양을 먹을 것이라고 말씀하십니다. 당연한 말씀입니다. 왜냐하면 사람들이 모두 양을 도살한 후 먹으며 살아 있는 양을 생으로 먹는 사람은 하나도 없기 때문입니다.

제자들은 다시 예수님에게 양을 죽이지 않으면 먹을 수 없느냐고 묻고 있습니다. 그런데 예수님은 제자들의 질문에 너희도 양과 같이 죽어서 시체가 되어야 (내가)먹게 된다고 충격적인 말씀을 하십니다. 그러므로 너희도 지금부터 너희가 죽은 후에 안식할 곳을 찾아야 한다는 것입니다.

　예수님의 이 말씀은 제자들뿐만이 아니라 오늘날 기독교인들에게도 큰 충격을 주는 말씀입니다. 왜냐하면 이 말씀을 올바로 이해하지 못하면 예수님은 사람을 살리는 분이 아니라 사람을 죽이는 살인자나 식인종으로 생각할 수도 있기 때문입니다. 이 말씀은 사도행전 10장에 베드로가 백부장 고넬료 가정을 구원시킨 비유를 보면 이해가 될 것입니다.

　하나님께서 베드로에게 이방인인 고넬료의 가정을 부정한 짐승으로 보여주시며 잡아먹으라고 말씀을 하십니다. 베드로는 세 번이나 거절을 하였지만 하나님의 강력한 명령에 따라 할 수 없이 부정한 짐승을 잡아먹은 것입니다.

　베드로가 부정한 짐승을 잡아먹은 것은 이방인인 고넬료의 가정을 구원시킨 것을 비유하여 말씀하신 것입니다. 이와 같이 예수님의 제자(양)들도 예수님이 잡아먹을 예수님의 양식인 것입니다.

　이렇게 예수님이 말씀하시는 사마리아인과 양은 예수님과 제자들을 비유하여 말씀하고 있는 것입니다. 예수님은 복음서에도 자신을 선한 사마리아인으로 비유하여 말씀하고 있는 것을 볼 수 있습니다. 그런데 예수님께서 양이 살아 있는 동안에는 잡아먹지 못한다는 것은 제자들의 육

신적 존재가 완전히 죽지 않으면 예수님도 영으로 살릴 수가 없다는 뜻입니다. 왜냐하면 예수님은 하나님의 말씀을 통해서 육적존재가 완전히 죽은 자들 안에서만 부활하실 수 있기 때문입니다.

   이 말은 예수그리스도(말씀)로 말미암아 죽은 자만이 예수그리스도로 말미암아 다시 살(부활) 수 있다는 뜻입니다. 이 때문에 예수님은 그의 제자들에게 너희가 죽은 후에 안식할 처소를 찾으라고 말씀하신 것입니다.

61. Jesus said, "Two will recline on a couch; one will die, one will live"

예수께서 말씀하시니라. "둘이 한 침상 위에 누울 것이나 하나는 죽을 것이고 하나는 살 것이다"

[해설] 예수님은 한 침상 위에 둘이 누울 것이나 하나는 죽고 하나는 살 것이라고 말씀하십니다. 침상은 사람이 잘 때 눕는 침대를 말합니다. 그런데 예수님께서 말씀하시는 영적인 침상은 무엇을 말하는 것일까요? 하나님은 하나님의 백성들 가운데 말씀으로 창조된 자들(성전, 교회) 안에 들어가셔서 안식하십니다.

이것은 하나님이 안식하시는 침상은 사람이 눕는 침대가 아니라 하나님의 백성들을 말합니다. 그러면 한 침상에 둘이 눕는 존재는 무엇을 말할까요? 그것은 성령과 악령을 말합니다. 하나님의 백성들은 어느 누구나 악령과 성령을 모시고 삽니다. 그런데 악령이 강하면 성령이 죽고 성령이 강하면 악령이 죽게 됩니다.

이 말은 자기 안에서 두 존재가 싸워 악령이 승리하면 마귀가 되고 성령이 승리하면 하나님의 아들로 거듭나게

된다는 뜻입니다. 여기서 말하는 성령은 예수님의 생명을 말하고 악령은 자신의 영혼을 말합니다. 이러한 비유는 마태복음 24장 40절 이하를 통해서 잘 알 수 있습니다.

[마태복음 24장 40절-41절] 그때에 두 사람이 밭에 있으매 하나는 데려감을 당하고 하나는 버려둠을 당할 것이요 두 여자가 매를 갈고 있으매 하나는 데려감을 당하고 하나는 버려둠을 당할 것이니라.

이 말씀은 마음 밭을 가는 두 사람과 맷돌을 통해서 자신의 존재를 열심히 갈고 있는 두 여자가 하나는 데려감을 당하고 하나는 버려둠을 당한다는 것입니다.

오늘날 기독교인들은 이 말씀을 가지고 하나님의 백성은 말세에 들림(휴거)을 받고 불신자는 버려둠을 당해 고통을 받는다고 주장을 합니다. 그러나 두 사람이 밭을 갈고 있는 밭은 마음 밭을 말하며 맷돌은 자신의 강퍅한 마음을 갈고 있는 말씀을 말합니다.

그러므로 두 사람이 마음 밭을 갈고 매를 갈고 있지만 두 사람 중에 마음이 완전히 갈리고 죽어서 가루가 되어 옥토가 된 사람은 거듭나서 하나님의 아들이 되고 아직 완전

히 죽지 않은 자는 버려둠을 당한다는 말씀입니다. 이것은 오늘날 기독교인들도 자신의 존재를 하나님의 말씀을 통해서 굳어진 마음의 밭을 곱게 갈아서 자신의 존재가 완전히 죽어야 부활이 되어 하나님의 아들로 거듭날 수 있다는 것을 보여주시는 것입니다.

예수님의 침상과 식탁

Salome said, "Who are you mister? You have climbed onto my couch and eaten from my table as if you are from someone"

살로메가 묻되, "주여, 당신은 누구십니까? 당신은 나의 침상(침대)에 올라오셨고 마치 어떤 사람이 온 것처럼 나의 식탁에서 잡수셨나이다"

[해설] 살로메는 세베대의 처요 요한과 야고보의 어머니며 예수님에게는 이모가 되는 분으로 당시에 예수님의 제자들과 같이 예수를 열심히 믿고 따르던 사람입니다. 그런데 예수님을 믿고 주라고 부르면서도 당신은 누구냐고 묻고 있습니다. 더욱 놀라운 것은 당신은 나의 침대에 올라오셨고 마치 어떤 사람(일반인)이 온 것처럼 나의 식탁에서 잡수셨습니다. 이 말씀을 잘못 이해하면 예수님이 이모님과 잠자리를 같이 하며 함께 식사도 했다고 오해 할 수도 있습니다. 그러나 예수님께서 오르는 침상은 잠을 자는 침대가 아니라 사람을 말합니다.

　즉 예수님이 침상에 올라 안식하시는 곳은 남녀노소를 불문하고 말씀으로 정결하게 된 사람을 말합니다. 예수님은 신랑이요 하나님의 백성들은 모두 예비 신부로서 예수님과 한 몸을 이루어야 할 침상들입니다. 예수님의 이모 살로메도 예외 없이 예수님이 오르실 침상으로 한 식탁에서 함께 식사를 하신 것입니다. 그런데 이렇게 살로메는 예수님과 함께 생활을 하면서도 예수님이 어떤 분인지를 분명하게 모르고 있는 것입니다. 왜냐하면 예수님이 말씀을 선포하실 때는 하나님의 아들이며 구원자같이 보이나 평상시의 삶을 보면 보통사람과 별로 다르지 않기 때문입니다.

　이렇게 예수님은 말씀을 선포하실 때는 하나님과 같은 위엄과 말씀의 권능이 있지만 평소 육신적인 삶에는 남달리 특별한 모습을 찾아 볼 수 없고 지극히 평범한 인간이었던 것입니다. 오늘날 하나님께서 보내주시는 하나님의 아들도 그 안에 생명의 말씀을 소유하고 있을 뿐 외모나 육신적인 삶은 일반인과 전혀 다르지 않다는 것을 알아야 합니다.

전능자로부터 오신 예수님

Jesus said to her, "I am the one who comes from what is whole. I was granted from the things of my Father" "I am your disciple"

예수께서 그녀에게 말씀하시되, "나는 전능자(하나님)로부터 온 자이다. 나는 내 아버지의 것들을 (행할 수 있도록) 허락받았다" "나는 당신의 제자입니다"

[해설] 예수님은 그녀(살로메)의 말을 듣고 말씀하시길 "나는 전능자 곧 하나님으로부터 왔으며 나는 내 아버지의 일들을 행하도록 허락받았다"고 말씀하십니다. 예수님이 행하시는 일은 예수를 믿고 따르는 영혼들은 구원하여 살리는 것이며 예수를 불신하고 배척하는 자들은 정죄하고 심판을 하는 것입니다. 이렇게 예수님이 행하시는 일들은 모두 아버지께 허락을 받고 하시는 일들입니다.

[요한복음 5장 20절-23절] 아버지께서 아들을 사랑하사 자기의 행하시는 것을 다 아들에게 보이시고 또 그보다 더 큰 일

을 보이사 너희로 기이히 여기게 하시리라 아버지께서 죽은 자들을 일으켜 살리심 같이 아들도 자기의 원하는 자들을 살리느니라 아버지께서 아무도 심판하지 아니하시고 심판을 다 아들에게 맡기셨으니 이는 모든 사람으로 아버지를 공경하는 것 같이 아들을 공경하게 하려 하심이라.

상기의 말씀을 보면 아버지께서 구원과 심판하는 권세를 모두 아들에게 맡기신 것입니다. 아버지께서 아들에게 구원과 심판하는 권세를 주신 것은 사람들이 아버지를 공경하는 것과 같이 아들도 공경을 하게 하려는 것입니다. 그러므로 하나님의 백성들은 하나님의 아들을 하나님과 같이 믿고 공경을 해야 합니다.

왜냐하면 하나님의 아들을 믿고 영접하지 않으면 심판을 받고 믿고 영접하면 구원을 받는 것은 물론 영생을 얻을 수 있기 때문입니다. 문제는 하나님의 백성들이 예수님이 전하는 말씀이나 가르침이 잘 이해가 되질 않아 거부하고 배척을 한다는 것입니다. 왜냐하면 예수님이 하시는 말씀과 행동은 유대교의 제사장이나 오늘날 목회자들이 전하는 말씀이나 행실과 전혀 다르기 때문입니다.

예수님의 말씀과 행함은 오직 죄인들의 죄를 사해주고

죽은 영혼을 살리는 반면에 제사장이나 목회자들은 죄 사함과 영혼을 살리는 것과는 전혀 관계없이 교인들에게 축복의 말씀을 전하며 교인들의 욕구를 채워주고 있는 것입니다. 때문에 예수님은 하나님의 백성들에게 항시 이단자로 배척을 당하며 멸시천대를 받으신 것입니다. 그러나 예수님의 말씀을 하나님의 말씀으로 듣고 영접한 예수님의 제자들은 모두 구원을 받아 하나님의 생명으로 거듭난 것입니다. 살로메 역시 예수님의 말씀을 듣고 예수님을 향해 나는 이제부터 당신의 제자가 되겠다고 고백을 하고 있는 것입니다.

For this reason I say, "if one is whole, one will be filled with light, but if one is divided, one will be filled with darkness"

이런 연고로 내가 말하노니, "만약 완전한 사람이라면 빛이 가득 차있는 사람이다. 그런데 만일 그 사람에게서 (빛에서) 분리되면 어둠으로 가득 차게 될 것이다"

[해설] 예수님은 이어서 이런 이유로 내가 네게(살로메)

말하노니 온전한 사람이라면 빛이 가득 차있다고 말씀하십니다. 즉 하나님의 아들이라면 그 안에 생명의 말씀이 가득하다는 말인데 이 말은 말씀이 육신 된 자(하나님의 아들)를 말합니다. 이어지는 말씀에 만일 사람이 그 빛에서 분리되면 어둠으로 가득하게 된다고 말씀하시는데 이 말은 요한복음 15장 포도나무의 비유와 같이 가지가 나무에 붙어 있으면 그 진액을 받아 풍성하게 되지만 나무에서 분리되면 진액이 말라 죽는다는 말씀입니다.

문제는 나무가 반드시 참 포도나무, 즉 참 목자라야 한다는 것입니다. 만일 삯군목자나 거짓선지자에게 붙어 있으면 그 자체가 죽은 자라는 것입니다. 왜냐하면 삯군 목자나 거짓선지자는 하나님의 생명이 존재하지 않기 때문입니다.

삯군목자는 삯(돈)을 목적으로 목회하는 자들이며 거짓선지자 역시 돈을 탈취하기 위해서 말씀을 왜곡하는 자를 말합니다. 그러므로 오늘날 기독교인들은 지금 내가 붙어 있는 나무가 참 포도나무인지 들 포도나무인지 확인해 보아야 합니다.

고무신 한짝

사랑방 툇마루에
신다 벗어 던진
고무신 한짝

주인을 기다리는지
아무 말없이 그 자리에
홀로 있구나

주인의 도움 없이는
한 발자욱도
움직일 수 없는 고무신

주인을 기다리는
고무신 한짝
아무말 없이 그 자리에
기다리고 있구나.

8. 예수님의 비밀을 간직할 자

하나님의 비밀들이
참 목자의 손에 들어가면
영혼들을 살리는데 사용되지만
삯군목자나 거짓선지자의 손에 들어가면
영혼을 죽이고 재물을 탈취하는데
사용합니다.

62. Jesus said, "I disclose my mysteries to those [who are worthy] of [my] mysteries"

예수께서 말씀하시니라. "나는 나의 비밀을 (간직할 수 있는)합당한 자에게 나의 비밀을 드러낸다"

[해설] 예수님께서 나는 나의 비밀을 소유하기에 합당한 자에게만 나의 비밀을 드러낸다고 말씀하십니다. 예수님이 소유하고 계신 비밀은 곧 하나님의 비밀로 하나님의 모든 것을 말합니다. 그런데 하나님의 비밀들이 참 목자의 손에 들어가면 영혼들을 살리는데 사용되지만 삯군목자나 거짓선지자의 손에 들어가면 영혼을 죽이고 재물을 탈취하는데 사용합니다.

이것은 예리한 칼이 의사의 손에 들려지면 사람을 수술하여 살리는데 사용되지만 강도의 손에 들어가면 사람을 죽이고 재물을 강탈하는데 사용되는 것과 같습니다.

오늘날 하나님의 말씀을 가지고 영혼구원을 빙자하며 재산을 치부하는 삯군목자들이 얼마나 많습니까? 때문에 예수님은 하늘의 비밀인 영적인 말씀은 오직 예수님을 믿고 따르는 제자들에게만 주신 것입니다.

　예수님은 마태복음 13장 11절을 통해서도 "천국의 비밀을 아는 것이 너희(제자들)에게는 허락되었으나 저희(유대인)에게는 아니 되었나니"라고 말씀하신 것은 바로 이러한 이유 때문입니다.

　사울은 가말리엘의 문하생으로 최고의 가르침을 받았으나 성경을 모르고 예수님을 대적한 것은 천국의 비밀을 알 수 있도록 허락받지 못했기 때문입니다. 그러나 사울이 다메섹 도상에서 예수님을 만난 후 계시의 눈이 열려 천국의 비밀을 알게 되었을 때 사울이 바울로 거듭나서 사도가 된 것입니다.

"Do not let your left hand know what your right hand is doing"

"너의 오른손이 하는 일을 너의 왼손이 알지 못하도록 하라"

　[해설] 예수님은 너의 오른 손이 하는 일들을 왼손이 알지 못하도록 하라고 말씀하십니다. 즉 자신이 행하는 선한 일들을 사람에게 나타내거나 자랑하지 말라는 것입니다.

　이 말씀은 예수님께서 마태복음 6장 2절-4절을 통해

서 하신 말씀입니다.

[마태복음 6장 2절-4절] 그러므로 구제할 때에 외식하는 자가 사람에게 영광을 얻으려고 회당과 거리에서 하는 것 같이 너희 앞에 나팔을 불지 말라 진실로 너희에게 이르노니 저희는 자기상을 이미 받았느니라 너는 구제할 때에 오른손의 하는 것을 왼손이 모르게 하여 네 구제함이 은밀하게 하라 은밀한 중에 보시는 너의 아버지가 갚으시리라.

　예수님은 상기의 말씀을 통해서 하나님의 백성들이 행하는 구제에 대하여 가르쳐주신 것입니다.
　예수님은 너희가 구제 할 때 오른손이 하는 것을 왼손이 모르도록 은밀하게 하라고 말씀하고 있습니다. 그러면 은밀한 가운데서 보고 계신 너의 아버지가 갚아 주신다는 것입니다. 그럼에도 불구하고 오늘날 교회들은 구제를 할 때 어떻게 하든지 자기 교회나 자기 목사님을 나타내려고 애를 쓰고 있습니다.
　이런 자들은 하나님께 영광을 나타내는 것이 아니라 자기교회와 자기 목사님에게 영광을 돌리는 자들입니다. 이들은 예수를 주로 믿으며 말로는 가증스럽게 주를 위해 선

행을 하며 하나님께 영광을 드린다고 큰 소리를 치지만 사실은 자기 교회와 자신을 나타내는 외식하는 자들입니다.

큰 돈을 가진 부자

63. Jesus said, "There was a rich person who had a great deal of money. He said, "I shall invest my money so that I may sow, reap, plant, and fill my storehouses with produce, that I may lack nothing" These were the things he was thinking in his heart, but that very night he died. Anyone here with two ears had better listen!"

예수께서 말씀하시니라. "큰 돈을 가지고 운영하고 있는 부자가 있었다. 그(부자)가 말하되, '내가 나의 돈을 투자하여 심고 거둔 산물을 나의 창고에 가득 쌓아 부족함이 없게 하리라' 이러한 생각을 하며 마음을 (굳게) 먹었으나 바로 그날 밤에 그가 죽었느니라. 누구든지 두 귀가 있는 자들은 잘 들어라"

[해설] 예수님은 돈을 많이 가지고 욕심대로 살아가는 어리석은 부자를 비유하여 하나님의 백성들에게 경종을 울리고 있습니다.

그런데 큰 돈을 가지고 운영하고 있는 부자는 과연 어

떤 존재를 말하는가요?

　이 말씀은 예수님께서 누가복음 12장 15절 이하를 통해서 더욱 자세히 말씀하고 있습니다.

　[누가복음 12장 15절-21절] 저희에게 이르시되 삼가 모든 탐심을 물리치라 사람의 생명이 그 소유의 넉넉한데 있지 아니하니라 하시고 또 비유로 저희에게 일러 가라사대 한 부자가 그 밭에 소출이 풍성하매 심중에 생각하여 가로되 내가 곡식을 쌓아 둘 곳이 없으니 어찌할꼬 하고 또 가로되 내가 이렇게 하리라 내 곡간을 헐고 더 크게 짓고 내 모든 곡식과 물건을 거기 쌓아 두리라 또 내가 내 영혼에게 이르되 영혼아 여러 해 쓸 물건을 많이 쌓아 두었으니 평안히 쉬고 먹고 마시고 즐거워하자 하리라 하되 하나님은 이르시되 어리석은 자여 오늘밤에 네 영혼을 도로 찾으리니 그러면 네 예비한 것이 뉘 것이 되겠느냐 하셨으니 자기를 위하여 재물을 쌓아 두고 하나님께 대하여 부요치 못한 자가 이와 같으리라.

　오늘날은 물질만능시대로 불신자나 신자나 돈만 있으면 모든 것이 해결되는 줄로 알고 있습니다. 그래서 사람들은 사업을 하고 부동산에 투자를 하고 주식에 투자를 하면

서 하나님께 자신이 하는 일이 모두 잘되게 해달라고 열심히 기도를 합니다.

이 때문에 신앙의 척도는 곧 욕심의 척도라 해도 과언이 아닙니다. 그러나 하나님은 야고보서 1장을 통해서 "욕심이 잉태한즉 죄를 낳고 죄가 장성한즉 사망을 낳느니라"라고 분명히 말씀하십니다.

그럼에도 불구하고 오늘날 기독교인들은 기복을 중심으로 하여 신앙생활을 하며 욕심을 채우기 위해 열심히 기도를 하고 있습니다.

결국 하나님을 위한 신앙이 아니라 자신을 위한 신앙생활을 하고 있다는 것입니다. 그러나 상기의 말씀과 같이 세상의 욕심이나 재물은 아무리 많이 쌓아도 하나님이 그 영혼을 부르시면 안개와 같이 사라져버리는 물거품과 같은 것입니다.

그런데 예수님이 말씀하시는 부자와 쌓은 재물은 세상의 일반적인 부자와 돈을 말씀하신 것이 아니라 신앙의 부자, 즉 목사나 장로 혹은 신학자와 교수와 같은 자들을 말하며 재물은 신앙생활을 통해서 쌓은 말씀, 곧 신학과 교리로 쌓아놓은 비 진리를 말씀하고 있습니다.

예수님께서 부자가 하늘나라에 들어가는 것은 약대가

바늘구멍으로 들어가는 것보다 더 어렵다고 말씀하셨는데 예수님께서 말씀하신 부자는 말씀에 부자 혹은 신앙의 부자를 말씀하신 것입니다.

하나님의 초대를 거절하는 자들

64. Jesus said, "A person was receiving guests. When he had prepared the dinner, he sent his slave to invite the guests"

예수께서 말씀하시니라. "어떤 사람이 손님을 초대하였느니라. 그는 만찬을 준비해 놓고, 손님을 초대하러 그의 종을 보냈다"

[해설] 도마복음 64절의 말씀은 마태복음 22장에 기록된 아들을 위하여 혼인 잔치를 베푼 어떤 임금의 비유와 동일한 말씀입니다. 상기의 어떤 사람은 아들을 위해 천국의 혼인잔치를 베푼 임금, 즉 하나님을 비유하여 말씀하고 있습니다. 이렇게 하나님은 지금도 천국잔치를 준비해 놓고 하나님의 종들을 보내어 하나님의 백성들을 아들의 혼인 잔치에 초대하고 계십니다.

오늘날 기독교인들도 예외 없이 모두 하나님께서 베푼 천국잔치에 초대받은 자들입니다. 그러므로 하나님의 백성들이라면 아무리 바쁜 일이 있어도 하나님이 초대하신 천국 잔치에 모두 참가를 해야 합니다. 그런데 이어지는 말씀

을 보면 천국잔치에 가는 것보다 자기일이 더 소중하여 잔치에 가지 않은 것을 볼 수 있습니다.

The slave went to the first and said to that one, "My master invites you." That one said, "Some merchants owe me money; they are coming to me tonight. I have to go and give them

instructions. Please excuse from dinner"

그 종이 첫 번째 사람에게 가서 그에게 말하되, "내 주인께서 당신을 초대 하였습니다"라고 했으나 그가 말하길, "어떤 상인이 나에게 돈을 차용해 갔는데 그가 오늘밤에 내게로 온다. 나는 가서 그들과 상의해야 한다. (이 때문에) 만찬 초대에 응하지 못한다"

[해설] 임금이 보낸 종이 첫 번째 사람에게 가서 내 주인께서 당신을 초대하였다고 말하나 그 사람은 돈을 차용해 간 사람에게 오늘 밤에 돈을 받아야 하기 때문에 잔치에 가지 못한다고 말합니다. 이것은 하나님의 백성들이 하나님의 말씀보다 자신의 이권이나 재물을 더 중요시 한다는 것

을 보여주는 것입니다. 즉 입술로는 하나님의 일이 중요하다고 말은 하지만 실제로는 자신의 일을 더 중시한다는 것입니다.

이렇게 하나님의 백성들의 신앙은 하나님을 위한 신앙이 아니라 자신을 위한 신앙생활을 하고 있습니다. 그럼에도 불구하고 오늘날 기독교인들도 입술로는 돈보다 하나님을 더 사랑한다고 큰소리치고 있습니다.

The slave went to another and said to that one, "My master has invited you" That one said to the slave, "I have bought a house, and I have been called away for a day. I shall have no time"

The slave went to another and said to that one, "My master invites you" That one said to the slave, "My friend is to be married, and I am to arrange the banquet. I shall not be able to come. Please excuse me from dinner"

The slave went to another and said to that one, "My master invites you" That one said to the slave, "I have bought an estate, and I am going to collect

the rent. I shall not be able to come. Please excuse me"

이에 그 종이 다른 이에게 가서 그에게 말하되, "내 주인께서 당신을 초대하나이다" 그러나 그가 종에게 말하길, "나는 집 한 채를 샀는데 온종일 분주하여 만찬에 갈 시간이 없다" 그 종이 또 다른 사람에게 가서 말하되, "내 주인께서 당신을 초대 하나이다" 하나 그가 말하길, "내 친구가 혼인하는데 내가 연회를 준비해야 하니 나는 다녀 올 수가 없다. 제발 나를 용납해다오"

이에 그 종이 다른 이에게 가서 이르되, "내 주인이 당신을 초 대하나이다"고 했으나 그가 종에게 말하되, "나는 땅을 사서 세를 놓으러(받으러) 가야 하므로 다녀 올 수가 없다. 부디 나를 용납해 다오"

[해설] 첫 번째 사람에게서 거절을 당한 종이 다른 사람을 찾아가서 내 주인께서 당신을 초대하였다고 말하나 나는 집 한 채를 샀기 때문에 분주하여 만찬에 갈 수 없다고 말합니다. 집을 산 후에 집안을 정리하는 것은 오늘 하지 못하면 내일 해도 되는 일입니다. 그런데 집을 정리하기 위

해 하나님의 잔치에 갈 수 없다는 것입니다. 그 종이 다시 다른 사람에게 찾아갔으나 그는 친구가 결혼을 하여 연회를 준비해야 하니 못 간다고 말합니다. 그 종은 할 수없이 또 다른 사람을 찾아가 초대를 하였으나 그 역시 나는 땅을 사서 세를 놓으러 가야하기 때문에 잔치에 갈 수 없다고 말합니다. 하나님께서 만찬에 초대한 초청을 모두 자기일이 바쁘다고 거절한 것입니다. 이 세상을 살아가면서 아무 일도 없이 한가한 사람이 어디 있습니까?

사람들이 이 세상을 살아가면서 일은 어느 누구나 항상 있지만 중요한 일부터 하게 마련입니다. 결국 하나님의 백성들이 하나님의 초대를 모두 거절한 것은 하나님의 일보다 자신의 일이 더 중요하기 때문입니다. 창세기를 보면 이삭의 큰 아들 에서가 시장할 때에 하나님이 주신 장자 권을 팥죽 한 그릇과 바꾸어 먹는 것을 볼 수 있습니다.

오늘날 기독교인들이 이런 일은 오직 에서에게만 있었던 일이라 생각하면 안 됩니다. 왜냐하면 이런 일들은 오늘날 기독교인들 가운데서도 수없이 일어나고 있는 일이기 때문입니다. 이렇게 하나님의 백성들이 입술로는 하나님의 생명이 중요하다고 말은 하지만 실제로는 재물의 욕심이 더 크다는 것을 알아야 합니다.

The slave returned and said to his master, "Those whom you invited to dinner have asked to be excused"

The master said to his slave, "Go out on the streets and bring back whomever you find to have dinner. Buyers and merchants [will] not enter the places of my Father"

이에 그 종이 돌아가 그의 주인에게 이르되, "당신께서 만찬에 초대하신 이들이 모두 거절했나이다"고 하니 그 주인이 그 종에게 말하되, "거리로 가서 네가 발견한 모든 이들을 데려와 만찬에 참여 하게 하라. 매매하는 상인들은 내 아버지의 처소(천국)에 들어가지 못할 것이다"

[해설] 만찬에 초대 하러갔던 종이 그의 주인에게 돌아가 당신께서 초대한 사람들이 모두 바쁘다고 거절을 했다고 말하니 그 주인은 다시 종에게 이르되 거리로 가서 사람을 만나는 대로 아무나 데리고 와서 만찬에 참여케 하라고 말합니다.

이것은 하나님의 구원이 택함을 받은 유대인들, 즉 하

나님의 백성들에게서 이방인에게 돌아갔다는 것을 말해주는 것입니다. 예수님은 이어서 매매하는 상인들은 내 아버지의 집(천국)에 들어가지 못한다고 말씀하십니다.

그러면 매매하는 자들은 무엇을 팔고 사는 자들일까요? 예수님이 말씀하시는 매매는 세상의 물건을 사고파는 것을 말씀하는 것이 아니라 하나님의 말씀과 성령을 팔고 사는 자들을 말합니다. 이 때문에 예수님께서 성전에 들어가 성전 안에서 소와 양과 비둘기 파는 사람들을 채찍을 들고 내어 쫓으며 너희는 하나님의 거룩한 집을 도적의 소굴로 만들었다고 질책하신 것입니다. 성전 안에서 소와 양과 비둘기를 파는 자들은 제사장, 곧 오늘날 목회자들을 말하는데 소는 성부하나님을 말하며 양은 성자하나님이신 예수님을 말하며 비둘기는 성령하나님을 말합니다.

오늘날 교회에서 목회자들이 "성령 받을 줄로 믿고 감사(헌금)하십시오, 은혜를 받을 줄로 믿고 감사(헌금) 하십시오" 라고 말하는 것은 곧 예수와 성령을 팔아먹는 행위입니다. 이렇게 하나님의 성령을 팔고 사는 자들이 어떻게 천국에 들어간단 말입니까? 이런 자들은 지옥으로 들어가 형벌을 받는 것이 마땅하다고 생각합니다.

65. He said, "A [...] person owned a vineyard and rented it to some farmers, so they could work it and he could collect its crop from them. He sent his slave so the farmers would give him the vineyard's crop"

예수께서 말씀하시니라. "포도원을 소유하고 있는 사람이 어떤 농부들에게 소작을 내었느니라. 그래서 농부들은 그 곳(포도원)에서 일을 할 수 있었고 주인은 그들로부터 (수확된) 곡물을 거두어야 하는 것이다. 그래서 포도원의 주인은 그의 종을 보냈고 농부들은 그에게 포도원의 소출한 곡물을 주어야 했다"

[해설] 예수님께서 말씀하시는 포도원은 하나님의 교회들을 말하며 포도원을 소유하고 있는 분은 하나님을 말하며 농부들은 하나님의 일을 하는 목회자(목사)들을 비유하여 말씀하고 있습니다.

포도원의 주인은 농부들에게 포도원을 소작으로 내어주고 추수할 때 소출의 일부를 받기로 하였습니다. 그래서 농부들은 열심히 일을 하여 추수 때 농작물을 거두게 된 것입니다. 포도원 주인은 농부들에게 소출한 열매를 받기위

하여 그의 종을 보냈고 농부들은 마땅히 포도원에서 거둔 농작물을 주인에게 드려야 하는 것입니다. 그런데 농부들은 주인이 보낸 종을 때려 거의 죽게 만든 것입니다.

They grabbed him, beat him, and almost killed him, and the slave returned and told his master. His master said, "Perhaps he didn't know them. He sent another slave, and the farmers beat that one as well"

(그러나) 그들은 그 종을 붙들고 때려 거의 죽였느니라. 그 종이 돌아와 그의 주인에게 고한지라. 그의 주인이 말하길, "아마 그들이 그를(내가 보낸 종) 몰랐을 것이다 하고 다른 종을 보내었으나 그 농부들이 마찬가지로 (그 종도) 때렸느니라"

[해설] 농부들은 주인이 보낸 종에게 소출은 주지 않고 오히려 종을 때려서 거의 죽게 만든 것입니다. 그 종은 집으로 돌아가 그의 주인에게 그 사실을 모두 고하였습니다. 그러나 그의 주인은 아마 그 농부들이 내가 보낸 종이라는 것을 몰라서 그렇게 하였겠지 하고 다른 종을 보내었습니다.

그런데 그 농부들은 먼저 보낸 종에게 행했던 것과 같이 주인이 다시 보낸 종도 때려서 죽게 만든 것입니다. 왜 그랬을 까요? 여기서 주인이 보낸 종은 하나님이 파송한 선지자들을 말하며 선지자들을 때리는 농부들은 하나님의 사역을 하는 목회자들을 비유로 말하고 있습니다.

Then the master sent his son and said, "Perhaps they'll show my son some respect. Because the farmers knew that he was the heir to the vineyard, they grabbed him and killed him. Anyone here with two ears had better listen"

그리하여 그 주인은 그의 아들을 보내며 말했다, "아마 그들이 나의 아들을 보면 공경할 것이다. 왜냐하면 그 농부들은 그가(아들이) 포도원의 상속자임을 알고 있기 때문이다. (그러나) 그들은 아들을 붙잡아서 죽였도다. 여기 두 귀 있는 자는 누구든지 잘 들어라"

[해설] 포도원 주인이 소출을 받기위해 보낸 종들이 모두 매를 맞고 빈손으로 돌아오니 주인은 할 수 없이 아들을 보

내며 농부들이 상속자인 내 아들은 공경할 것이라 생각을 하고 아들을 보낸 것입니다. 그런데 농부들은 상속자인 아들까지 붙잡아서 때려서 죽인 것입니다.

예수님은 이 말씀을 하시면서 두 귀가 있는 자는 잘 들으라고 말씀하십니다. 왜냐하면 이런 말씀은 할례 받은 귀가 없으면 들어도 무슨 말인지 모르기 때문입니다. 여기서 말하는 주인의 아들은 하나님의 아들이신 예수님을 말합니다.

하나님께서 구약에 수많은 선지자들을 보냈으나 하나님의 백성들이 영접하지 않기 때문에 이제는 상속자며 하나님의 아들이신 예수님을 보내신 것입니다. 그런데 하나님의 교회와 백성들은 예수님까지 이단으로 몰아 십자가에 매달아 죽인 것입니다.

이 때문에 예수님은 마태복음 23장 37절을 통해서 이렇게 말씀하시는 것입니다.

[마태복음 23장 37절] 예루살렘아 예루살렘아 선지자들을 죽이고 네게 파송된 자들을 돌로 치는 자여 암탉이 그 새끼를 날개 아래 모음 같이 내가 네 자녀를 모으려 한 일이 몇 번이냐 그러나 너희가 원치 아니하였도다.

하나님께서 파송한 선지자들을 돌로 치는 예루살렘은 유대교회와 제사장들을 말하며 오늘날 기독교회와 목회자들을 말합니다. 유대교회 제사장들이 하나님이 보낸 선지자와 하나님의 아들을 돌로 치는 이유는 자신들의 교회권위와 재산을 지키기 위함입니다. 즉 하나님의 교회와 양(교인)들이 하나님의 것이 아니라 자신들의 것이라는 뜻입니다. 이러한 사건은 예전에만 있었던 일이 아니라 지금까지 계속되는 일이며 오늘날 기독교인들도 유대인들과 같이 행하고 있는 일들입니다.

    놀라운 것은 선지자들을 죽이고 예수님까지 죽인 자들이 이제는 예수를 빌라도가 죽였다고 교인들에게 사도신경을 통해서 위증까지 시키고 있는 것입니다. 얼마나 무서운 자들입니까?

건축자들이 버린 머릿돌

66. Jesus said, "Show me the stone that the builders rejected: that is the keystone"

예수께서 말씀하시니라. "건축자들이 버린 돌을 내게 보여라. 그것(돌)이 머릿돌이니라"

[해설] 예수님은 건축자들이 버린 돌을 내게 보이라고 말씀하시면서 그 돌이 바로 머릿돌이라고 말씀하십니다. 그러면 건축자들은 어느 누구를 말하며 건축자들이 버린 돌은 무엇을 말하고 있을까요? 마태복음 21장 42절과 사도행전 4장 11절을 보면 잘 나타나 있습니다. "이 예수는 너희 건축자들이 버린 돌로서 집 모퉁이의 머릿돌이 되었느니라"

하나님께서 말씀하고 있는 건축자는 하나님의 성전을 건축하는 제사장들을 말하며 건축자들이 버린 머릿돌은 예수님, 곧 하나님의 말씀을 비유로 말씀한 것입니다. 그런데 제사장들이 성전을 건축하는데 가장 기본이 되는 머릿돌인 하나님의 말씀을 버리고 제사장들이 자기 취향대로

머릿돌을 만들어 편리하게 사용하고 있습니다.

    제사장이나 오늘날 목회자들이 만든 머릿돌은 하나님의 말씀을 가감하여 만든 각종교리와 교회법을 말하고 있습니다. 그러므로 예수님은 건축자들이 버린 머릿돌이 있으면 내게 보이라고 말씀하시는 것입니다. 그러나 제사장들은 머릿돌은 이미 버리고 없기 때문에 가져 올 수가 없는 것입니다.

    이들은 하나님이 주신 말씀(생명의 말씀)은 없고 자기들이 하나님의 말씀을 가감하여 만들어 놓은 각종교리와 교회규범을 가지고 목회를 하고 있는 것입니다.

자신의 존재도 모르고 있는 자들

67 Jesus said, "Those who know all, but are lacking in themselves, are utterly lacking"

예수께서 말씀하시니라. "모든 것을 알되 그 자신(존재)을 모르는 자들은 아무것도 모르는 자이니라"

[해설] 예수님은 모든 것을 안다고 하면서 자신의 존재를 모르는 자들은 아무것도 모르는 자라고 말씀하십니다. 이 말은 외적인 다른 것들을 모두 안다 해도 자신을 모른다면 아는 것이 아니라는 뜻입니다. 이렇게 모든 것을 알기보다 자신의 존재를 알기가 더 어렵다는 것입니다. 때문에 불신자는 물론 신앙인들도 신앙생활을 평생 동안 하면서 자신의 존재도 확실히 알지 못하는 상태에서 이 세상을 떠나가고 있습니다.

오늘날 기독교인들도 자신이 하나님의 아들이라 착각을 하고 있거나 아니면 종 혹은 죄인이라고 알고 있을 뿐 자신이 하나님으로부터 창조를 받아야할 피조물이라는 것은 전혀 모르고 있습니다.

　왜냐하면 자신이 피조물이라는 것을 안다면 자신이 하나님의 아들이라는 것은 물론 종이라는 말도 함부로 할 수가 없고 또한 신앙생활을 창조받기 위해서 하기 때문입니다.

　피조물이란 인격이 갖추어지지 않은 존재로 하나님으로부터 창조를 받기 위해 준비된 재료나 물질과 같은 존재라는 것입니다. 그러므로 진정한 신앙생활이란 자신의 존재가 피조물이라는 것을 발견하는 것이며 자신이 피조물이라는 것을 깨달은 자는 하나님의 뜻대로 하나님의 아들로 창조를 받아 예수님과 같은 하나님의 아들이 되는 것입니다.

핍박을 받고 있는 자들

68. Jesus said "Congratulations to you when you are hated and persecuted; and no place will be found, wherever you have been persecuted"

예수께서 말씀하시니라. "네가 미움과 핍박을 받을 때 너에게 복이 있다. 네가 어느 곳에서 박해 받았는지 장소가 없다는 것을 알게 될 것이다"

[해설] 예수님은 너희가 미움을 받고 핍박을 받을 때 너희에게 복이 있다고 말씀하십니다. 예수님이 말씀하시는 너희는 예수님의 제자들과 오늘날 좁고 협착한 생명의 길을 가는 나그네, 고아, 과부와 같은 존재들을 말합니다. 그런데 이런 자들을 미워하고 핍박하는 자들은 누구일까요? 예수님이나 그의 제자들을 핍박하는 자들은 성경에서 보여주듯이 하나님의 백성인 유대인들이라는 것입니다. 그러면 같은 동족이며 동일한 하나님을 믿고 섬기는 유대인들인데 무엇 때문에 예수님과 제자들을 미워하고 핍박을 하는 것일까요?

　유대인들이 예수님을 핍박하는 이유는 예수님께서 유대인들의 신앙을 인정하지 않고 신앙생활이 모두 잘못되어 있다고 지적을 하며 질책을 하고 있기 때문입니다. 즉 예수님은 유대인들에게 너희는 참 목자를 따라서 생명의 좁은 길을 가지 않고 삯군목자를 따라서 넓고 평탄한 멸망의 길을 가고 있다고 책망을 하고 있기 때문에 예수님은 물론 예수님의 제자들까지 미워하고 핍박을 하는 것입니다. 그러나 예수님은 너희가 유대인들에게 미움과 핍박을 받을 때에 복이 있다고 말씀하고 있습니다. 왜냐하면 전에 있던 선지자들도 너희와 같이 모두 핍박을 받았고 이런 핍박을 받음으로 하늘에 상급이 크기 때문이라는 것입니다.

　이어지는 말씀에 너희가 어느 곳에서 핍박을 받는지 특별한 장소가 없다는 것을 알게 된다는 것은 너희는 어느 장소에 가든지 그리고 어느 누구에게든지 인정을 받지 못하고 핍박을 받게 된다는 것을 알게 된다는 것입니다. 그 이유는 하늘의 세계와 땅의 세계가 다르고 영에 속한 자와 육에 속한 자가 다르기 때문입니다. 이렇게 옛날부터 지금까지 멸망의 넓은 길을 가는 육신에 속한 자들은 생명의 좁은 길을 가는 영적 존재들을 핍박하고 있는 것입니다.

69. Jesus said, "Congratulations to those who have been persecuted in their hearts: they are the ones who have truly come to know the Father"

예수께서 말씀하시니라. "그들의 마음 안에 핍박을 받는 자가 복이 있나니 그들이 진정으로 아버지를 알게 된 자이다"

[해설] 예수님은 그들의 마음 안에 핍박을 받는 자가 복이 있다고 말씀하시면서 그들이 진정으로 아버지를 알게 된 자라고 말씀하십니다. 그런데 자신의 마음을 핍박하는 자가 누구란 말입니까?

하나님의 백성들 안에는 누구나 선한 영과 악한 영의 두 존재가 있는데 선한 영은 진리이며 악한 영은 비진리를 말합니다.

이 두 영은 하나님의 영과 자신의 영(혼)을 말하는데 이 영들은 자기 안에서 서로 핍박을 하며 싸우고 있습니다. 왜냐하면 하나님의 영은 하나님께로 인도하려고 하지만 자신의 혼은 세상으로 인도하려고 하기 때문입니다.

이 말씀은 갈라디아서 5장16절을 통해서 잘 말씀하고 있습니다.

[갈라디아서 5장 16절-17절] 내가 이르노니 너희는 성령을 좇아 행하라 그리하면 육체의 욕심을 이루지 아니하리라 육체의 소욕은 성령을 거스리고 성령의 소욕은 육체를 거스리나니 이 둘이 서로 대적함으로 너희의 원하는 것을 하지 못하게 하려 함이니라.

상기의 말씀과 같이 하나님의 백성들 안에서 성령과 육체의 욕심이 대적을 하며 서로 핍박을 하며 싸우고 있습니다. 그런데 자기 안에 있는 성령에게 육체의 소욕이 질책을 받으며 핍박 받는 자는 복이 있다고 말씀하십니다. 왜냐하면 성령에 의해서 혼적존재가 죽어야 하나님의 생명으로 부활이 되기 때문입니다. 이렇게 자신의 존재는 욕심과 죄덩어리이기 때문에 반드시 죽어야 할 존재입니다. 이러한 자신의 존재가 죽지 않으면 예수님께서 내 안에 들어오실 수가 없습니다. 왜냐하면 성령은 더럽고 욕심 많은 존재 안에는 들어가시지 않기 때문입니다.

그러므로 자신이 이러한 악한 존재이며 죽어야 할 존재라는 것을 알고 성령(말씀)에 의해서 날마다 죽어야 하나님을 알게 되며 더 나아가서는 하나님의 생명으로 거듭나게 되는 것입니다.

심령이 가난한 자들

"Congratulations to those who go hungry, so the stomach of the one in want may be filled"

"배가 고픈(심령이 가난한자) 자들은 복이 있나니 그 배가 원하는 것이 채워질 것이다"

[해설] 예수님은 배가 고픈 자들에게 복이 있는데 그 이유는 그 배가 원하는 것이 가득 채워지기 때문이라는 말씀입니다.

예수님은 이 말씀을 마태복음 5장을 통해서 "심령이 가난한 자는 복이 있나니 천국이 저희 것이라"고 말씀하고 있습니다. 예수님의 제자들은 물론 생명의 좁은 길을 걸어가는 자들이 무슨 양식 때문에 굶주리며 심령이 가난합니까? 육신의 양식 때문입니까? 아니면 영의 양식인 말씀 때문입니까?

만일 예수님께서 육신의 양식에 굶주린 자들이 복이 있고 그들이 원하는 육신의 양식을 진수성찬으로 채워주는 자라면 진정 하나님의 아들이라 할 수가 없습니다.

　　예수님은 하늘에서 내려오신 산 떡으로 심령이 가난한 자, 즉 말씀이 없어 갈급하여 애통하는 자에게 하늘의 양식인 생명의 말씀을 부어 주신다는 말씀입니다.

70. Jesus said, "If you bring forth what is within you, what you have will save you(yourselves). If you do not have that within you, what you do not have within you [will] kill you"

예수께서 말씀하시니라. "만일 네 안에 있는 것(말씀)을 열매 맺게 한다면 네게 있는 것이 너를 구원할 것이요, 만약 네 안에 있는 것(말씀)을 지키지(행하다) 않는다면 지키지 못함으로 네가 죽을 것이다"

[해설] 예수님은 만일 네 안에 있는 것(말씀)으로 열매를 맺는다면 네가 가진 것(말씀)이 너를 구원할 것이요 만약 네 안에 있는 것(말씀)으로 열매를 맺지 못한다면 너는 행함이 없음으로 죽게 된다고 말씀하십니다. 이 말씀은 예수님께서 요한복음 15장에 포도나무의 비유와 마태복음 6장에 주기도문을 통해서 하신 말씀입니다.

[요한복음 15장 1절-2절] 내가 참 포도나무요 내 아버지는 그 농부라 무릇 내게 있어 과실을 맺지 아니하는 가지는 아버지께서 이를 제해 버리시고 무릇 과실을 맺는 가지는 더 과실

을 맺게 하려하여 이를 깨끗케 하시느니라.

[마태복음 6장 1절] 우리가 우리에게 죄지은 자를 사하여 준 것 같이 우리의 죄를 사하여 주옵시고

　　예수님께서 나는 참 포도나무이며 내 아버지는 농부시며 너희는 가지라고 말씀하시면서 열매 맺지 않는 가지는 아버지께서 잘라 버린다고 말씀하십니다. 가지는 나무로부터 진액을 받아먹고 살아가는데 가지는 반드시 그 안에 있는 진액으로 열매를 맺어야 합니다. 그런데 가지가 열매를 맺지 않으면 농부가 그 가지를 잘라 버리는 것은 당연한 일입니다.

　　즉 예수님으로부터 받아 가지고 있는 말씀(생명)으로 이웃에 있는 죽은 영혼을 구원하지 않으면 멸망을 당하게 된다는 말씀입니다. 때문에 예수님은 주기도문을 통해서 "우리가 우리에게 죄지은 자를 사하여 준 것 같이 우리의 죄를 사해 달라"고 하나님께 기도하라고 말씀하십니다.

　　이 말씀은 우리가 우리 주변에 죽어가는 영혼들을 구원시킬 때 우리의 영혼도 구원받을 수 있다는 뜻입니다. 그런데 만일 나무 가지가 열매를 맺지 않거나 구원받은 하나님

의 백성들이 이웃에 죽어 있는 영혼들을 구원시키지 않는다면 멸망을 당하게 된다는 것입니다. 이렇게 구원받은 하나님의 백성들이 영혼들을 구원시키는 것은 필수적인 사명입니다.

그럼에도 불구하고 오늘날 목회자들은 예수를 믿기만 하면 아무런 행함이 없어도 구원을 받아 천국으로 들어간다고 거짓증거를 하고 있습니다. 때문에 하나님은 야고보서를 통해서 행함이 없는 믿음은 죽은 믿음이라 말씀하시는 것입니다.

71. Jesus said, "I will(shall) destroy [this] house, and no one will be able to build it [...]"

예수께서 말씀하시니라. "내가 이 집을 헐 것이다. 아무도 그 집을 (다시) 짓지 못할 것이다"

[해설] 예수님께서 나는 이 집을 헐 것이라고 말씀하시면서 아무도 그 집을 다시 짓지 못할 것이라 말씀하십니다. 예수님이 헌다고 말씀하시는 집은 하나님의 성전, 즉 교회를 말하고 있습니다. 오늘날 목회자들이나 교인들은 기회만 있으면 성전을 건축하고 있는데 예수님은 무엇 때문에 힘써 지은 성전을 헐어버린다고 말씀하실까요? 그 이유는 오늘날 목회자들이 건축한 성전은 모두 잘못 건축된 쓸모없는 성전이기 때문입니다. 이 때문에 예수님은 "너희가 이 성전을 헐라 내가 사흘 동안에 일으키리라"고 말씀하신 것입니다. (요한복음 2장 19절)

그런데 예수님께서 헐어놓은 성전을 사람들이 다시 건축할 수 없다는 것은 무엇 때문일까요? 예수님을 가리켜 목수의 아들이라고 말합니다. 이 말은 예수님의 아버지는 집을 짓는 목수라는 뜻입니다. 그런데 예수님께서 건축하

시는 집은 세상의 건축 자재를 가지고 지상에 집을 짓는 분이 아니라 하나님의 말씀으로 하나님의 백성들안에 성전을 건축하는 분이십니다. 세상에서 집을 건축하려 해도 반드시 건축면허가 있어야 하듯이 하나님의 성전도 하늘의 건축면허가 없으면 성전을 지을 수가 없습니다. 그러므로 세상의 삯군목자들은 하나님이 주시는 하늘의 건축 면허가 없기 때문에 하나님의 성전을 지을 수가 없는 것입니다. 이 때문에 세상목자들은 지상의 건물교회를 짓고 각종 교리로 하나님의 백성들 안에 기독교의 성전을 건축하고 있는 것입니다. 때문에 예수님은 잘못 건축된 성전들을 모두 헐 수밖에 없는 것입니다.

　예수님이 헐은 성전을 목회자들이 건축할 수 없다고 말씀하시는 것은 아직 하나님의 생명으로 거듭나지 못한 자들은 하나님의 성전을 건축할 수 있는 자격이 없기 때문입니다. 하나님의 성전은 예수님이나 예수님으로부터 건축된 사도들만이 지을 수 있는 것입니다. 예수님은 그를 믿고 따르는 제자들 안에 생명의 말씀으로 성전을 건축하여 열두 교회를 만드신 것입니다.

72. A [person said] to him, "Tell my brothers to divide my father's possessions with me"

He said to the person, "Mister, who (has) made me a divider?"

He turned to his disciples and said to them, "I'm not a divider, am I?"

한 사람이 예수에게 말했다, "나의 형제들에게 말씀하사 내 아버지의 재산을 나와 함께 나누도록 해주소서" 예수가 그 사람에게 말하되, "남자여! 누가 나를 나누는 자로 만들었느냐?"

예수가 그의 제자들에게 돌아서서 그들에게 말씀하시길, "나는 나누는 자가 아니다. 그렇지 않은가?"

[해설] 어느 한사람이 예수님을 찾아와 나의 형제들에게 말씀을 해주셔서 내 아버지의 재산을 나와 함께 나누도록 해달라고 부탁을 하고 있습니다. 그런데 예수님은 누가 나를 아버지의 재산을 나누어주는 자로 만들었느냐고 반문을 하십니다.

이 말씀은 내 아버지 재산이 무엇인지 알지 못하면 좀처럼 이해할 수가 없습니다. 만일 아버지의 재산이 세상에

있는 물질이라면 누구나 알 수가 있습니다. 그러나 여기서 말하고 있는 아버지의 재산은 세상의 물질이 아니라 하나님의 말씀, 곧 하나님의 생명을 말하고 있습니다. 그런데 어떤 사람이 예수님을 찾아와서 그 형제들이 소유하고 있는 하나님의 생명을 나누어 달라는 것입니다. 사람의 생명은 물론 하나님의 생명도 낳는 것이지 물건처럼 나누어 주거나 나눌 수 있는 것이 아닙니다.

그럼에도 불구하고 오늘날 목회자들은 하나님의 유일한 생명을 믿음으로 수십, 수백 혹은 수천, 수만으로 분배하여 교인들에게 나누어 주어 구원을 시키고 있습니다. 때문에 예수님은 누가 나를 제사장들이나 오늘날 목사들처럼 생명(재산)을 나누는 자로 만들었느냐고 말씀하시는 것입니다. 예수님은 이렇게 말씀을 하시고 나서 제자들에게 나는 나누는 자가 아니라 나누어진 것, 즉 분산된 것을 다시 하나로 만드는 자라고 말씀하시면서 "그렇지 않은가" 라고 제자들에게 묻는 것입니다.

오늘날 기독교회는 각 교파마다 하나님의 말씀을 가지고 각종교리를 만들어 가지고 교회를 운영하는데 이런 행위가 바로 아버지의 재산, 곧 하나님의 말씀을 가지고 자기 욕심을 채우기 위해 나누는 행위입니다. 그러나 하나님의

말씀은 일점일획이라도 가감하거나 분리하면 절대로 안 되며 말씀을 나누어 자기 것을 만드는 것은 하나님의 것을 도적질하는 행위라는 것을 알아야 합니다.

그럼에도 불구하고 오늘날 삯군목자들은 하나님의 말씀을 탈취하여 짝퉁 말씀을 만들어 죽은 영혼들을 짝퉁 상품을 찍어내듯이 하나님의 아들을 만들어 내고 있는 것입니다.

추수할 일꾼들

73. Jesus said, "The crop(harvest) is huge(great) but the workers(laborers) are few, so beg(beseech) the harvest boss to dispatch workers to the fields"

예수께서 말씀하시니라. "추수할 곡식은 (많이)있으나 일꾼이 적으니 추수할 주인에게 간청하여 밭으로 일꾼들을 보내 달라고 하여라"

[해설] 예수님은 제자들에게 추수할 곡식은 많으나 일꾼이 적으니 주인에게 청하여 일꾼을 보내달라고 하라고 말씀하십니다. 이 말씀은 누가복음 10장 1절 이하를 통해서 예수님께서 하신 말씀입니다.

[누가복음 10장 1절-3절] 이 후에 주께서 달리 칠십 인을 세우사 친히 가시려는 각동 각처로 둘씩 앞서 보내시며 이르시되 추수할 것은 많되 일군이 적으니 그러므로 추수하는 주인에게 청하여 추수할 일군들을 보내어 주소서 하라 갈찌어다 내가

너희를 보냄이 어린양을 이리 가운데로 보냄과 같도다.

　　예수님께서 말씀하시는 추수할 곡식은 유대인들과 오늘날 기독교인들을 말하며 추수할 일군들은 예수님과 사도들 그리고 오늘날 하나님의 생명으로 거듭난 아들들을 말합니다. 오늘날 예수를 구주로 믿는 하나님의 백성들은 바다의 모래수와 같이 많고 목회자들은 하늘의 별 수와 같이 많이 있습니다. 그런데 이들을 구원하여 추수할 일꾼, 즉 참 목자는 너무나 적다는 것입니다. 때문에 예수님은 하나님께 청하여 추수할 일군들을 보내달라고 기도하라는 것입니다.
　　예수님은 이들을 구원하기 위해서 제자들을 보내면서 어린양을 이리 가운데 보내는 것과 같다고 말씀하십니다. 예수님이 말씀하시는 이리는 영혼을 탈취하여 배나 더 지옥자식을 만들고 있는 오늘날 거짓선지자와 삯군목자들을 말합니다.

하나님의 백성들이 마셔야 할 물

74. He said, "Lord, there are many around the drinking trough, but there is nothing in the well(cistern)"

그가 말했다. "주여, 우물가에 많은 이들이 둘러 있으나 그 우물 안에는 마실만한 물이 없나이다"

[해설] 그는 예수님의 제자중 하나를 말합니다. 예수님의 제자중 하나가 예수님에게 우물가에 많은 사람들이 물을 먹으려고 둘러서 있으나 그 안에는 마실만한 깨끗한 물이 없다고 말합니다. 이 말씀을 알려면 먼저 사람들이 둘러서 있는 우물과 이들이 마실 물이 영적으로 어떤 물인가를 알아야 합니다. 성경에 우물과 물은 예수님께서 요한복음 4장 12절 이하를 통해서 자세히 말씀하고 있습니다.

[요한복음 4장 12절-14절] 우리 조상 야곱이 이 우물을 우리에게 주었고 또 여기서 자기와 자기 아들들과 짐승이 다 먹었으니 당신이 야곱보다 더 크니이까 예수께서 대답하여 가라

사대 이 물을 먹는 자마다 다시 목마르려니와 내가 주는 물을 먹는 자는 영원히 목마르지 아니하리니 나의 주는 물은 그 속에서 영생하도록 솟아나는 샘물이 되리라

　상기 야곱의 우물은 야곱이 돌단을 쌓아 제사를 드린 제단으로 하나님의 백성들이 제사를 드리는 성전, 즉 오늘날 교회를 말합니다. 여기서 우리 조상 때부터 물을 길어 먹는 야곱의 우물은 오늘날 교회를 말하며 하나님의 백성들이 먹는 물은 목회자들이 전하는 말씀을 비유로 말하고 있는 것입니다. 그런데 예수님은 이 물은 먹어도 다시 목마르려니와 내가주는 물은 영원히 목마르지 않다고 말씀하십니다.

　왜냐하면 제사장들이 주는 말씀은 물이며 예수님께서 주시는 말씀은 생수, 즉 생명의 말씀이기 때문입니다. 이렇게 유대인들과 사마리인들은 야곱 때부터 내려오는 성전에서 말씀을 먹으며 오늘날 기독교인들은 주일날마다 교회에서 주는 말씀을 받아먹지만 항상 목이 갈한 것입니다. 그러나 예수님이나 오늘날 하나님의 아들로 거듭난 자들이 주는 생명의 말씀을 먹으면 영원히 목마르지 않게 되는 것입니다.

때문에 많은 사람이 우물가에 둘러 앉아있지만 먹어야 할 물, 즉 생수(생명의 말씀)는 없다고 예수님에게 말씀드리고 있는 것입니다.

신부 방에 들어갈 자들

75. Jesus said, "There are many standing at the door, but those who are alone will enter the bridal suite"

예수께서 말씀하시니라. "그 문에 많은 사람들이 서있으나 홀로 된 자만이 신부 방에 들어갈 것이다"

[해설] 예수님은 그 문에 많은 사람이 서있으나 홀로된 자만 그 신부 방에 들어간다고 말씀하십니다. 오늘날 기독교인들은 남녀 공히 예수님 신랑과 결혼을 해야 할 예비 신부들입니다. 그런데 결혼을 하기 위하여 신부 방에 들어가려면 홀로된 정결한 처녀가 되어야 합니다.

    이 말은 육신적인 남편, 즉 제사장(삯군목사)과 함께 살고 있는 정결치 못한 신부는 신부 방에 들어 갈 수 없다는 뜻입니다. 때문에 예수님이 찾으시는 신부는 홀로된 나그네, 고아, 과부입니다.

    예수님께서 찾고 계신 집 없는 나그네는 애굽교회가 자신이 거할 집이 아니라는 것을 알고 세상교회를 떠나 가나

안 교회를 찾아 가는 나그네를 말하며 고아는 자신이 섬기는 목자가 자기 부모가 아니라는 것을 알고 거짓부모(거짓목자)를 떠나 자기 부모(참 목자)를 찾고 있는 자를 말하며 과부는 자신과 함께 살고 있는 남편이 진정한 남편(예수)이 아니라는 것을 깨닫고 거짓남편을 버리고 참 남편(예수신랑)을 찾고 있는 영적인 과부를 말합니다.

    이렇게 홀로된 나그네, 고아, 과부가 예수님을 만나 말씀으로 죄사함을 받고 정결한 처녀의 몸이 되면 신부단장을 하고 신부 방으로 들어가게 되는 것입니다. 이 때문에 사도바울은 죄인들을 구원하여 정결한 처녀로 만들어 그리스도에게 중매를 하신 것입니다.

    [고린도 후서 11장 2절] 내가 하나님의 열심으로 너희를 위하여 열심 내노니 내가 너희를 정결한 처녀로 한 남편인 그리스도께 드리려고 중매함이로다.

    상기의 말씀과 같이 이 세상에 수많은 하나님의 백성들이 예수신랑을 만나 결혼을 하려고 원하지만 예수님은 홀로된 나그네, 고아, 과부만을 원하시며, 설령 홀로된 자라 해도 모든 죄를 깨끗이 씻어 정결한 처녀가 되지 않으면 절

대로 결혼을 하지 않으신다는 것을 알아야 합니다.

즉 예수님은 동정녀 마리아와 같이 정결한 처녀의 몸이 되어 말씀으로 단장한 자만을 신부로 맞이한다는 것입니다. 이렇게 홀로된 자가 모든 죄를 회개하여 정결한 처녀와 같은 깨끗한 몸이 되어 세마포를 준비한 신부가 예수 신랑을 맞이하여 결혼식을 올릴 수 있는 것입니다.

그러므로 오늘날 기독교인들도 예수님을 만나 혼인잔치를 하려면 먼저 올바로 회개하고 죄 사함을 받아 정결한 처녀가 되어야만 합니다.

진주를 발견한 자

76. Jesus said, "The Father's kingdom is like a merchant who had a supply of merchandise and found a pearl. That merchant was prudent; he sold the merchandise and bought the single pearl for himself"

예수께서 말씀하시니라. "아버지의 나라는 마치 물건을 공급하다 진주 하나를 발견한 상인과 같도다. 그 장사군은 현명한지라. 그는 물건을 (모두)팔아서 자신을 위해 진주 하나를 샀느니라"

[해설] 예수님께서 아버지의 나라는 마치 물건을 공급하다가 진주를 발견한 상인과 같다고 말씀하십니다. 그 상인은 현명하기 때문에 자신이 소유한 재산을 모두 팔아서 진주 하나를 샀다는 것입니다.

진주가 얼마나 귀한 보물이기에 자기의 모든 재산을 팔아서 산단 말입니까? 진주는 바다에서 나오는 진주가 아니라 하늘의 보화인 하나님의 생명을 말합니다.

이 말씀은 마태복음 13장 45절을 통해서 예수님께서

하신 말씀을 보면 잘 알 수 있습니다.

[마태복음 13장 45절] 천국은 마치 좋은 진주를 구하는 장사와 같으니 극히 값진 진주 하나를 만나매 가서 자기의 소유를 다 팔아 그 진주를 샀느니라.

상기에 진주를 구하러 다니는 장사군은 하나님의 말씀을 찾아다니는 영적인 나그네, 고아, 과부를 말하며 극히 값진 진주는 생명의 말씀을 말합니다. 또한 장사꾼이 소유하고 있는 재물은 그동안 교회를 통해서 받은 말씀들을 말하고 있습니다. 그러므로 장사꾼이 자신의 소유를 모두 팔아서 진주를 샀다는 것은 그동안 교회의 목사님을 통해서 소유하고 있던 말씀들을 모두 버리고 극히 값진 생명의 말씀을 샀다는 뜻입니다.

그러므로 오늘날 기독교인들은 자신이 소유하고 있는 말씀이 어떤 말씀인지 그리고 극히 값진 생명의 말씀은 어느 곳에 있는지 알아야 합니다.

영원히 변하지 않는 보물

"So also with you, seek his treasure that is unfailing, that is enduring, where no moth comes to eat and no worm destroys"

"너희도 그와 같이 영원히 변하지 않는 그의 보물을 찾아라. 그곳은 좀도 먹으러 오지 않고 벌레도 해치지 않는다"

[해설] 예수님은 너희도 지혜로운 상인과 같이 영원히 변하지 않는 보물을 찾으라고 말씀하십니다. 그 보물은 좀도 먹지 않고 벌레도 해치지 않는다는 것입니다. 그러면 영원히 변하지도 않고 좀이나 벌레도 먹지 않는 그의 보물은 어느 곳에 있으며 무엇을 말하는 것일까요? 예수님께서 말씀하시는 영원히 변치 않는 보물은 바로 산 자들 안에 있는 하나님의 생명, 곧 생명의 말씀을 말합니다. 때문에 하나님의 생명으로 거듭난 하나님의 아들들 안에 있는 말씀은 좀이나 벌레가 해하지 못하고 도적들도 훔쳐가지 못합니다.

그러므로 하나님의 백성들은 세상의 재물을 창고에 쌓을 것이 아니라 자신의 마음속에 생명의 말씀을 채워야 하

는 것입니다. 그런데 유대인들이나 오늘날 기독교인들은 물론 예수님의 제자들도 그 보화가 무엇인지 그리고 생명의 말씀이 어느 곳에 있는지 모르고 있는 것입니다.

　　하나님의 보물은 생명의 말씀으로 예수님과 오늘날 하나님의 생명으로 거듭난 자들 안에 있습니다. 예수님은 하나님의 아들로서 하늘의 모든 보화를 소유하고 계신분이십니다. 그러므로 하나님이 주시는 보화를 찾기 위해 간절히 구하고 찾고 두드리면 반드시 보화가 나타날 것입니다.

나무토막 속에 계신 예수님

77. Jesus said, "I am the light that is over all things. I am all: from me all came forth, and to me all attained.
Split a piece of wood; I am there.
Lift up the stone, and you will find me there"

예수께서 말씀하시니라. "나는 모든 것들 너머(초월된)에 있는 빛이다. 나는 모두(완전)이니라. 나로부터 모든 것이 나왔고 모든 것이 나에게서 완성(도달)되었다.
나무토막을 쪼개 보라. 내가 그곳에 있느니라. 돌을 들어 올려 보라. 너희가 그곳에서 나를 발견하리라"

[해설] 예수님께서 나오는 빛은 모든 것을 초월해 있는 영원한 빛이며 완전한 빛이라고 말씀하십니다. 또한 모든 것은 나로부터 나왔고 나에게서 모든 것이 완성된다고 말씀하고 있습니다.
예수님께서 이렇게 말씀하시는 이유는 예수님은 빛이요 생명이요 창조자로서 죽은 영혼들을 구원하고 말씀으로

창조하여 하나님의 아들을 만드시기 때문입니다. 예수님은 요한복음 1장 1절 이하를 통해서 이렇게 말씀하십니다.

[요한복음 1장 1절-4절] 태초에 말씀이 계시니라 이 말씀이 하나님과 함께 계셨으니 이 말씀이 곧 하나님이시라 그가 태초에 하나님과 함께 계셨고 만물이 그로 말미암아 지은바 되었으니 지은 것이 하나도 그가 없이는 된 것이 없느니라 그 안에 생명이 있었으니 이 생명은 사람들의 빛이라.

인간들은 처음에 하나님에 의해서 흙으로 만들어졌고 예수님은 흙(육신)으로 만들어진 육신의 존재들을 다시 말씀으로 창조하여 하나님의 아들로 완성시키는 것입니다. 이 때문에 예수님은 모든 것이 나로부터 나왔고 나에게서 완성되어진다고 말씀하시는 것입니다.

이어지는 말씀은 "나무토막을 쪼개보라 내가 그곳에 있고 돌을 들어 올려보라 너희가 그곳에서 나를 발견할 것이다"라는 말씀입니다. 예수님이 하시는 말씀의 영적인 의미를 모르면 정말 예수님이 나무토막 속에도 계시고 돌 속에도 계시다고 생각하고 그렇게 믿을 수밖에 없습니다. 그러나 예수님이 하시는 말씀은 모두가 비유며 비사이기 때

문에 말씀 속에 깊이 숨겨진 비밀을 알지 못하면 예수님께서 하신 말씀들을 알 수가 없습니다.

나무토막은 죽은 나무를 말하는데 예수님이 말씀하시는 영적인 죽은 나무는 하나님의 생명이 없는 하나님의 백성들을 말합니다. 그런데 나무를 쪼개면 예수님이 그 곳에 있다는 것은 아직 하나님의 생명이 없는 혼적 존재가 깨지고 부서져 완전히 죽으면 그 곳에서 예수님의 생명이 나타난다는 뜻입니다. 이 말은 혼적존재가 죽으면 영(성령)으로 부활한다는 뜻입니다. 이 때문에 예수님께서 죽은 자들 가운데서 부활하신다고 말씀하시는 것입니다.

이어지는 말씀은 "돌을 들어 올려보라 너희가 그곳에서 나를 발견하리라"는 말씀입니다. 돌 역시 일반적인 돌을 말하는 것이 아니라 하나님의 말씀을 비유로 말하고 있습니다. 그런데 돌도 죽은 돌이 있고 산 돌이 있습니다.

죽은 돌은 돌비, 즉 죽은 자들의 입에서 나오는 말씀을 말하며 산 돌은 심비, 즉 산 자들의 입에서 나오는 생명의 말씀을 말합니다. 그러므로 돌을 들어 올린다는 것은 생명의 말씀으로 죽은 영혼을 살려서 하나님의 아들로 거듭나게 한다는 뜻입니다.

이렇게 죽은 존재가 하나님의 말씀으로 거듭나 하나님

의 아들이 되면 자신 안에 계신 예수님을 보게 되는 것입니다.

이렇게 죽은 자들이 산 자가 주는 생명의 말씀을 먹고 살아나면 영안이 열려 예수님을 볼 수 있고 말씀 속에 감추어져 있는 영적인 비밀도 볼 수 있다는 뜻입니다.

너희가 무엇을 보려고 광야에 나왔느냐?

78. Jesus said, "Why have you come out to the countryside? To see a reed shaken by the wind? And to see a person dressed in soft clothes, [like your] rulers and your powerful ones? They are dressed in soft clothes, and they cannot understand truth"

예수께서 말씀하시니라. "왜 너희가 광야로 나와 있느냐? 바람에 흔들리는 갈대를 보기 위함이냐? 너희의 통치자와 권세 자들처럼 부드러운 옷을 입고 있는 자를 보기 위함이냐? 그들은 부드러운 옷을 입고 있으나 그들은 진리를 깨닫지 못한 자니라"

[해설] 예수님은 너희가 무엇 때문에 그리고 무엇을 보려고 광야로 나와 있느냐고 물으시면서 "너희가 바람에 흔들리는 갈대를 보기 위해서이냐 아니면 너희의 통치자와 권세 자들처럼 부드러운 옷을 입고 있는 자를 보기 위함이냐"라고 말씀하십니다. 그들은 부드러운 옷을 입고 있으나 진리를 깨닫지 못한 자라고 말씀하고 있습니다.

　예수님께서 말씀하시는 바람에 흔들리는 갈대는 세상 풍조, 즉 기복신앙에 미혹되어 마음이 요동하는 존재들을 말합니다. 또한 부드러운 옷을 입고 있는 너희의 통치자와 권세 자들은 국가의 원수나 장관들을 말하는 것이 아니라 가감된 말씀을 가지고 영적 권세를 잡고 있는 목회자들을 말합니다.

　그런데 이들은 교인들이 먹기에 부드러운 말씀(교리)을 가지고 왕 노릇은 하나 진리는 깨닫지 못한 자라고 말씀하십니다. 즉 이들은 젖이나 죽과 같이 부드러운 말씀(교리)은 소유하고 있으나 의의 말씀이나 영적인 말씀은 전혀 모른다는 것입니다.

　예수님께서 이런 자들은 하나님의 아들이 주는 생명의 말씀은 귀가 있어도 듣지 못하고 눈이 있어도 보지 못하고 마음이 있어도 깨닫지 못한다고 말씀하십니다.

　하나님의 백성들이 출애굽을 하여 광야로 나가는 것은 모세와 같은 선지자를 만나려는 것입니다. 광야로 나온 자들이 모세와 같은 선지자를 만날 때 올바른 광야의 훈련을 받고 가나안으로 들어가 예수님을 만나 생명의 말씀을 먹게 되는 것입니다.

예수님을 잉태한 자궁

79. A woman in the crowd said to him, "Lucky are the womb that bore you and the breasts that fed you"

He said to [her], "Lucky are those who have heard the word of the Father and have truly kept it. For there will be days when you will say, 'Lucky are the womb that has not conceived and the breasts that have not given milk"

무리 중에 한 여자가 예수에게 말하되, "당신을 잉태한 자궁(태)과 당신을 먹였던 유방이 복되도다" 예수가 그녀에게 대답했다, "아버지의 말씀을 듣고 그 말씀을 진실로 지키는 자가 복된 자다. 왜냐하면 너희가 임신하지 않은 자궁(태)과 젖을 주지 않던 유방이 복되다 말할 날들이 있게(오게) 될 것이기 때문이다"

[해설] 무리 가운데 한 여자가 예수님에게 당신을 잉태한 자궁과 당신을 먹였던 젖이 복되다고 말합니다.

예수님은 이 말씀을 듣고 그녀에게 진정한 복된 자는

아버지의 말씀을 듣고 그 말씀을 진실로 지키는 자라고 말씀하고 있습니다.

왜냐하면 너희가 아버지의 말씀을 듣고 지킨다면 그때 임신하지 않은 자궁과 젖을 주지 않은 유방이 복되다는 것을 알게 될 것이기 때문이라는 것입니다.

예수님을 잉태한 배와 예수님에게 젖을 먹였던 여인은 예수의 어머니 마리아를 말합니다. 그런데 예수님은 지금 예수님을 잉태한 배와 젖을 먹였던 마리아보다 복된 사람은 하나님의 말씀을 듣고 잘 지키는 자라고 말씀하는 것입니다.

예수님께서 이렇게 말씀하시는 것은 육신의 아기를 잉태한 자나 육신의 젖을 먹인 자가 복된 것이 아니라 하나님의 아들로 거듭나 생명의 말씀을 먹이는 자가 진정한 복된 자이기 때문입니다.

예수님께서 임신하지 않은 자궁과 젖을 주지 않은 유방이 복된 자라고 말할 날이 온다고 말씀하시는 것은 삯군목자들이 교인들을 교리로 잉태시키며 하나님의 말씀을 가감시켜 만든 각종교리를 먹이고 있기 때문에 이러한 비진리를 먹이거나 잉태시키지 않은 자들이 복되다고 말씀하시는 것입니다.

그럼에도 불구하고 지금도 삯군목자들은 교인들에게 비진리를 먹여 잉태시키고 교인들은 그들이 주는 교리를 양식으로 먹으며 지옥으로 가고 있는 것입니다.

80. Jesus said, "Whoever has come to know the world has discovered the body, and whoever has discovered the body, of that one the world is not worthy"

예수께서 말씀하시니라. "누구든지 세상(인생)을 알게 된 자는 육체(자기존재)를 발견한(깨달은) 자이며 자신의 존재를 깨달은 자는 어느 누구나 세상에 가치(소망)를 두지 않는다"

[해설] 예수님은 어느 누구나 세상을 알게 된 자는 자신(몸)을 발견한 자이며 자신의 존재를 깨달은 자는 세상에 가치를 두지 않는다고 말씀하십니다.

이 말은 자신의 존재를 발견한 자는 어느 누구나 세상이 무상하다는 것을 깨닫게 되어 세상에 소망을 두지 않는다는 뜻입니다. 그런데 신앙생활을 하면서도 세상의 미련을 버리지 못하고 오히려 욕심을 채우려 하는 자들은 하나님은 물론 자신의 존재도 모르고 있는 자들입니다.

이렇게 하나님의 말씀을 통해서 자신의 존재를 발견한 자들은 이 세상이 안개와 같이 무상하다는 것을 깨닫게 되어 소망이나 가치를 이 세상에 두지 않게 됩니다.

그런데 자신의 존재를 아는 것은 하나님의 말씀을 알기보다 더 어렵다는 것을 알아야 합니다. 사람들이 욕심에 사로잡혀 죄 속에서 벗어나지 못하고 살다가 지옥으로 들어가게 되는 것은 모두 자신의 존재를 발견하지 못했기 때문입니다. 그러므로 인간들이 자신의 존재를 발견하려면 먼저 예수를 믿고 그의 가르침을 받아야 합니다.

왜냐하면 사람들은 어둠이고 예수님은 빛이기 때문입니다. 이 말은 어둠이 빛을 받지 않고는 자신의 존재를 볼 수도 없고 알 수도 없고 깨달을 수도 없다는 뜻입니다.

81. Jesus said, "Let one who has become wealthy(word) reign, and let one who has power(world) renounce"

예수께서 말씀하시니라. "부유하게 된 자로 다스리게 하고 권세를 가진 자는 물러나게 하라"

[해설] 예수님은 부유하게 된 자로 다스리게 하고 권세 있는 자는 물러나게 하라고 말씀하십니다. 이 말씀은 하늘(말씀)에 부유하게 된 자로 다스리게 하고 땅(세상)에 권세 있는 자에게서 벗어나라는 뜻입니다. 왜냐하면 하나님의 백성들은 말씀에 부유한 자(생명의 말씀을 소유하고 있는 자)를 믿고 따르는 것이지 세상의 권세를 잡은 자, 곧 가감된 말씀으로 교회의 권세를 가진 목회자를 따르는 것이 아니기 때문입니다.

그럼에도 불구하고 예수님이나 오늘날 하나님의 아들로 거듭난 자들의 말씀은 외면하고 세상교회의 권세를 잡고 있는 목회자들의 말씀을 믿고 따르는 것입니다.

예수님이나 사도들이 유대인들에게 외면을 당하고 유대교회에 발을 들여놓을 수도 없었던 것은 세상의 권세를

잡고 있는 제사장들 때문이었습니다. 이것은 오늘날 기독교 안에서도 동일하게 일어나고 있는 일들입니다.

때문에 예수님은 하나님의 백성들에게 생명의 말씀에 부요한 자를 따르고 비진리(교리)를 가지고 세상의 권세를 잡고 있는 자에게서 떠나라는 것입니다.

나에게 가까이 있는 자는 불에 가까이 있는 것이다.

82. Jesus said, "Whoever is near me is near the fire, and whoever is far from me is far from the kingdom(heaven)"

예수께서 말씀하시니라. "누구든지 나에게 가까이 있는 자는 불(고난)에 가까이 있는 것이요, 누구든지 나에게서 멀어지는 자는 그 나라(천국)로부터 멀어지는 자다"

[해설] 예수님은 누구든지 나에게 가까이 있는 자는 불에 가까이 있는 것이요 누구든지 나에게서 멀어지는 자는 그 나라(천국)로부터 멀어지는 자라 말씀하고 있습니다. 이 말씀은 아무리 보고 생각을 해도 이해할 수 없는 말씀이라 생각합니다. 왜냐하면 예수님께 가까이 가는 것은 불에 가까이 가는 것이며 예수님께 멀어지는 자는 천국으로부터 멀어지는 자라고 말씀하고 있기 때문입니다. 결국 예수님께 가까이 가도 안 되고 예수님과 떨어져도 안 된다는 것입니다. 그러면 예수님과 거리를 적당이 두고 떨어져 있으라는 말로도 오해할 수 있습니다. 그러나 이 말씀은 그러한 뜻이

아닙니다. 예수님이나 성경이 말씀하시는 불은 고통과 시련을 말하고 있습니다.

그러므로 예수님께 가까이 가는 자는 모두 고통을 받게 된다는 말씀입니다. 왜냐하면 예수님께 가까이 가려면 자신을 부인하고 예수님이 지고 가셨던 고난의 십자가를 지고가야 하기 때문입니다. 이 십자가의 길은 눈물 없이 피 없이 그리고 죽음 없이는 갈 수 없는 고난의 길이며 곧 생명의 길입니다. 그런데 이 고난의 십자가를 지기가 두려워 예수님에게서 멀어진다면 천국으로부터 멀어지는 것을 말합니다. 예수님께서 천국으로 가는 생명의 길이 좁고 협착하여 찾는 이 조차 적다고 말씀하신 것은 바로 이 때문입니다.

때문에 오늘날 기독교인들은 고난 없이, 죽음 없이 천국을 갈 수 없다는 참 목자의 말은 외면을 하고 예수를 믿기만 하면 천국을 간다는 삯군목자들을 따라 넓고 평탄한 멸망의 길을 가고 있는 것입니다. 이렇게 예수님께서 인도하시는 좁고 협착한 생명의 길이 힘들다하여 삯군목자들이 인도하는 쉽고 평탄한 멸망의 길을 따라가는 자들은 천국과 더욱더 멀어진다는 것입니다.

83. Jesus said, "Images are visible to people, but the light within them is hidden in the image of the Father's light. He will be disclosed, but his image is hidden by his light"

예수께서 말씀하시니라. "형상은 사람에게 분명하게 드러나지만 사람들 안에 있는 빛은 아버지 빛의 형상 안에 감추어져 있다. 그는 드러날 것이지만 그의 형상은 그의 빛에 의해 감추어져 있다"

[해설] 형상은 사람에게 드러나지만 그 형상 안에 있는 빛은 아버지의 형상 안에 있는 빛에 감추어져 있다고 말씀하십니다. 이 말씀은 예수님의 형상, 즉 자신의 인성과 외모는 사람에게 드러나지만 자신 안에 있는 신성과 성령은 하나님의 빛(말씀)안에 감추어져 있다는 것입니다.

유대인들은 물론 예수님의 제자들이나 그의 형제들도 예수님이 하나님의 아들이며 구원자라는 것을 알아보지 못한 것은 바로 이 때문입니다. 때문에 예수님께서 이스라엘의 선생인 니고데모에게 네가 거듭나지 아니하면 하나님의 나라(예수님)를 보지 못한다고 말씀하신 것입니다. 이어지는 말씀에 그는 드러날 것이지만 그의 형상은 그의 빛에 감

추어져 있다는 말씀입니다. 이 말씀에 그는 예수님 자신을 말하며 그의 형상은 예수님의 신성, 곧 생명의 말씀을 말하는데 생명의 말씀은 하나님에 의해 감추어져 있다는 것입니다. 때문에 하나님의 백성들이라 해도 아직 거듭나지 못한 자들은 하나님의 말씀을 아무리 많이 듣고 보아도 그 속에 감추어져 있는 영적인 의미는 알 수가 없는 것입니다. 왜냐하면 하나님이 깊이 감추어 놓은 것은 사람들이 찾을 수 없기 때문입니다.

유대인들은 물론 예수님을 믿고 따르던 예수님의 제자들도 예수님께서 말씀을 풀어주지 않으면 영적인 의미를 알 수 없었던 것은 바로 이 때문입니다. 그러므로 오늘날 기독교인들이 성경을 날마다 읽고 성경공부를 열심히 하며 또한 목사님들이 신학교를 나와 신학박사가 되어도 성경 속에 감추어진 영적인 뜻은 알 수가 없는 것입니다.

예수님이 이 세상에 구원자로 오셔야 하고 지금도 실존으로 계시지 않으면 안 되는 것은 바로 이 때문입니다. 왜냐하면 오늘날 살아계신 예수가 없으면 오늘날 기독교인들은 구원을 받을 수 없고 죄 사함도 받을 수 없기 때문입니다.

인생무상

욕망에 사로잡혔던
허수아비 인생

시절을 좇아 끌려다니며
만족하지 못한 생의 바퀴속에서
늘어진 불평과 불만의 불꽃을 튕기며
불꽃놀이 하던 때가 엊그제

타다만 잿더미속에
이리저리 뒹굴며 발끝에 채이다가
작은 불씨하나 만나서
모두 태워버리고

이제야 잿가루 되어
불어오는 바람에 흩날리고
욕정의 자취도 그림자도 사라져버리고
텅빈자리에 다가온
소리없는 그대 고요하여라

철죽꽃

삼각산 기슭에
함빡웃고 있는 철쭉꽃
지나가는
우리들을 환영하며
반겨주네

그냥 지나칠수 없어
철쭉꽃 옆에 앉아
잠시 속삭였지
우리들을 기쁘게 하려고
눈보라 비 바람속에서
긴 긴 겨울을 기다렸느냐고

철쭉은 방긋 웃으며
내게 속삭인다
기다림과 참음과 견딤이 없이는
당신들을 기쁘게 할 수 없다고…

9.
전생을 말씀하시는 예수님

오늘날 기독교인들이
만일 현생에 자신의 모습을
정확히 볼 수 있다면
전생에 자신의 모습과
내생에 나타날 자신의 모습까지도
볼 수 있습니다.

84. Jesus said, "When you see your likeness, you are happy. But when you see your images that came into being before you and that neither die nor become visible, how much you will have to bear!"

예수께서 말씀하시니라. "너희가 너희의 모습(화상)을 볼 때에 너는 기뻐하지만, 너희가 죽은 것도 아니고 드러난 것도 아닌 전생에 존재하던 너의 형상(혼)을 볼 때 너희가 얼마나 감당할 것인가"

[해설] 예수님은 기독교회와 기독교인들이 부정하고 있는 전생에 대해서 말씀하고 있습니다. 예수님은 복음서를 통해서도 이미 전생에 대해서 말씀하셨고 성경 여러 부분을 통해서 전생에 대하여 말씀하고 있습니다. 그런데 하나님과 예수님을 믿는 기독교회가 예수님이 하신 말씀을 부정하는 것은 곧 예수님을 부정한다는 것입니다. 예수님께서 말씀하신 전생과 윤회에 대한 말씀을 살펴보기로 하겠습니다.

[말라기서 4장 5절-6절] 보라 여호와의 크고 두려운 날이 이르기 전에 내가 선지 엘리야를 너희에게 보내리니 그가 아비의

마음을 자녀에게로 돌이키게 하고 자녀들의 마음을 그들의 아비에게 돌이키게 하리라.

말라기 선지자를 통해서 선지자 엘리야가 다시 온다고 예언하였으며 예언한대로 전생에 존재하던 엘리야 선지자가 예수님 당시에 세례요한의 몸을 입고 다시 오신 것입니다. 때문에 예수님은 너희가 오리라하고 기다리는 엘리야가 이미 요한의 몸을 입고 왔다고 말씀하신 것입니다. 그런데 예수님의 이러한 말씀, 즉 전생에 대한 말씀은 들을 귀가 없는 자들은 들을 수가 없다는 것입니다. 때문에 예수님께서 내가 하는 말은 들을 귀가 있는 자들만 들으라고 말씀하신 것입니다.

[마태복음 11장 14절] 만일 너희가 즐겨 받을찐대 오리라 한 엘리야가 곧 이 사람이니라 귀 있는 자는 들을 찌어다.

[마태복음 17장 11절-14절] 예수께서 대답하여 가라사대 엘리야가 과연 먼저 와서 모든 일을 회복하리라 내가 너희에게 말하노니 엘리야가 이미 왔으되 사람들이 알지 못하고 임의로 대우하였도다. 인자도 이와 같이 그들에게 고난을 받으리라 하

시니 그제야 제자들이 예수의 말씀하신 것이 세례 요한인 줄을 깨달으니라.

　예수님은 너희가 현재 너희의 현재의 모습을 보고 기뻐하지만 너희가 죽은 것도 아니고 산 것도 아닌 존재 곧 전생에 존재하던 자신의 모습을 볼 때 너는 어떻게 감당할 수 있느냐고 말씀하십니다.
　오늘날 기독교인들은 이 말씀을 이해할 수 없고 받아들일 수도 없다고 생각합니다. 왜냐하면 기독교인들은 내생이 있다는 것은 믿으나 전생이 있다는 것은 부정을 하고 있기 때문입니다. 이런 말씀 때문에 기독교인들은 도마복음을 이단시하며 예수님의 말씀으로 인정을 하지 않습니다. 그런데 상기와 같이 예수님은 전생에 대한 말씀을 도마복음서 에서만 말씀하신 것이 아니라 복음서를 통해서도 말씀하고 있는 것입니다.
　결국 기독교인들이 전생에 대한 말씀을 부정하고 이단시하는 것은 곧 예수님과 하나님을 이단이라 말하는 것과 같습니다. 때문에 예수님은 너희가 현실에 존재하는 모습만 보고 좋아하지만 "너희가 전생의 네 모습을 본다면 어떻게 감당하려고 하느냐"라고 말씀하시는 것입니다.

　오늘날 기독교인들이 만일 현생에 자신의 모습을 정확히 볼 수 있다면 전생에 자신의 모습과 내생에 나타날 자신의 모습까지도 볼 수 있습니다. 그런데 자신이 어디로부터 왔으며 어디로 가는지도 모르면서 전생을 부정하고 있는 것은 아직 자신의 존재 자체도 모르고 있다는 증거입니다.
　(전생과 윤회는 의증서원에서 출간한 "성경에 나타난 전생과 윤회의 비밀"에 자세히 기록되어 있음)

아담이 소유한 부요

85. Jesus said, "Adam came from great power and great wealth, but he was not worthy of you. For had he been worthy, [he would] not [have tasted] death"

예수께서 말씀하시니라. "아담이 큰 힘과 큰 부요함(하나님)으로부터 왔지만 아담은 너희만큼 가치(말씀) 있는 존재가 아니다. 그가 가치(말씀) 있는 존재라면 죽음을 맛보지 않았으리라"

[해설] 예수님은 아담이 큰 힘과 큰 부요함으로부터 왔지만 그는 너희만큼 가치가 있는 존재가 아니라 말씀하십니다. 왜냐하면 그가 가치가 있는 존재였다면 죽음을 맛보지 않았을 것이기 때문입니다. 아담은 인류의 조상이며 모든 만물을 정복하고 다스릴 권세를 받은 자로서 각종 동물에 이름을 붙여 줄만큼 큰 권능과 부를 누릴 수 있는 위치에 있었습니다.

그러나 뱀의 미혹을 받아 하나님께서 먹지 말라고 명하신 선악과를 먹음으로 말미암아 죽게 된 것입니다. 때문에

예수님은 그의 제자들이 아담보다 가치 있는 존재라 말씀하시는 것입니다.

　왜냐하면 예수님의 제자들은 아담과 같은 권능과 부는 없지만 영원한 하나님의 생명을 소유하고 있기 때문입니다.

머리 둘 곳도 없는 예수님

86. Jesus said, "[Foxes have] their dens and birds have their nests, but human beings have no place to lay down and rest"

예수께서 말씀하시니라. "여우도 그들의 굴이 있고 새들도 그들의 둥지가 있으나 인자는 누워서 쉴 곳이 없도다"

[해설] 예수님은 여우들도 그들이 거하는 굴이 있고 새들도 그들의 둥지가 있는데 인자는 누워서 쉴 곳도 없다고 말씀하십니다.

이 말씀은 예수님께서 마태복음 8장 20절을 통해서 하신 말씀입니다. 그런데 예수님께서 말씀하시는 여우와 새는 무엇을 비유하여 말씀하시는 것일까요? 여우는 애굽의 목자를 말하며 새는 광야의 목자를 말합니다. 또한 굴과 둥지는 애굽교회와 광야의 교회를 말하고 있습니다. 그러면 예수님이 머리 둘 처소는 어느 곳을 말할까요?

예수님이 거하실 처소는 외적으로는 하나님의 교회들이지만 영적으로는 하나님의 집이 건축된 하나님의 백성들입

니다. 즉 예수님이 거하실 처소는 건물교회들이 아니라 하나님의 말씀으로 건축된 성도들 안이라는 것입니다.

예수님은 유대인들 가운데 자신이 들어가 안식할 곳이 없어서 열두 제자를 취하여 삼년반 동안 그들 안에 말씀으로 성전을 건축하고 제자들안으로 들어가 안식하게 되신 것입니다.

[고린도전서 3장16절-17절] 너희가 하나님의 성전인 것과 하나님의 성령이 너희 안에 거하시는 것을 알지 못하느뇨 누구든지 하나님의 성전을 더럽히면 하나님이 그 사람을 멸하시리라 하나님의 성전은 거룩하니 너희도 그러하니라.

상기의 말씀을 보면 말씀으로 거룩하게 된 사람이 곧 성령이 거하실 하나님의 성전이라는 것을 알 수 있습니다. 그러므로 하나님의 백성들이 자신의 더러운 마음을 말씀으로 깨끗이 씻어 거룩하게 되면 하나님이 들어와 안식하시는 것입니다.

그런데 마음을 더럽히게 되면 하나님이 그 사람을 멸하신다는 것입니다. 이와 같이 예수님이 거하실 처소는 오늘날도 말씀으로 거룩하게 된 기독교인들이라는 것을 알아야

합니다. 그런데 예수님은 지금도 거룩하게 된 하나님의 백성들이 없어 머리 둘 곳 하나 없다고 한탄하고 계시는 것입니다.

87. Jesus said, "How miserable is the body that depends on a body, and how miserable is the soul that depends on these two"

예수께서 말씀하시니라. "한 몸에 의지하는 그 육체는 얼마나 가련한가, 또 이 둘에 의지하는 그 영혼은 얼마나 가련한가"

[해설] 예수님은 한 몸에 의지하는 사람은 가련하다고 말씀하시면서 다시 둘에 의지 하는 영혼은 얼마나 가련한가 하시며 한탄하십니다. 예수님께서 말씀하시는 하나와 둘은 86절의 여우와 새를 말합니다. 즉 예수님이 말씀하시는 하나는 육에 속한 애굽의 목자를 말하고 둘은 혼에 속한 광야의 목자를 말합니다.

그런데 하나님의 백성들이 믿고 의지해야 할 목자는 셋인 가나안의 목자를 말합니다. 즉 하나님의 백성들이 믿고 의지해야 할 목자는 가나안에 계신 예수님입니다. 왜냐하면 애굽의 목자는 하나님의 백성들을 교리와 기복으로 인도하는 육적 존재이며 광야의 목자는 율법과 지식으로 인도하는 혼적 존재이며 가나안의 목자는 진리와 생명으로 인도하는 영적존재이기 때문입니다.

그런데 하나님의 백성들이 애굽의 목자와 광야의 목자는 잘 믿고 의지하면서 가나안의 목자인 예수님은 오히려 배척을 하고 있는 것입니다. 이것은 오늘날도 동일하게 일어나고 있는 일들입니다.

왜냐하면 오늘날 기독교인들도 세상의 거짓목회자들은 잘 믿고 의지 하면서 하나님이 보내주시는 참 목자는 이단으로 배척을 하고 있기 때문입니다. 이 때문에 예수님은 지금도 이런 삯군목자와 거짓선지자들을 믿고 따르는 하나님의 백성들을 바라보시고 "얼마나 가련한가" 하시면서 한탄을 하시는 것입니다.

88. Jesus said, "The messengers and the prophets will come to you and give you what belongs to you. You, in turn, give them what you have, and say to yourselves, 'When will they come and take what belongs to them?'"

예수께서 말씀하시니라. (하나님의) "사자들과 선지자들이 너희에게 와서 너희에게 속한(필요한) 것을 줄 것이다. 너희가 가진 것을 그들에게 돌려주어야 한다. 너희 스스로 말하되, 언제 그들이 와서 그들에게 속한 것을 취할 것인가?"

[해설] 예수님은 하나님의 사자들과 선지자들이 너희에게 올 것이며 그들은 너희에게 필요한 것을 줄 것이라 말씀하십니다. 그런데 그들이 주는 것을 받은 자들은 자신이 소유하고 있는 것을 그들에게 돌려주어야 한다는 것입니다. 그러면 하나님의 사자들과 선지자들이 주는 것은 무엇이며 하나님의 백성들이 돌려 드려야 하는 것은 무엇인가요?

하나님의 사자들과 선지자들이 주는 것은 하나님의 말씀(생명)이며 하나님의 말씀을 받은 자들이 다시 하나님의 사자와 선지자들에게 돌려드려야 할 것은 변화된 자신의

마음입니다.

　하나님께서 하나님의 사자와 선지자들을 끊임없이 보내주시는 것은 하나님의 말씀을 통해서 더러운 마음을 깨끗이 닦고 하나님의 생명으로 거듭나게 하기 위함입니다. 때문에 하나님의 백성들은 자신들을 구원하여 주실 선지자와 메시야(예수)가 다시 오시기를 기다리고 있는 것입니다. 그런데 하나님께서 보내주시는 선지자와 하나님의 아들(예수)은 이미 하나님의 백성들 가운데 오셔서 계신 것입니다.

　[히브리서 13장 1절-2절] 형제 사랑하기를 계속하고 손님 대접하기를 잊지 말라 이로써 부지중에 천사들을 대접한 이들이 있었느니라.

　상기에서 말씀하고 계신 천사는 바로 하나님께서 구원자로 보내주시는 하나님의 아들들을 말하고 있습니다.
　하나님의 천사들은 우리 가운데 오셔서 계시지만 영안이 없어 그가 하나님의 아들인 줄을 모르고 있는 것입니다. 왜냐하면 자신도 이미 하나님의 아들이 되어 있기 때문에 아들에 대해서는 관심이 없기 때문입니다.
　그러므로 하나님의 백성들은 오늘날 하나님이 보내주시

는 하나님의 아들이나 선지자는 믿지 않고 오히려 이단으로 배척을 하고 있는 것입니다. 그러면서도 하나님께서 언제나 하나님의 아들과 선지자들을 보내주셔서 우리를 구원할 것인가? 하며 걱정을 하고 있다는 것입니다.

하나님의 백성들이 하나님께서 보내주시는 구원자나 선지자들을 모르고 배척하는 것은 잘못된 교리와 전통신앙으로 의식화된 더러워진 마음 때문입니다. 때문에 오늘날 기독교인들은 하나님의 아들을 기다릴 것이 아니라 날마다 회개를 하며 하나님의 말씀으로 돌아가야 합니다.

잔의 겉만 닦고 있는 자들

89. Jesus said, "Why do you wash the outside of the cup? Don't you understand that the one who made the inside is also the one who made the outside?"

예수께서 말씀하시니라. "너희는 왜 잔의 바깥만 닦느냐? 너희는 안을 만든 이가 밖도 만드셨다는 것을 깨닫지 못하느냐?"

[해설] 예수님께서 너희는 왜 잔의 밖만 닦고 있느냐고 말씀하시면서 너희는 밖을 만드신 이가 안도 만드셨다는 것을 왜 깨닫지 못하느냐고 말씀하십니다. 이 말씀은 예수님께서 마태복음 23장 25절 이하를 통해서 하신 말씀입니다.

[마태복음 23장 25절-28절] 화 있을찐저 외식하는 서기관들과 바리새인들이여 잔과 대접의 겉은 깨끗이 하되 그 안에는 탐욕과 방탕으로 가득하게 하는도다 소경된 바리새인아 너는 먼저 안을 깨끗이 하라 그리하면 겉도 깨끗하리라 화 있을찐저 외식하는 서기관과 바리새인들이여 회칠한 무덤 같으니 겉으로

는 아름답게 보이나 그 안에는 죽은 사람의 뼈와 모든 더러운 것이 가득하도다.

상기의 말씀은 예수님께서 외식하는 서기관과 바리새인들에게 하시는 말씀입니다. 그러면 외식하는 서기관과 바리새인들은 오늘날 어느 누구를 말하는 것일까요? 오늘날 서기관은 성경을 해석하고 기록하는 신학자와 신학교 교수들을 말하며 바리새인들은 말씀대로 살아간다는 목회자와 장로들을 말하고 있습니다.

예수님께서 이들에게 외식하는 자들이라고 말하는 것은 아직 거듭나지 못한 죄인들이 하나님의 아들 행세를 하고 있기 때문입니다. 이들은 하나님의 아들로 거듭난 자들이 아니라 하나님의 아들이라는 것을 스스로 믿고 있는 자들입니다. 왜냐하면 이들은 예수님의 말씀과 같이 겉으로는 의인인 척 혹은 하나님의 아들인 척 하지만 그 안에는 욕심과 탐심이 가득하기 때문입니다.

예수님은 서기관과 바리새인들에게 회칠한 무덤 같다고 하시면서 그 안에는 죽은 사람의 뼈와 모든 더러운 것이 가득하다고 말씀하십니다. 예수님께서 말씀하시는 서기관과 바리새인은 오늘날 하나님의 생명이 없는 신학자들과 삯군

목자들을 말하는데 이들이 회칠한 무덤 같다는 것은 아직 거듭나지 못한 죄인들이 광명의 천사로 가장을 하고 있기 때문입니다. 또한 그들 안에 죽은 사람의 뼈와 모든 더러운 것이 가득하다는 말씀은 그들 안에 죽은 사람의 영혼들, 즉 각종 더러운 귀신들이 가득하다는 말입니다. 이 때문에 예수님은 겉만 깨끗이 하지 말고 속도 깨끗이 하라고 말씀하시는 것입니다.

하나님은 흙으로 사람의 몸을 만드신 후 하나님의 말씀을 통해서 육일 동안 창조하여 하나님의 아들을 만드시는 것입니다. 때문에 너희 밖을 만드신 이가 너희의 안도 만드신다는 것을 왜 깨닫지 못하느냐고 질책하시는 것입니다.

지기에 편안한 예수님의 멍에

90. Jesus said, "Come to me, for my yoke is comfortable and my lordship is gentle, and you will find rest for yourselves"

예수께서 말씀하시니라. (너희는) "내게로 오라. 이는 나의 멍에는 편하고 나의 다스림(통치)은 온유함이라. 너희는 너희 자신을 위한 안식을 찾게 될 것이다"

[해설] 예수님은 내게로 오라고 말씀하십니다. 왜냐하면 나의 멍에는 편하고 나의 다스림은 온유하기 때문이라는 것입니다. 때문에 너는 네 자신의 안식할 처소를 찾아야 된다고 말씀하십니다.

이 말씀은 마태복음 11장 28절 이하를 통해서 더욱 자세히 말씀하고 있습니다.

[마태복음 11장 28절-30절] 수고하고 무거운 짐진 자들아 다 내게로 오라 내가 너희를 쉬게 하리라 나는 마음이 온유하고 겸손하니 나의 멍에를 메고 내게 배우라 그러면 너희 마음이

쉼을 얻으리니 이는 내 멍에는 쉽고 내 짐은 가벼움이라 하시니라.

　상기의 말씀은 예수님께서 무거운 짐을 지고 가는 자들에게 다 내게로 오라고 말씀하시면서 내가 너희의 무거운 짐을 벗겨주고 편히 쉬게 해주신다고 말씀하고 있습니다. 그런데 하나님의 백성들이 지고 가는 무거운 짐은 어떤 짐을 말할까요? 예수님이 말씀하시는 무거운 짐은 바로 죄를 말하고 있습니다.

　오늘날 기독교인들은 모두 원죄와 자범죄를 무겁게 등에 지고 힘들게 신앙생활을 하고 있습니다. 그런데 예수님은 너희가 내게로 오면 그 무거운 죄의 짐들을 모두 벗겨주겠다는 것입니다. 왜냐하면 예수님은 죄인들의 죄를 사해주시는 구원자로 오셔서 예수를 믿고 따르는 자들의 죄를 모두 사해주시기 때문입니다.

　문제는 예수님께서 당시에 예수를 믿고 따르는 예수님의 제자들의 죄는 모두 사해 주셨지만 제사장들을 믿고 따르는 자들의 죄는 사해주지 않았다는 것입니다. 그런데 오늘날 목회자들이나 교인들은 예수님께서 모든 사람들의 죄를 사하여 주셨다고 일방적으로 믿고 있습니다. 그러면서

도 어떤 때는 죄인이라고 눈물을 흘리며 회개를 하고 또 어떤 때는 의인이라고 아들행세를 하고 있습니다. 그러나 오늘날 기독교인들의 죄는 오늘날 하나님의 생명으로 거듭난 아들(예수)을 믿고 따를 때 죄 사함을 받을 수 있습니다.

이 말은 아직 하나님의 아들로 거듭나지 못한 목사들을 믿고 따르면 죄 사함을 받을 수 없다는 뜻입니다. 왜냐하면 아직 거듭나지 못한 목사들은 죄를 사해 줄 수 있는 능력이나 권한이 없기 때문입니다.

그러므로 오늘날 기독교인들은 오늘날 말씀이 육신이 되신 하나님의 아들(구원자)을 찾아서 죄 사함을 받아야 합니다. 그러면 예수님의 말씀과 같이 오늘날 살아계신 하나님의 아들(예수님)이 안식을 주어서 편히 쉬게 되는 것입니다.

교만

높이 들린 교만한 눈
마음속에 숨어 있는
악을 내 뿜으며

내장이 썩어 가는줄도
모르는 자신은
교활한 숨소리로
정죄 하면서

정죄로 말미암아
죽음을 재촉하듯
입벌리고 있다네

10. 당신을 믿을 수 있도록 말해 달라는 제자들

예수님의 제자들은
예수를 세상에 구원자로 오신
하나님의 아들로 믿고 따르는 자들로
날마다 그의 가르침을 받으며
모든 생활을 예수님과 함께 하고 있는
자들입니다.

91. They said to him, "Tell us who you are so that we may believe in you"

그들이 그에게 청하되, "우리가 당신을 믿을 수 있도록 당신이 누구인지 우리에게 말씀해 주십시오"

[해설] 예수님의 제자들은 예수님에게 우리가 당신을 믿을 수 있도록 당신이 누구인지 분명히 말해달라고 하고 있습니다. 예수님의 제자들은 예수님을 어둠 속에서 죽어가는 영혼들을 구원하시기 위해서 구원자로 오신 하나님의 아들로 믿고 따르는 자들로 날마다 그의 가르침을 받으며 모든 생활을 예수님과 함께 하고 있는 자들입니다. 그런데 예수님의 제자들은 지금 예수님에게 당신은 도대체 누구냐고 묻고 있는 것입니다. 왜냐하면 예수님이 정말 하나님의 아들이라면 모세보다 더 큰 능력을 가지고 표적과 이적을 나타내어 자신들이 바라고 원하는 욕심을 채워주어야 하는데 예수님은 이렇다할 표적이나 이적을 나타내지 않기 때문입니다.

　예수님의 제자들은 언제나 자신들이 원하는 욕심을 채워주려나 차일피일 기다리고 있다가 답답하여 예수님에게

 "당신이 과연 이 시대에 구원자이며 하나님의 아들인가" 하고 분명히 답변을 해달라는 것입니다. 이 말은 곧 당신이 진정 하나님이냐 아니면 인간이냐 하는 것을 묻는 것입니다. 이렇게 유대인들이나 오늘날 기독교인들은 물론 예수님의 제자들까지도 예수님은 기상천외한 능력과 권능을 소유한 하나님 예수를 기다리고 있지 짐승들이 거하는 마구간에 태어나 초라한 모습으로 오시는 인간예수는 원하지 않는 것입니다. 그러나 예수님은 이사야 선지자가 예언한 대로 지극히 평범한 인간으로 오셔서 하나님의 백성들에게 멸시천대를 받는 것은 물론 예수님의 제자들까지 예수님을 귀히 여기지 않는 것입니다.

 예수님은 예전이나 지금이나 앞으로도 이렇게 지극히 평범한 인간으로 오신다는 것을 명심해야 합니다. 때문에 예수님은 어느 시대 어느 누구에게도 하나님의 아들로 대접을 받거나 귀히 여김을 받지 못하고 오히려 이단자로 몰려 배척을 당하고 핍박을 받는 것입니다. 그러나 성경대로 오시는 인간 예수님을 믿지 않고 그의 말씀을 영접하지 않으면 절대로 천국을 갈 수 없는 것은 물론 구원조차 받을 수 없다는 것을 알아야 합니다. 그런데 복음서를 보면 예수님이 누구냐고 하는 질문은 예수님의 제자들뿐만 아니라

예수님에게 친히 세례를 베푼 세례요한도 예수님을 향해서 "오실 그이가 당신이냐"고 묻는 것을 볼 수 있습니다.

[마태복음 11장 2절-3절] 요한이 옥에서 그리스도의 하신 일을 듣고 제자들을 보내어 예수께 여짜오되 오실 그이가 당신이오니이까 우리가 다른 이를 기다리오리이까

세례요한은 예수님에게 세례를 친히 주신 분으로 하나님의 아들이라는 음성까지 들으신 분입니다. 그러나 자신이 옥에 갇혀서 죽게 되었는데도 예수님이 자기를 구해주지 못하는 것을 보고 요한은 자기 제자들을 예수님께 보내어 당신이 진정한 구원자가 맞느냐고 묻고 있는 것입니다. 이것은 세례요한이나 제자들이 바라고 기다리는 구원자는 죄인의 죄를 사해주고 영혼을 구원하는 예수가 아니라 육신적인 표적과 이적을 행하여 자신들의 욕구를 채워주는 능력의 예수라는 것을 보여주는 것입니다.

예수님은 세상의 죽은 영혼들을 구원하기 위해서 오신 분이지 사람들의 욕심을 채워주거나 육신의 고통을 해결해주기 위해서 오신분이 아닙니다. 그럼에도 불구하고 오늘날 기독교인들도 영혼을 구원하는 예수님보다 자신들의 욕

구를 채워주며 부와 건강을 누리게 해주는 능력과 권능의 예수를 기다리고 있는 것입니다.

He said to them, "You examine the face of heaven and earth, but you have not come to know the one who is in your presence, and you do not know how to examine the present moment"

그가 그들에게 말씀하시되, "너희가 하늘과 땅의 형세는 분간하면서 너희들과 함께 있는 사람은 (누구인지) 알지 못하고 있으며 또 너희는 당면한 시기에 대해서는 분별하지 못하고 있다"

[해설] 예수님은 제자들의 물음에 너희가 하늘과 땅을 보고 천기는 분별하면서 너희와 함께 있는 나에 대해서는 아직도 모르고 있으며 또한 지금이 어떠한 때인지도 모르고 있다고 한탄하십니다. 이 말씀은 예수님께서 마태복음 16장 1절 이하를 통해서 하신말씀입니다.

[마태복음 16장 1절-4절] 바리새인과 사두개인들이 와서 예수를 시험하여 하늘로서 오는 표적 보이기를 청하니 예수께서

대답하여 가라사대 너희가 저녁에 하늘이 붉으면 날이 좋겠다 하고 아침에 하늘이 붉고 흐리면 오늘은 날이 궂겠다 하나니 너희가 천기는 분별할 줄 알면서 시대의 표적은 분별할 수 없느냐 악하고 음란한 세대가 표적을 구하나 요나의 표적밖에는 보여줄 표적이 없느니라 하시고 저희를 떠나 가시다.

　예수님은 바리새인과 사두개인들이 하는 질문에 너희가 천기는 분별할 줄 알면서도 시대의 표적은 왜 분별하지 못하느냐고 책망하시면서 악하고 음란한 세대가 표적을 구하나 나는 너희에게 요나의 표적밖에는 보여줄 것이 없다고 말씀하고 있습니다. 이렇게 바리새인과 사두개인들이 원하는 표적과 예수님이 행하시는 표적은 전혀 다른 것입니다. 그러면 예수님이 이 세상에서 행하신 요나의 표적은 과연 어떤 표적일까요?
　예수님께서 행하시는 요나의 표적은 죽은 영혼을 구원하여 살리는 표적을 말합니다. 예수님께서 이 세상에 오셔서 행하신 표적은 모두 죽은 영혼을 구원하고 살리는 요나의 표적입니다.
　만일 예수님께서 요나의 표적 이외에 육신의 표적을 행하셨다면 예수님은 진정한 구원자가 아니며 하나님의 아들

도 아니라는 것을 알아야 합니다. 예수님은 하나님의 뜻을 행하시기 위해서 오신 하나님의 아들로 오직 죄인들의 죄를 사해주고 구원하여 하나님의 아들로 창조하기 위해서 오신 분입니다. 이어지는 말씀에 예수님이 그의 제자들에게 지금 너희가 당면한 일들이 무엇인지 모르고 있다고 말씀을 하십니다.

이 말씀은 나는 오직 너희의 영혼을 구원하고 살리기 위해서 온 구원자이며 그리고 너희가 지금 시급하게 해야 할 일은 나를 통해서 구원을 받아 영원한 생명으로 거듭나는 것이라고 말씀하시는 것입니다.

92. Jesus said, "Seek and you will find"

예수께서 말씀하시니라. "찾으라 그리하면 찾을 것이라"

[해설] 예수님은 그의 제자들에게 찾으면 찾을 것이라 말씀하십니다. 예수님은 이 말씀을 마태복음 7장 7절 이하를 통해서 구체적으로 자세히 말씀하고 있습니다.

[마태복음 7장 7절-8절] 구하라 그러면 너희에게 주실 것이요 찾으라 그러면 찾을 것이요 문을 두드리라 그러면 너희에게 열릴 것이니 구하는 이마다 얻을 것이요 찾는 이가 찾을 것이요 두드리는 이에게 열릴 것이니라.

오늘날 기독교인들은 이 말씀을 붙잡고 자신이 필요한 것들을 얻기 위해 구하고 찾고 두드리고 있습니다. 그런데 예수님께서 구하라는 것은 무엇이며 찾으라는 것은 무엇이며 두드리라는 문은 어떤 문인지도 모르고 있는 것입니다. 예수님께서 구하라는 것은 오직 하나님께서 보내주시는 구원자이며 찾으라는 것은 하나님의 생명의 말씀이요 두드리라는 문은 천국 문을 말하고 있습니다. 그런데 오늘날 기독

교인들은 하나님의 뜻과는 관계없이 자신이 바라고 원하는 욕심을 채우기 위해서 이 말씀을 붙잡고 날마다 기도를 하고 있습니다.

    이렇게 하나님이 우리에게 주시려는 것과 우리가 하나님께 구하는 것은 근본적으로 다르다는 것을 알아야 합니다. 예수님은 지금도 변함없이 너희가 오직 하나님의 뜻을 이루기 위해서 구하고 찾고 두드린다면 구원을 얻고 생명을 찾아 천국 문으로 들어 갈 수 있다고 말씀하십니다. 그런데 구하고 찾고 두드리는 것은 신앙의 차원에 따라서 다르다는 것을 알아야 합니다. 즉 애굽(세상)에 머물고 있는 교인들은 오직 믿음으로 구하는 것이며 출애굽하여 광야로 나온 종들은 가나안의 소망을 가지고 가나안 땅을 찾는 것이며 가나안에 이른 자들이 하나님의 아들이 되기 위해 천국 문, 즉 예수님을 향해 두드리는 것입니다.

    "In the past, however, I did not tell you the things about which you asked me then. Now I am willing to tell them, but you are not seeking them"

    "이전에는 어떤 상황에서도 너희가 나에게 묻는 것들에 대해 내

가 너희에게 말해주지 않았다. 지금은 그것들을 말해 주려하지만 너희가 그것들을 찾지 않는다"

[해설] 예수님은 이전부터 지금까지 너희가 묻는 것에 대해 말해주지 않았다고 말씀하시면서 지금은 그것들에 대해서 너희에게 말해주려 하지만 너희가 아직도 원하지 않는다고 말씀하십니다. 예수님의 제자들이 이전부터 질문을 한 것은 하나님의 말씀의 영적인 비밀들입니다. 그런데 예수님께서 제자들에게 하나님의 세계에 대해서 말해주지 않은 이유는 하나님의 비밀에 대하여 들을 수 있는 귀가 준비되어 있지 않았기 때문입니다. 그런데 지금은 예수님께서 영적인 비밀에 대해서 말해주려 하지만 아직도 제자들이 원하지 않고 있다는 것입니다.

예수님의 제자들은 그동안 예수님을 따르며 많은 가르침을 받았지만 지금도 개나 돼지와 같이 진주(영적인 말씀)보다 쥐엄열매(세상의 복)를 더 원하고 있는 것입니다.

거룩한 것을 개에게 주지 말라

93. "Don't give what is holy to dogs, for they might throw them upon the manure pile. Don't throw pearls [to] pigs, or they might ... it [...]"

"개들에게 거룩한 것을 주지말지니, 이는 개들이 거룩한 것을 거름더미에 던지기 때문임이라. 진주를 돼지에게 던지지 말지니 그러면 돼지가 진주를.... (거름더미에 던지기 때문임이라)"

[해설] 예수님은 개들에게 거룩한 것을 주지 말라고 말씀하십니다. 왜냐하면 개들은 거룩한 진주의 가치나 중요성을 몰라 거름더미에 던져 버리기 때문입니다. 이 말씀은 마태복음 7장 6절을 통해서 예수님이 하신 말씀입니다.

[마태복음 7장 6절] 거룩한 것을 개에게 주지 말며 너희 진주를 돼지 앞에 던지지 말라 저희가 그것을 발로 밟고 돌이켜 너희를 찢어 상할까 염려하라.

예수님이 말씀하시는 거룩한 것과 진주는 생명의 말씀

을 말하며 개는 몰지각한 목자들을 말하고 있습니다.

    오늘날 기독교인들은 놀랍게도 이렇게 충격적인 말씀을 듣고 보면서도 마음이 전혀 요동하지 않는다는 것입니다. 왜냐하면 기독교인들은 한결 같이 자신이 몸 담고 있는 교회나 목사님은 모두 진실한 참 목자라고 믿고 있기 때문입니다. 그러면 하나님께서 그리고 예수님께서 말씀하시는 참 목자는 어느 곳에 있단 말인가요?

    [이사야서 56장 10절-11절] 그 파숫군들은 소경이요 다 무지하며 벙어리 개라 능히 짖지 못하며 다 꿈꾸는 자요 누운 자요 잠자기를 좋아하는 자니 이 개들은 탐욕이 심하여 족한 줄을 알지 못하는 자요 그들은 몰각한 목자들이라.

    하나님은 이사야 선지자를 통해서 그 파수군들은 소경이요 무지한 벙어리 개라 능히 짖지 못하며 다 꿈꾸고 있는 자요 누운 자요 잠자기를 좋아하는 자니 이 개들은 탐욕이 심하여 족한 줄을 알지 못하는 자로 곧 몰지각한 목자들이라 말씀하고 있습니다.

    왜냐하면 하나님의 생명으로 거듭나지 못한 목자들은 영적인 소경으로 영적인 생명의 말씀은 한마디도 못하면서

탐욕만 가득하여 족한 줄을 모르고 양들을 미혹하여 재물만 탈취하기 때문입니다. 이런 자들에게 진주(생명의 말씀)를 주지 말라는 것은 예리한 칼이 의사의 손에 쥐어지면 사람을 치료하고 살리는데 사용하지만 강도의 손에 들어가면 사람을 해치고 재물을 탈취하는데 사용하기 때문입니다.

    그럼에도 불구하고 오늘날 기독교인들은 이러한 하나님의 말씀을 도외시하고 자기 욕심을 채우기 위해서 몰지각한 삯군목자를 극진히 믿고 섬기고 있는 것입니다. 이런 자들이 바로 지옥문 앞에서 슬피 울며 이를 갈고 있을 자들입니다.

94. Jesus [said], "One who seeks will find, and for [one who knocks] it will be opened"

예수께서 말씀하시니라. "찾는 자는 발견 할 것이며 또한 두드리는 자에게 열릴 것이다"

[해설] 예수님은 찾는 자는 발견할 것이며 두드리는 자에게 열릴 것이라 말씀하십니다. 이 때문에 하나님의 백성들은 하나님의 뜻을 이루기 위해서 날마다 구하고, 찾고, 두드려야 합니다. 그런데 오늘날 기독교인들은 하나님의 뜻을 이루기 위해서 구하고, 찾고, 두드리는 것이 아니라 자기 뜻, 즉 자기의 욕심을 채우기 위해서 구하고, 찾고, 두드리고 있는 것입니다. 만일 하나님의 백성들이 하나님의 뜻을 이루기 위해서 구하고, 찾고, 두드린다 해도 단번에 혹은 단시일 내에 이루기 위해서 구하고, 찾고, 두드리면 안 됩니다. 왜냐하면 하나님 백성들이 그 신앙의 차원과 상태에 따라서 각기 구하고, 찾고, 두드려야 하기 때문입니다.

즉 애굽에 있는 자들은 구원을 받기 위해서 하나님께서 보내주시는 구원자를 믿음으로 구하는 것이며 출애굽하여 광야로 나온 자들은 하나님이 주시기로 하신 약속의 땅에

들어가기 위해서 소망 중에 열심히 가나안땅을 찾아야 하며 가나안땅에 이른 자들은 사랑을 성취하기 위해서 천국문을 두드려야하는 것입니다. 때문에 고린도전서 13장을 통해서 "믿음, 소망, 사랑 이 세 가지는 항상 있을 것인데 그중에 제일은 사랑이라" 말씀하고 있는 것입니다. 이렇게 구원은 "믿음"으로 받으며 약속의 땅은 "소망"으로 들어가며 하나님의 생명은 "사랑"으로 성취되는 것입니다.

이렇게 하나님의 백성들이 무조건 구하고, 찾고, 두드린다 하여 단번에 이루어지는 것이 아니라 각 사람의 신앙의 차원에 따라 단계적으로 이루어지는 것입니다. 그런데 오늘날 기독교인들은 이러한 하나님의 뜻도 모르고 자신의 욕심을 채우기 위한 목적으로 지금도 구하고, 찾고, 두드리고 있는 것입니다. 그러므로 오늘날 기독교인들은 예수님이 하신 말씀의 진정한 뜻을 알고 하나님의 뜻을 이루기 위해서 믿음으로 구하고, 소망을 가지고 찾고, 사랑으로 두드려야 합니다. 그러면 예수님의 말씀대로 하나님의 뜻이 하늘(예수님)에서 이루어진 것 같이 땅(나)에서도 이루어져 하나님의 아들로 거듭나게 될 것입니다.

95. [Jesus said], "If you have money, don't lend it at interest. Rather, give [it] to someone from whom you won't get it back"

예수께서 말씀하시니라. "만일 너희가 돈이 있다면 이자로 빌려주지 말라. 차라리 너는 그 돈을 다시 돌려받지 못 할 자에게 베풀어라"

[해설] 예수님은 만일 너희에게 돈이 있다면 이자를 받기 위해 빌려주지 말고 그 돈을 다시 돌려받지 못 할 자에게 베풀라고 말씀하십니다. 이 말씀의 뜻은 너희가 돈이 있다면 이자를 받을 자에게 돈을 빌려주지 말고 돈을 갚을 수도 없는 가난한 자에게 무상으로 아무 조건 없이 베풀라는 것입니다. 그렇다면 예수님께서 돈이나 이자를 가지고 말씀을 하셨다고 생각할 수도 있습니다. 그러나 예수님이 말씀하시는 돈은 세상에서 통용하는 금전이 아니라 하나님의 생명, 즉 하나님의 말씀을 말합니다.

그러므로 하나님의 말씀은 재물을 치부하려는 삯군 목자들에게 주지 말고 말씀이 갈급하여 심령이 가난한 자들에게 아무런 조건 없이 베풀라는 말씀입니다. 이렇게 하나

님의 말씀은 절대로 돈을 받고 팔거나 삯을 위해 복음을 전하면 절대로 안된다는 것입니다. 그런데 오늘날 삯군 목자들은 교회 간판을 걸어놓고 하나님의 말씀을 팔아서 돈을 치부하고 있는 실정입니다. 이 때문에 예수님은 성전에 들어가셔서 채찍을 들고 양(예수)과 비둘기(성령)파는 자들을 내어 쫓은 것입니다.

여자가 취한 누룩

96. Jesus [said], "The Father's kingdom is like [a] woman. She took a little leaven, [hid] it in dough, and made it into large loaves of bread. Anyone here with two ears had better listen!"

예수께서 말씀하시니라. "아버지의 나라는 마치 어느 여자와 같도다. 그 여자가 적은 누룩을 취하여 반죽에 넣어 커다란 빵 덩어리로 만들었느니라. 누구든지 여기 두 귀 있는 자들은 잘 들어라!"

[해설] 예수님께서 천국은 마치 어느 여자가 소량의 누룩을 밀반죽에 넣어 커다란 빵 덩어리를 만든 것과 같다고 비유로 말씀하십니다. 예수님께서 말씀하시는 누룩은 부정적 의미와 긍정적 의미로 말씀하시는데 본문에서의 누룩은 긍정의 의미로 말씀하신 것입니다. 여자는 하나님의 사역자를 말하며 누룩은 하나님의 말씀을 비유하여 말씀하신 것입니다. 이 말씀은 예수님께서 마태복음 13장 31절 이하를 통해서 하신 말씀입니다.

[마태복음 13장 31절-33절] 또 비유를 베풀어 가라사대 천국은 마치 사람이 자기 밭에 갖다 심은 겨자씨 한 알 같으니 이는 모든 씨보다 작은 것이로되 자란 후에는 나물보다 커서 나무가 되매 공중의 새들이 와서 그 가지에 깃들이느니라 또 비유로 말씀하시되 천국은 마치 여자가 가루 서말 속에 갖다 넣어 전부 부풀게 한 누룩과 같으니라.

    예수님께서 천국은 마치 사람이 자기 밭에 갖다 심은 겨자씨 한 알 같은데 이 겨자씨는 모든 씨보다 작지만 자란 후에는 큰나무가 되어 공중의 새들이 와서 그 가지에 깃든다고 말씀하십니다. 또 천국은 여자가 가루 서말 속에 누룩을 조금 넣어 가루 전부를 부풀게 한 것과 같다고 말씀을 하십니다.
    이 두 말씀은 모두 같은 의미로 복음의 사자들이 말씀(생명)을 가지고 나아가 하나님 백성들에게 전파할 때 그 말씀이 마음 밭에 조금이라도 떨어지면 그 말씀이 삼십배, 육십배, 백배로 성장하여 하나님의 아들로 거듭나게 되며 또한 하나님의 말씀을 통해서 거듭난 하나님의 아들도 죽은 영혼들을 구원하여 많은 열매를 맺을 수 있게 된다는 뜻입니다.

아버지의 나라

97. Jesus said, "The [Father's] kingdom is like a woman who was carrying a [jar] full of meal. While she was walking along [a] distant road, the handle of the jar broke and the meal spilled behind her [along] the road. She didn't know it; she hadn't noticed a problem. When she reached her house, she put the jar down and discovered that it was empty"

예수께서 말씀하시니라. "그 아버지의 나라는 음식이 가득한 항아리를 이고 가는 한 여자와 같도다. 그 여자가 먼 길을 걷는 동안 항아리 손잡이가 부러져 음식이 그녀의 뒤로 길을 따라가며 쏟아졌지만 그녀는 그것(사건)을 알지 못했다. 그녀는 그런 문제가 생긴 것을 볼 수가 없었다. 그 여자가 집에 당도하여 그 항아리를 내려 놓고서야 그것(항아리)이 비어있음을 알게 되었다"

[해설] 예수님은 천국을 음식이 가득한 항아리를 이고 가는 여자로 비유하여 말씀하고 있습니다. 그녀는 먼 길을 가

는 동안 항아리의 손잡이가 깨져 음식이 그녀의 뒤로 길을 따라 쏟아졌는데 그녀는 그것을 모르고 있었습니다. 왜냐하면 음식이 그녀의 뒤로 흘려내려 음식이 쏟아지는 것을 볼 수 없었기 때문입니다.

　그녀는 집에 도착하여 항아리를 내려놓고서야 음식이 모두 쏟아져 비어있는 것을 알게 된 것입니다. 그러면 여인이 머리에 이고 먼 길을 걸어가는 목적지는 어느 곳이며 음식이 가득한 항아리는 무엇을 말하는 것일까요? 먼 길은 생명의 좁은 길을 통해서 가는 하늘나라이며 머리에 음식이 가득한 항아리는 지금까지 쌓아온 신앙의 고정관념입니다.

　오늘날 생명의 좁은 길을 걸어가는 사람들이 자신의 머릿속에 잘못 의식화되어 있는 신앙의 고정관념 때문에 얼마나 고민을 하며 괴로워합니까? 또한 잘못된 고정관념을 없애려고 얼마나 몸부림을 치며 노력을 합니까? 그러나 한 번 의식화된 고정관념은 아무리 없애려고 노력을 해도 쉽게 없어지지를 않습니다. 왜냐하면 수년 혹은 수십 년 동안 머릿속에서 굳어진 고정관념을 없애려면 굳어진 기간만큼 부수는 데도 시간이 걸리기 때문입니다. 이렇게 사람의 머릿속에 들어 있는 신앙의 고정관념은 이 세상의 그 어떤 물

질보다도 단단하고 강하여 깨지거나 부서지기가 힘든 것입니다.

오늘날 기독교인들이 신앙생활을 열심히 하고도 천국으로 들어가지 못하고 지옥으로 가는 것은 바로 잘못된 신앙의 고정관념을 버리지 못하기 때문입니다. 그런데 지금 예수님께서 하시는 말씀은 생명의 좁은 길을 따라 가는 자들에게 큰 소망과 기쁨을 줍니다. 왜냐하면 여인이 하나님의 말씀(참목자)을 따라 생명의 길을 가다보니 단단히 굳어진 고정관념이 자신도 모르게 한 모퉁이가 깨어져 머리에 쌓여있던 관념들이 하나하나 쏟아져 내려 모두 없어졌다고 말씀하고 있기 때문입니다.

여인이 아버지 집에 당도하여 항아리를 내려놓고 보니 그 안에 가득차있던 항아리의 음식물이 텅 비어 있었다는 것은 그동안 쌓여있던 잘못된 고정관념이 모두 깨끗이 비워져 있었다는 것입니다. 이것이 바로 예수님과 성경이 말씀하고 있는 진정한 회개입니다.

이 말씀의 뜻은 애굽의 존재와 광야의 존재, 즉 자아(욕심)가 모두 죽어 없어졌다는 말이며 죄의 짐이 모두 벗어졌다는 뜻입니다. 다시 말하면 하나님의 말씀으로 자신의 죄가 모두 깨끗이 씻겨져 정결한 처녀가 되었다는 뜻입니다.

　　이 말씀은 예수님께서 오늘날 기독교인들에게 주시는 큰 교훈입니다. 이와 같이 진정한 신앙생활은 하나님의 말씀을 통해서 잘못된 고정관념을 하나하나 부수는 것이며 또한 하나님의 말씀으로 자신의 존재(욕심)를 날마다 죽이는 것입니다. 그러면 언젠가는 자아가 죽고 진아로 거듭나서 하나님의 아들이 되는 것입니다.

98. Jesus said, "The Father's kingdom is like a person who wanted to kill someone powerful. While still at home he drew his sword and thrust it into the wall to find out whether his hand would go in. Then he killed the powerful one"

예수께서 말씀하시니라. "아버지의 나라는 어떤 힘이 강한 자를 죽이려하는 사람과 같도다. 그는 집에 있을 동안 칼을 뽑아 벽을 향해 찌르면서 그의 손(손에든 칼)이 벽을 뚫고 나가는지 아니면 나가지 못하는지 확인해 보았다. 그러고 난 후에 그는 그 강한 자를 죽였다"

[해설] 예수님은 하나님의 나라는 힘이 강한 자를 죽이려는 사람과 같다고 말씀하십니다. 그는 집에 있을 동안 칼을 가지고 힘을 연마하면서 강한 자를 찔러 죽일 수 있는지 없는지 시험을 해 본 후에 그 강한 자에게 가서 그를 죽였다는 것입니다.

이 말씀을 잘 못 이해하면 하나님의 나라, 즉 하나님의 사자들은 사람을 죽이는 살인자로 오해할 수도 있습니다. 예수님이 말씀하시는 하나님의 나라는 하나님의 아들들을

말하며 예리한 칼은 하나님의 말씀을 말하고 있습니다. 하나님의 아들들은 말씀의 전신갑주를 입고 악한 영들과 싸우는 십자가의 군병들입니다.

하나님의 아들들이 악한 영과 싸우려면 평소에 말씀을 통한 훈련과 연단을 열심히 받아야 합니다. 이렇게 말씀으로 무장을 하여 마귀와 사탄들을 이길 수 있는 힘이 있을 때 나가 싸워야 이길 수 있다는 것입니다. 예수님이 말씀하시는 강한 자들은 비진리(각종교리)로 무장하고 있는 삯군 목자들과 거짓선지자들을 말합니다.

그런데 이들은 대대로 내려오는 전통신앙과 각종교리로 무장을 하고 있기 때문에 하나님의 자녀들이 하나님의 말씀으로 단단히 무장을 하지 않으면 이들과 싸워 이길 수가 없습니다. 그러므로 생명의 좁은 길을 가는 자들은 이들과 싸워 이기기 위하여 날마다 말씀으로 무장을 하고 훈련을 열심히 받아서 전신갑주를 입은 강하고 담대한 십자가의 군병이 되어야 하는 것입니다.

나의 형제와 나의 어머니

99. The disciples said to him, "Your brothers and your mother are standing outside"

He said to them, "Those here who do what my Father wants are my brothers and my mother. They are the ones who will enter my Father's kingdom"

그 제자들이 그(예수)에게 이르되, "당신의 형제들과 어머니께서 바깥에 서서 계시나이다"

그가 그들에게 말씀하셨다. "여기 있는 자들 가운데 내 아버지가 원하는 것을 행하는 자들이 나의 형제요 나의 어머니다. 그들이 내 아버지의 나라에 들어갈 자들이니라"

[해설] 예수님의 제자들이 예수님께 말하되 당신의 형제들과 어머니가 밖에 서서 계신다고 말하고 있습니다. 그런데 예수님은 내 아버지가 원하는 것을 행하는 자들이 곧 내 형제이며 어머니라고 말씀하십니다. 그리고 그들, 곧 내 아버지의 뜻대로 행하는 자들이 아버지의 나라에 들어갈 자

들이라 말씀하십니다. 이 말씀은 예수님께서 마태복음 7장을 통해서 하신 말씀입니다.

[마태복음 7장 21절] 나더러 주여 주여 하는 자마다 천국에 다 들어갈 것이 아니요 다만 하늘에 계신 내 아버지의 뜻대로 행하는 자라야 들어가리라.

내 아버지는 하나님을 말하며 내 아버지가 원하시는 것은 곧 하나님이 원하시는 뜻을 행하는 것입니다. 그러면 내 아버지의 뜻은 무엇인가요? 오늘날 기독교인들이나 목회자들에게 하나님의 뜻이 무엇이냐고 물어보면 그 크신 하나님의 뜻을 인간들이 어떻게 알 수 있냐고 오히려 핀잔을 주거나 책망을 합니다. 왜냐하면 기독교인들은 하나님의 뜻을 알려고 하는 그 자체가 교만하다고 생각하며 모르는 것을 당연시하고 있기 때문입니다. 때문에 오늘날 기독교인들은 하나님의 뜻을 따라서 신앙생활을 하는 것이 아니라 목사님의 뜻이나 자기의 뜻대로 행하고 있는 것입니다. 목사님의 뜻은 교회가 크게 부흥성장 되는 것이요 교인들의 뜻은 자기 가정이 범사에 잘되고 형통하여 행복하게 잘 사는 것입니다. 이렇게 하나님의 뜻을 모르고 신앙생활을

　자신의 욕구를 채우기 위해서 하기 때문에 천국으로 가야 할 하나님의 백성들이 지옥으로 가게 되는 것입니다.
　예수님은 천국으로 가는 길을 두 길로 말씀하고 계신데 하나는 소경된 삯군목자들이 인도하는 넓고 평탄한 멸망의 길로 누구나 예수를 믿기만 하면 아무런 행함이 없어도 천국에 들어갈 수 있다는 길이며 또 하나는 참 목자가 인도하는 좁고 협착한 생명의 길로 자기를 부인하고 자기 십자가를 지고 예수님과 사도들이 걸어가신 고난의 길을 따라 가는 것입니다. 예수님의 말씀대로 제사장들을 따라 넓고 평탄한 멸망의 길을 간 유대인들은 멸망을 당했으며 예수님을 따라 좁고 협착한 생명의 길을 따라간 예수님의 제자들은 하나님의 생명으로 거듭나서 사도들이 된 것입니다.
　때문에 오늘날 기독교인들이 천국을 가려면 다른 것은 모른 다해도 하나님의 뜻은 반드시 알아야 합니다.
　하나님의 뜻은 첫째, 예수를 통해서 내가 구원을 받고 하나님의 아들로 거듭나는 것이며 둘째는 하나님의 아들로 거듭난 하나님의 아들들은 이웃에 죽어있는 영혼들을 구원하여 하나님의 아들로 거듭나게 하는 것입니다. 이것이 바로 예수님께서 우리에게 주신 새 계명입니다. 예수님은 예전이나 지금이나 이러한 하나님의 뜻을 행하고 이루는 자

들이 곧 내형제요 내 어머니라고 말씀하는 것입니다. 이렇게 예수님이 말씀하시는 내 형제나 어머니는 육신의 형제나 어머니가 아니라 하나님의 뜻대로 행하고 있는 영적존재들입니다.

왜냐하면 자신을 낳아주신 친 어머니나 한 배속에서 나온 친 형제라 해도 하나님의 뜻대로 행하지 않는 자들은 모두 육신의 존재로 아버지의 나라, 즉 천국에 들어가 함께 살 수 없기 때문입니다. 이렇게 유대인들은 물론 예수님의 가족들이라 해도 하나님의 뜻대로 행치 않는 자들은 육적인 존재로 천국에 들어가지 못합니다. 예수님은 이렇게 천국으로 가는 길을 분명하게 말씀하고 계신데 오늘날 기독교인들은 하나님의 뜻대로 행하지 않아도 예수만 믿으면 천국으로 들어간다고 큰소리 치고 있습니다.

예수를 믿는다는 것은 곧 예수님이 하신 말씀을 믿는 것입니다. 그런데 예수님의 이러한 말씀들은 믿지 않고 삯군목자들이 예수를 믿기만 하면 누구나 천국에 들어간다고 하는 거짓말을 믿고 있는 것입니다. 이런 자들이 바로 지옥문 앞에서 슬피 울며 이를 갈게 될 자들입니다.

넘치는 사랑

당신의 사랑은
나의 마음을
송두리째 빼앗아 가고
나의 생각과 마음과 입술에
온통 당신의 사랑으로
가득 채웠습니다

넘치는 사랑을 노래하며
넘치는 사랑을
나누어주고 싶습니다

당신의 사랑을
기다리는 이를 찾으면
기다리는 이의 마음을 빼앗고
아름다운 사랑 이야기로
가득 채워줄 것입니다

넘칠 수 있도록...

11. 하나님의 형상과 가이사의 형상

이 말씀은
하나님 백성들의 마음 가운데
가이사의 글(말씀)과 형상이 새겨진 자들은
가이사에게 바치고
하나님의 글(말씀)과 형상이 새겨진 자는
하나님께 드리라는 뜻입니다.

100. They showed Jesus a gold coin and said to him, "The Roman emperor's people demand taxes from us"

He said to them, "Give the emperor what belongs to the emperor, give God what belongs to God, and give me what is mine"

그들이 예수께 금화 한 닢을 보여주며 그에게 말하되, "로마 황제의 사람들이 우리에게 세금을 요구하나이다"

예수께서 그들에게 말씀하셨다, "황제에게 속한 것(형상)은 황제에게 드리고, 하나님께 속한 것은 하나님께 바치고 나의 것은 내게 드리라"

[해설] 바리새인들이 예수님께 금화 하나를 보여주며 예수님께 말하되 로마 황제의 사람들이 우리에게 세금을 내라고 하니 어찌 해야 하느냐고 묻고 있는 장면입니다.

예수님은 그 금화 속에 황제의 형상이 새겨진 것은 황제에게 드리고 하나님의 형상이 새겨진 것은 하나님께 드리고 나의 형상이 새겨진 것은 내게 드리라고 말씀하고 있습니다.

　이 말씀은 예수님께서 마태복음 22장 15절 이하를 통해서 더 자세히 말씀하고 있습니다.

　[마태복음 22장 15절-22절] 이에 바리새인들이 가서 어떻게 하여 예수로 말의 올무에 걸리게 할까 상론하고 자기 제자들을 헤롯 당원들과 함께 예수께 보내어 말하되 선생님이여 우리가 아노니 당신은 참되시고 참으로써 하나님의 도를 가르치시며 아무라도 꺼리는 일이 없으시니 이는 사람을 외모로 보지 아니하심이니이다 그러면 당신의 생각에는 어떠한지 우리에게 이르소서 가이사에게 세를 바치는 것이 가하니이까 불가하니이까 한대 예수께서 저희의 악함을 아시고 가라사대 외식하는 자들아 어찌하여 나를 시험하느냐 셋돈을 내게 보이라 하시니 데나리온 하나를 가져왔거늘 예수께서 말씀하시되 이 형상과 이 글이 뉘 것이냐 가로되 가이사의 것이니이다 이에 가라사대 그런즉 가이사의 것은 가이사에게 하나님의 것은 하나님께 바치라 하시니 저희가 이 말씀을 듣고 기이히 여겨 예수를 떠나가니라.

　바리새인들과 서기관들은 어떻게 하던지 예수를 올무에 걸리게 하여 예수를 잡으려 하고 있습니다.
　바리새인들이 하는 질문은 예수님이 올무에 걸릴 수밖

에 없게 되어있는 질문입니다. 왜냐하면 셋돈을 가이사에게 바치라고 하면 하나님께 걸리고 하나님께 바치라고 하면 가이사에게 걸리게 되어 있기 때문입니다.

그런데 예수님은 셋돈을 내게 보이라고 하시며 "이 형상과 글이 뉘 것이냐" 라고 말씀하시면서 가이사의 글과 형상이 새겨진 것은 가이사에게 드리고 하나님의 형상과 글이 새겨진 것은 하나님에게 드리라고 말씀하여 바리새인들의 시험을 지혜롭게 넘기는 것을 볼 수 있습니다.

그런데 예수님의 말씀 속에 큰 비밀이 들어 있습니다. 즉 예수님이 말씀하시는 동전은 하나님의 백성을 비유한 것으로 동전에 새겨진 글과 형상은 곧 사람들의 심비에 새겨진 글과 형상을 말하고 있습니다. 그러므로 이 말씀은 하나님 백성들의 마음 가운데 가이사의 글(말씀)과 형상이 새겨진 자들은 가이사에게 바치고 하나님의 글(말씀)과 형상이 새겨진 자는 하나님께 드리라는 뜻입니다. 이 말씀은 오늘날 기독교인들에게도 동일하게 적용되는 말씀입니다.

왜냐하면 지금도 기독교인들의 마음 가운데 삯군목자로부터 가이사의 글과 형상을 새기고 있는 자들은 지옥으로 들어가고 참 목자에 의해서 하나님의 글과 형상을 새기고 있는 자들은 천국으로 들어가기 때문입니다.

나의 제자가 될 자들

101. "Whoever does not hate [father] and mother as I do cannot be my [disciple], and whoever does [not] love [father and] mother as I do cannot be my [disciple]. For my true [father] and mother gave me life"

"누구든지 나와 같이 아비와 어미를 미워하지 않는 자들은 나의 제자가 될 수 없고 나처럼 아비와 어미를 사랑하지 않는 자들도 나의 제자가 될 수 없다. 이는 나의 진실한 아버지와 어머니(성령과 진리)가 내게 생명을 주셨기 때문이다"

[해설] 예수님은 누구든지 나와 같이 아비와 어미를 미워하지 않는 자들은 나의 제자가 될 수 없고 나처럼 아비와 어미를 사랑하지 않는 자들도 나의 제자가 될 수 없다고 말씀하십니다. 이 말씀은 아비와 어미를 미워하라는 것인지 아니면 사랑하라는 것인지 도무지 이해 할 수 없는 말씀입니다.

예수님이 미워하라는 아비와 어미는 육신의 부모를 말

하며 사랑하라는 아비와 어미는 영적인 부모를 말합니다. 예수님에게 영원한 생명을 주신 분은 육신의 부모가 아니라 진실한 영적인 아버지와 어머니, 곧 하나님이십니다. 때문에 예수님을 믿고 따라 천국으로 가는 자들이 육신의 부모와 형제를 미워하지 않으면 생명의 길을 갈수가 없는 것입니다. 왜냐하면 한 사람이 두 주인을 섬길 수 없듯이 한 사람을 사랑하면 또 한사람은 미워할 수밖에 없기 때문입니다. 이 말씀은 예수님께서 누가복음 14장 26절 이하를 통해서 하신 말씀을 보면 잘 알 수 있습니다.

[누가복음 14장 26절-27절] 무릇 내게 오는 자가 자기 부모와 처자와 형제와 자매와 및 자기 목숨까지 미워하지 아니하면 능히 나의 제자가 되지 못하고 누구든지 자기 십자가를 지고 나를 좇지 않는 자는 능히 나의 제자가 되지 못하리라.

하나님의 백성들에게는 어느 누구나 자신을 낳아 주고 길러주신 육신의 부모와 형제들이 있고 영적 부모인 예수님과 믿음의 형제들이 있습니다. 그런데 한 사람이 두 사람을 사랑할 수 없듯이 예수님의 제자가 되어 천국을 가려면 육신의 부모와 가족과 자신의 목숨까지 미워하지 않으면

예수님이 인도하는 생명의 길을 갈 수가 없습니다. 이 말씀은 육신의 가족은 물론 세상의 모든 것을 포기 하지 않으면 예수님의 제자가 될 수 없고 생명의 길을 갈 수 없다는 뜻입니다. 왜냐하면 육신의 부모와 형제들을 미워하지 않고 사랑한다면 생명의 좁은 길을 따라 갈 수 없기 때문입니다. 때문에 예수님은 너희가 나를 따라 오려거든 네 자신을 부인하고 자기 십자가를 지고 나의 뒤를 따라오라는 것입니다.

예수님께서 이렇게 몰인정하고 잔인한 말씀을 하시기 때문에 유대인들이나 오늘날 기독교인들이 이러한 예수는 믿지도 않고 이단으로 배척을 하며 핍박을 하는 것입니다. 때문에 오늘날 목회자들이나 기독교인들은 성경적인 예수는 배척을 하고 예수를 믿기만 하면 자기 부모나 형제를 떠나지 않아도 되고 자신이 지고 갈 십자가도 대신 져주시는 기독교의 예수를 만들어 섬기고 있는 것입니다. 그러나 예수님의 제자가 되어 좁고 협착한 생명의 길을 가려면 지금도 변함없이 육신의 부모와 가족을 포기해야 자기 십자가를 지고 따라 갈 수 있습니다. 때문에 예수님은 마치 가정을 파괴하는 자로 오해 할 수도 있습니다.

그런데 예수님께서 포기하라(미워하라)는 부모와 형제

는 육신의 부모와 형제 보다 영적인 부모와 형제, 즉 애굽교회의 목자(부모)와 형제(교인) 그리고 광야교회의 목자와 그의 형제를 미워하라는 말씀입니다.

왜냐하면 애굽교회의 부모와 형제를 떠나지 않으면 광야교회로 나아갈 수 없고 광야교회의 부모와 형제를 버리지 않으면 가나안교회의 부모와 형제를 만날 수 없기 때문입니다. 이 때문에 예수님이 말씀하시는 생명의 길이 좁고 협착하다는 것이며 자신의 생명까지 미워하고 포기하지 않으면 갈 수 없는 힘든 길입니다.

그러나 예수님의 제자들은 물론 지금도 생명의 좁은 길을 따라가는 자들은 모두 부모와 형제를 버리고 자기 십자가를 지고 이 길을 따라 가고 있습니다.

개와 같은 바리새인들

102. Jesus said, "Damn the Pharisees! They are like a dog sleeping in the cattle manger: the dog neither eats nor [lets] the cattle eat"

예수께서 말씀하시니라. "화있을진저, 바리새인들이여! 그들은 소 여물통에서 잠을 자고 있는 개와 같으니 그 개는 (여물을) 자기도 먹지 않고 소들도 먹지 못하게 하고 있다"

[해설] 예수님은 바리새인들에게 화가 있을 것이라고 진노하십니다. 왜냐하면 바리새인들은 소 여물통에서 잠을 자는 개와 같이 하나님의 아들이 주는 양식은 먹지 않고 잠만 자고 있기 때문입니다. 예수님이 말씀하시는 여물통은 하나님의 성전, 곧 교회를 말하며 개는 삯군 목자들을 말하며 소는 하나님의 백성들을 말합니다.

　이들은 하나님이 주시는 양식(말씀)은 먹지도 않고 교인들에게 주지도 않는다는 것입니다. 왜냐하면 이들은 자신들의 양식, 즉 하나님의 말씀을 가감하여 만든 교리와 유전을 먹고 교인들에게도 먹이고 있기 때문입니다. 때문에

예수님은 진노를 하시면서 이런 자들에게 화가 있을 것이라고 저주를 하시는 것입니다. 하나님의 백성들이 먹어야 할 일용할 양식은 하나님의 아들이 주는 생명의 말씀입니다. 그런데 삯군목자들은 하나님의 성전에서 하나님의 아들이 주는 말씀은 먹지도 않고 삯군 목자들이 만든 교리로 배를 채우며 안주하고 있는 것입니다. 이렇게 오늘날 기독교인들도 자신이 먹어야 할 양식이 무엇인지 또한 생명의 양식을 누가 주는지도 모르는 상태에서 삯군목자들이 주는 썩을 양식(비진리)을 배불리 먹고 잠만 자고 있는 것입니다. 하나님께서 이런 자들을 이사야서 1장 2절 이하를 통해서 이렇게 말씀하십니다.

[이사야 1장 2절-4절] 하늘이여 들으라 땅이여 귀를 기울이라 여호와께서 말씀하시기를 내가 자식을 양육하였거늘 그들이 나를 거역하였도다 소는 그 임자를 알고 나귀는 주인의 구유를 알건마는 이스라엘은 알지 못하고 나의 백성은 깨닫지 못하는도다 하셨도다 슬프다 범죄한 나라요 허물진 백성이요 행악의 종자요 행위가 부패한 자식이로다 그들이 여호와를 버리며 이스라엘의 거룩한 자를 만홀히 여겨 멀리하고 물러갔도다.

    하나님은 자식을 양육하듯이 하나님의 백성들을 길렀는데 하나님의 백성들은 그것도 모르고 하나님을 거역하였다는 것입니다. 왜냐하면 소도 임자를 알고 나귀도 주인의 구유를 알고 있는데 하나님의 백성들은 자기 주인이나 구유도 알지 못하고 삯군목자들을 따라가며 그들이 주는 썩은 양식을 먹고 있기 때문입니다. 때문에 하나님은 하나님의 백성들에게 너희는 여호와를 버리고 거룩한 자(하나님의 아들)를 만홀히 여기고 멀리 떠나갔다고 슬퍼하고 계신 것입니다.

    하나님은 이런 자들을 향해 범죄한 나라요 허물어진 백성이요 행악의 종자요 행위가 부패한 자식이라고 말씀하십니다. 이런 일들은 역사 속이나 다른 나라에서 일어나고 있는 일들이 아니라 오늘날 기독교인들의 현실 가운데서 일어나고 있는 일들입니다. 예수님은 이런 자들을 바라보시면서 하루속히 주인의 구유로 돌아오기를 기도하고 계십니다.

생명의 좁은 길을 가는 자들을 공격하는 자들

103. Jesus said, "Congratulations to those who know where the rebels(brigands) are going to attack. [They] can get going, collect their imperial resources, and be prepared before the rebels arrive"

예수께서 말씀하시니라. "반역자(약탈자)들이 어느 곳으로 공격해 오는지 아는 자들은 복이 있나니, 그들은 본국으로 달려가 원군을 모아 반역자들이 도착하기 전에 방비할 수 있기 때문이다"

[해설] 예수님은 반역자들이 공격해오는 것을 아는 자는 복이 있다고 말씀하십니다. 왜냐하면 반역자들이 공격해 오는 것을 미리 아는 자는 본국에 원군을 청하여 사전에 공격을 방어할 수 있기 때문입니다. 이 말씀은 예수님께서 국가간의 전쟁을 말씀하고 있는 것이 아니라 영과 영의 싸움, 즉 악령을 가진 자와 성령을 가진 자들이 서로 대적을 하며 싸우는 것을 말합니다. 성령을 가진 자는 예수님과 사도들을 말하며 악령을 가진 자들은 예수님과 사도들을 대적하

며 공격하는 유대인들과 바리새인들입니다. 이렇게 예수님과 사도들 그리고 생명의 좁은 길을 따라가는 자들을 공격하는 자들은 불신자들이나 타종교인들이 아니라 하나님을 유일신으로 믿는 하나님의 백성들입니다.

　이들은 그들이 만든 교리와 유전을 따라 넓고 평탄한 멸망의 길을 가면서 생명의 좁은 길을 가는 자들을 핍박하고 공격하고 있습니다. 이들이 바로 하나님의 말씀을 떠난 반역자들이며 진리의 길을 가고 있는 영혼들을 약탈해가는 약탈자입니다. 이들은 예전이나 지금이나 변함없이 참 목자를 따라 생명의 길을 가고 있는 자들을 공격을 하며 영혼을 약탈까지 하고 있습니다. 때문에 예수님은 생명의 좁은 길을 가고 있는 자들에게 사전에 적들이 공격해오는 것을 알고 날마다 말씀으로 무장을 하라고 말씀하시는 것입니다. 하나님은 에베소서 6장 10절 이하를 통해서 이렇게 말씀하십니다.

　[에베소서 6장 10절-13절] 종말로 너희가 주 안에서와 그 힘의 능력으로 강건하여지고 마귀의 궤계를 능히 대적하기 위하여 하나님의 전신갑주를 입으라 우리의 씨름은 혈과 육에 대한 것이 아니요 정사와 권세와 이 어두움의 세상 주관자들과

하늘에 있는 악의 영들에게 대함이라 그러므로 하나님의 전신 갑주를 취하라 이는 악한 날에 너희가 능히 대적하고 모든 일을 행한 후에 서기 위함이라.

　상기의 말씀은 주안에 있는 너희가 그의 힘과 능력으로 강건해져서 마귀의 궤계를 대적하기 위해 전신갑주를 입으라는 것입니다. 왜냐하면 악한 영들을 소유하고 있는 거짓선지자와 삯군목자들은 할 수만 있으면 진리를 따라 생명의 좁은 길을 걸어가고 있는 하나님의 자녀들을 공격하여 넘어뜨리고 약탈까지 하고 있기 때문입니다.
　우리가 싸울 대상은 혈과 육이 아니라 하늘의 악한 영(하나님의 말씀)을 가지고 세상의 정사와 권세를 잡고 있는 자들입니다. 이들은 곧 하나님의 말씀을 가감시켜 교리를 만들어 가지고 영적권세를 누리고 있는 세상의 거짓선지자와 삯군목자들을 말합니다. 그러므로 참 목자를 따라 생명의 길을 걸어가고 있는 하나님의 자녀들은 하나님의 전신갑주로 무장을 하고 굳건히 서서 저들과 싸워 이겨야 하는 것입니다. 이렇게 악한 자들과 싸워 이긴 자들이 천성에 들어가게 되는 것입니다.

예수님이 말씀하시는 금식

104. They said to Jesus, "Come, let us pray today, and let us fast"

Jesus said, "What sin have I committed, or how have I been undone? Rather, when the groom leaves the bridal suite, then let people fast and pray"

그들이 예수께 말하길, (이곳으로) "오셔서, 우리 오늘 기도를 하고 금식도 합시다"

예수께서 말씀하시니라. "내가 무슨 죄가 있기에 기도를 하며 또 내가 무엇이 부족하여 금식을 하라는 것이냐? 차라리 신랑이 신부 곁을 떠날 때 사람이 금식하고 기도하게 하라"

[해설] 예수님의 제자들이 예수님께 이곳으로 오셔서 오늘 우리와 함께 기도하고 금식도 하자고 말합니다. 그런데 예수님은 내가 무슨 죄가 있다고 기도를 하며 무엇이 부족하여 금식을 하느냐고 제자들에게 말씀을 하십니다. 그러면 차라리 신랑이 신부를 떠날 때가 오나니 그때 너희는 기

도하고 금식하라고 말씀하십니다. 즉 기도나 금식은 신랑이 있을 때는 할 필요가 없고 신랑이 떠나면 그때 하라는 것입니다.

　여기서 말하는 신랑은 예수님이며 신부는 제자들을 말하며 금식은 하나님의 양식인 생명의 말씀을 먹지 않는 것을 말합니다. 예수님은 내가 있을 동안은 내가 주는 말씀을 먹고 죄 사함을 받아 하나님의 생명으로 거듭나라는 것입니다. 그러나 내가 떠난다면 다른 신랑, 즉 삯군목자가 주는 말씀은 먹지 말고 금식하라는 것입니다. 왜냐하면 예수님이 주는 양식(생명의 말씀)을 먹으면 살지만 다른 신랑, 즉 삯군목자가 주는 양식(말씀)을 먹으면 죽게 되기 때문입니다.

　오늘날 기독교인들이 하는 기도나 금식을 하는 목적은 동일합니다. 일반적으로 기도는 자신이 필요한 것을 구하거나 목적하는 바를 이루기 위해서 하는 것이며 금식은 매우 중요한 문제가 생겼을 때나 하나님의 응답이 없을 때 식음을 전폐하고 매달리듯이 하는 기도를 말합니다. 금식은 예수님께서 마가복음 2장 18절 이하를 통해서 자세히 말씀해 주십니다.

　[마가복음 2장 18절-20절] 요한의 제자들과 바리새인들이 금식하고 있는지라 혹이 예수께 와서 말하되 요한의 제자들과 바리새인의 제자들은 금식하는데 어찌하여 당신의 제자들은 금식을 하지 아니하나이까 예수께서 저희에게 이르시되 혼인집 손님들이 신랑과 함께 있을 때에 금식할 수 있느냐 신랑과 함께 있을 동안에는 금식할 수 없나니 그러나 신랑을 빼앗길 날이 이르리니 그 날에는 금식할 것이니라.

　유대인들이나 오늘날 기독교인들은 금식을 육신의 양식, 즉 음식물을 먹지 않는 것으로 알고 있습니다. 그러나 예수님이 말씀하시는 금식은 음식을 먹지 말라는 것이 아니라 하늘의 양식인 하나님의 말씀을 먹지 말라는 것입니다. 그러면 예수님께서 무엇 때문에 하나님의 말씀을 먹지 말라는 것인가요? 예수님께서 먹지 말라는 것은 신랑(예수님)이 주는 생명의 말씀을 먹지 말라는 것이 아니라 삯군목자나 거짓선지자들이 주는 가감된 말씀을 먹지 말라는 것입니다. 왜냐하면 삯군목자들이 주는 가감된 말씀을 먹으면 온몸이 부패하여 죽기 때문입니다.

　그러므로 예수님께서 신랑이 있을 동안은 신랑이 주는 양식을 열심히 먹되 신랑이 떠나가면 다른 신랑, 즉 삯군목

자들이 주는 양식은 먹지 말고 금식하라는 것입니다. 때문에 삯군목자들은 일용할 양식을 사람들이 먹고 있는 음식물이라 말하는 것입니다.

오늘날 기독교인들이 식탁 앞에 앉아서 하나님께 오늘날 일용할 양식을 주셔서 감사하다고 기도를 하는 것은 바로 이 때문입니다. 그러나 예수님이 말씀하시는 오늘날의 일용할 양식은 곧 오늘날 산 자의 입에서 나오는 생명의 말씀을 말합니다. 왜냐하면 하나님의 백성들이 먹어서 살아날 수 있는 양식은 오직 하나님의 아들이 주는 생명의 말씀이기 때문입니다.

이와 같이 오늘날 기독교인들이 반드시 먹어야 할 양식은 예수님과 사도들과 같이 오늘날 하나님의 생명으로 거듭난 자들의 입에서 나오는 말씀입니다. 이렇게 오늘날 하나님의 아들의 입에서 나오는 생명의 말씀을 먹을 때 죽은 영혼이 살아나게 되는 것입니다.

그러므로 생명의 말씀을 소유하고 있는 신랑이 함께 있을 때는 신랑이 주는 양식을 열심히 먹어야 하며 신랑이 떠나고 없을 때에는 다른 신랑, 즉 삯군목자들이 주는 말씀은 절대로 먹지 말고 금식하라는 것입니다.

105. Jesus said, "Whoever knows the father and the mother will be called the child of a whore"

예수께서 말씀하시니라. "누구든지 그 아비와 그 어미(성령과 진리)를 아는 자는 창녀의 자식이라 부르게 될 것이다"

[해설] 예수님은 누구든지 그 아비와 어미를 아는 자는 창녀의 자식이라 부르게 될 것이라고 말씀하고 있습니다. 이 말씀을 그대로 보면 어불성설이라 할 수 있습니다. 왜냐하면 자신의 아비와 어미를 아는 자는 모두 창녀로 부른다고 말씀하기 때문입니다. 그런데 이 세상에 자신을 낳아주고 길러준 부모를 모르는 사람이 어디 있단 말입니까? 그렇다면 이 세상 사람은 모두가 창녀라는 말입니다. 그러나 예수님이 말씀하시는 아비와 어미는 육신의 부모를 말하는 것이 아니라 영의 부모인 하나님과 성령을 말하고 있습니다. 하나님은 성령이시고 성령은 거룩한 영 곧 생명의 말씀을 말합니다. 그런데 하나님의 거룩한 말씀을 아는 자들을 창녀라 부르게 될 것이라는 뜻입니다.

 하나님과 거룩한 말씀을 아는 자들은 예수님과 사도들이며 이들을 창녀, 혹은 이단자로 매도하는 자들은 바로 하

나님의 백성인 유대인이요, 제사장들이요, 서기관들입니다. 그러면 예수님이나 사도들을 창녀로 매도하는 유대인들과 제사장들은 오늘날 어느 누구를 말하는 것일까요? 예수님 당시나 오늘날이나 하나님을 알고 아들로 거듭나서 하나님의 말씀을 올바로 전하는 자는 참 목자를 말하며 하나님의 아들들을 이단이나 창녀로 매도하는 자들은 삯군목자를 참 목자로 믿고 따르는 기독교인들을 말합니다. 그러면 무엇 때문에 하나님의 말씀을 올바로 전하는 자들을 창녀나 이단자로 매도를 할까요? 그 이유는 하나님의 아들들이 전하는 말씀을 들으면 유대인들이나 오늘날 기독교인들의 외식과 거짓이 모두 드러나게 되기 때문입니다.

요한복음 8장 31절 이하를 보면 진리를 전하시는 예수님의 말씀을 듣고 유대인들이 우리는 음란한데서 나지 않았고 아버지는 하나님이라 주장을 하며 예수님에게 사마리아인 또는 귀신들린 자라고 예수님을 미친 사람처럼 취급하는 것을 볼 수 있습니다.

[요한복음 8장 31절-51절] 그러므로 예수께서 자기를 믿은 유대인들에게 이르시되 너희가 내 말에 거하면 참 내 제자가 되고 진리를 알지니 진리가 너희를 자유케 하리라 저희가 대답

하되 우리가 아브라함의 자손이라 남의 종이 된 적이 없거늘 어찌하여 우리가 자유케 되리라 하느냐 예수께서 대답하시되 진실로 진실로 너희에게 이르노니 죄를 범하는 자마다 죄의 종이라 종은 영원히 집에 거하지 못하되 아들은 영원히 거하나니 그러므로 아들이 너희를 자유케 하면 너희가 참으로 자유하리라 나도 너희가 아브라함의 자손인줄 아노라 그러나 내 말이 너희 속에 있을 곳이 없음으로 나를 죽이려 하는도다 나는 내 아버지에게서 본 것을 말하고 너희는 너희 아비에게서 들은 것을 행하느니라 대답하여 가로되 우리 아버지는 아브라함이라 하니 예수께서 가라사대 너희가 아브라함의 자손이면 아브라함의 행사를 할 것이어늘 지금 하나님께 들은 진리를 너희에게 말한 사람인 나를 죽이려 하는도다 아브라함은 이렇게 하지 아니하였느니라 너희는 너희 아비의 행사를 하는도다 대답하되 우리가 음란한데서 나지 아니하였고 아버지는 한분 뿐이시니 곧 하나님이시로다 예수께서 가라사대 하나님이 너희 아버지였으면 너희가 나를 사랑하였으리니 이는 내가 하나님께로 나서 왔음이니라 나는 스스로 온 것이 아니요 아버지께서 나를 보내신 것이니라 어찌하여 내 말을 깨닫지 못하느냐 이는 내 말을 들을줄 알지 못함이로다 너희는 너희 아비 마귀에게서 났으니 너희 아비의 욕심을 너희도 행하고자 하느니라 저희는 처

음부터 살인한 자요 진리가 그 속에 없으므로 진리에 서지 못하고 거짓을 말할 때 마다 제것으로 말하나니 이는 저가 거짓말 장이요 거짓의 아비가 되었음이니라 내가 진리를 말하므로 너희가 나를 믿지 아니하는도다 너희 중에 누가 나를 죄로 책잡겠느냐 내가 진리를 말하매 어찌하여 나를 믿지 아니하느냐 하나님께 속한 자는 하나님의 말씀을 듣나니 너희가 듣지 아니함은 하나님께 속하지 아니 하였음이로다 유대인들이 대답하여 가로되 우리가 너를 사마리아 사람이라 또는 귀신이 들렸다 하는 말이 옳지 아니하냐 예수께서 대답하시되 나는 귀신 들린 것이 아니라 오직 내 아버지를 공경함이어늘 너희가 나를 무시하는도다 나는 내 영광을 구치 아니하나 구하고 판단하시는 이가 계시니라 진실로 진실로 너희에게 이르노니 사람이 내 말을 지키면 죽음을 영원히 보지 아니하리라.

    상기의 말씀과 같이 예수님은 죄에 매여 종노릇하고 있는 자들을 하나님의 말씀을 통해서 자유롭게 해주시기 위해서 오셨습니다. 그런데 유대인들은 이미 하나님의 아들이 되어 자유자가 되어 있는 것입니다. 이것은 오늘날 기독교인들도 예수를 믿음으로 이미 하나님의 아들이 되어 있는 것과 같습니다. 그러나 예수님은 유대인들을 하나님의

아들로 인정을 하지 않고 오히려 너희는 너희 아비 마귀에게서 났으며 죄의 종이라고 말씀하십니다.

　예수님께서 이러한 말씀을 하시기 때문에 유대인들은 예수님을 사마리아(이단)사람 또는 귀신들린 사람이라 말하며 예수님을 죽이려 하고 있습니다. 이렇게 하나님으로부터 와서 올바른 진리를 전하는 예수님이나 사도들을 유대인들은 배척을 하며 귀신들린 자요, 이단자요, 창녀와 같이 취급을 하고 있는 것입니다.

　이러한 일들은 오늘날도 변함없이 생명의 말씀을 전하는 참 목자와 삯군목자들 사이에서 일어나고 있는 일들입니다. 예수님은 유대인들을 향해서 사람이 내가 하는 말을 잘 듣고 소중히 간직하면 죽지 않는다고 말씀하고 있습니다. 즉 하나님의 백성들이 죽고 사는 것은 예수님이 하시는 말씀을 듣고 지키면 살고 배척을 하면 죽는 다는 뜻입니다.

산을 옮길 수 있는 믿음

106. Jesus said, "When you make the two into one, you will become children of Adam, and when you say, 'Mountain, move from here!' it will move"

예수께서 말씀하시니라. "너희가 둘을 하나로 만들 때 너희는 아담의 자녀가 될 것이다. 그리고 너희가 산더러 여기서 옮기라고 말하면 산이 옮겨질 것이다"

[해설] 예수님은 너희가 둘을 하나로 만들 때 너희는 아담(둘째 아담)의 자녀가 될 것이며 아담(예수)의 자녀가 되면 그때는 너희가 산을 명하여 여기서 저리로 옮기라고 하면 산이 옮겨 질것이라 말씀하십니다.
    예수님께서 제자들에게 둘을 하나로 만들라는 것은 두 마음을 한마음으로 만들라는 뜻이며 또한 신부가 신랑과 연합하여 한 몸이 되라는 뜻입니다. 이것은 창세기 1장 말씀에 땅을 하나님의 말씀을 통해서 하늘로 창조하는 것을 말합니다. 하나님은 땅에 속한 죄인들을 구원하여 하늘에 속한 하나님의 아들로 거듭나게 하시려는 것입니다. 이것

　이 주기도문을 통해서 말씀하고 계신 하나님의 뜻이 하늘에서 이루어진 것같이 땅에서도 이루어져 하늘이 되는 것과 같습니다. 그러나 죽은 자가 살아나서 하나님의 아들이 되는 것은 결코 쉬운 일이 아닙니다.

　이렇게 애굽의 신앙은 제사장(목사)을 통해서 하나님의 아들이 될 것을 막연히 믿는 것이며 광야의 신앙은 아들이 되기 위한 소망을 가지고 모세와 율법을 통해서 훈련을 받는 것이며 가나안에 들어간 자들의 신앙은 예수님의 말씀을 통해서 하나님의 아들로 거듭나서 사랑을 완성하는 것입니다. 이렇게 땅이 하늘이 되고, 죄인이 의인이 되고, 여자가 신랑을 만나 한 몸을 이루는 것은 매우 힘들고 어려운 일입니다.

　그런데 오늘날 기독교인들은 자신들이 신부이며 예수님은 신랑이라 말하며 이미 신랑과 연합하여 하나님의 아들이 되어 있습니다. 그러나 예수님께서는 하나님의 백성들 가운데 출애굽을 하여 광야의 훈련을 받고 가나안 땅에 들어온 자, 곧 모든 죄를 깨끗이 씻어 동정녀 마리아와 같이 정결한 처녀가 된 자만을 신부로 인정을 하고 영접합니다. 이렇게 정결한 처녀가 되어 예수님과 한 몸(하나님의 아들)이 된 자들은 이 산을 명하여 저리로 옮기라고 명하면

옮겨진다는 말씀입니다. 그러나 예수님께서 하나님의 아들로 거듭난 자들이 산을 옮길 수 있다는 것은 멸망의 넓은 길을 가는 자들을 구원하여 생명의 좁은 길로 인도 할 수 있다는 것을 비유로 하신 말씀입니다. 예수님은 마태복음 17장 19절 이하를 통해서 이렇게 말씀하십니다.

[마태복음 17장 19절-20절] 이 때에 제자들이 종용히 예수께 나아와 가로되 우리는 어찌하여 (귀신)쫓아내지 못하였나이까 가라사대 너희 믿음이 적은 연고니라 진실로 너희에게 이르노니 너희가 만일 믿음이 겨자씨만큼만 있으면 이 산을 명하여 여기서 저기로 옮기라 하여도 옮길 것이요 또 너희가 못할 것이 없으리라.

상기의 말씀은 예수님의 제자들이 왜 우리는 귀신을 쫓아내지 못하느냐고 예수님께 항변하는 장면입니다. 그런데 예수님은 너희가 귀신을 쫓아내지 못한 것은 믿음이 없기 때문이라고 말씀하시면서 만일 너희가 겨자씨 한 알만한 믿음이 있어도 이 산을 명하여 저리로 옮기리라 하여도 옮겨진다고 말씀하십니다. 그러면 결국 예수님을 믿고 따르는 예수님의 제자들에게도 겨자씨 한 알만한 믿음도 없었

다는 것입니다.

　오늘날 기독교인들은 신앙생활을 믿음으로 시작해서 믿음으로 마칠 정도로 신실하고 큰 믿음을 가지고 있다고 생각하고 있습니다. 그런데 정작 예수님을 믿고 따르며 날마다 예수님의 말씀을 먹고 사는 예수님의 제자들은 겨자씨만한 믿음도 없었다는 것입니다. 왜 그럴까요? 예수님께서 그의 제자들에게 겨자씨만한 믿음이 없다는 것은 곧 생명의 말씀이 없다는 것이며 생명의 말씀이 없다는 것은 곧 생명이 없다는 뜻입니다. 이 말은 하나님의 생명이 조금만 있어도 하나님의 능력이 나타나 죽어가는 영혼들을 구원하여 살릴 수 있다는 뜻입니다. 그러므로 예수님의 제자들에게 너희가 겨자씨만한 믿음도 없다고 하시는 것은 곧 하나님의 생명이 없다는 말씀입니다.

　때문에 고린도전서 13장을 통해서 "내가 예언하는 능이 있어 모든 비밀과 모든 지식을 알고 또 산을 옮길 만한 모든 믿음이 있을찌라도 사랑(생명)이 없으면 아무것도 아니라"고 말씀하시는 것입니다. 여기서 말씀하시는 사랑은 곧 하나님의 생명을 말합니다. 그러므로 사랑이 없다는 것은 하나님의 생명이 없다는 것이며 하나님의 생명이 없다는 것은 곧 죽은 자라는 뜻입니다. 때문에 아직 하나님의

생명으로 거듭나지 못한 자는 예언하는 능력이 있고 모든 비밀과 모든 지식을 알고 산을 옮길 만한 믿음이 있다 해도 아무소용이 없다는 것입니다.

    오늘날 기독교인들 중에 산을 옮길만한 믿음을 소유한 자 그리고 하나님의 비밀을 알고 있는 자가 어디에 있나요? 그런데 설령 이러한 능력과 믿음이 있다 해도 하나님의 사랑, 즉 하나님의 생명(생명의 말씀)이 없다면 아무소용이 없다는 것입니다. 그러므로 오늘날 기독교인들은 하나님의 일을 하기 전에 먼저 하나님의 아들로 거듭나야 하는 것입니다

한 마리의 잃어버린 양

107. Jesus said, "The kingdom is like a shepherd who had a hundred sheep. One of them, the largest, went astray. He left the ninety- nine and looked for the one until he found it. After he had toiled, he said to the sheep, I love you more than the ninety- nine"

예수께서 말씀하시니라. "그(하나님)나라는 백 마리의 양을 소유하고 있는 한 목자와 같도다. 백 마리의 양 가운데 가장 큰 양이 길을 잃었다. 목자는 아흔 아홉 마리의 양을 놓아두고 길 잃은 한 마리의 양을 찾을 때까지 찾아다녔다. 목자가 힘써 그 양을 찾은 후에 그 양에게 말했다, 나는 아흔 아홉의 양보다 너를 더욱 사랑한다"

[해설] 예수님은 하나님의 나라는 백 마리의 양을 소유하고 있는 한 목자와 같다고 말씀하십니다. 그런데 백 마리의 양 가운데 가장 큰 양 한 마리가 길을 잃어버렸다고 말씀하고 있습니다. 목자는 아흔 아홉의 양을 두고 길 잃은 한 마

리의 양을 찾아 다니다가 그 양을 찾은 것입니다. 목자는 그 양에게 나는 아흔 아홉 마리의 양보다 너를 더욱 사랑한다고 말하고 있습니다.

　오늘날 기독교인들은 잘 이해가 되지 않는 말씀이라 생각합니다. 왜냐하면 사람들은 한 사람의 생명 보다 아흔 아홉 사람의 생명을 더 중요하게 생각하기 때문입니다. 그런데 예수님의 말씀을 자세히 살펴보면 아흔 아홉 마리의 양보다 큰 양 한 마리가 더 중요하다는 것을 알 수 있습니다. 이 말씀에서 가장 주의 깊게 생각해야 할 점은 백 마리의 양 가운데 길을 잃은 가장 큰 양입니다. 왜냐하면 예수님은 아흔 아홉 마리의 양 보다 길 잃은 한 마리의 큰 양을 더 소중하게 여기시기 때문입니다. 그리고 길을 잃어버리는 양은 아직 아무것도 모르는 어린양들이지 성숙한 큰 양이 아니라는 것입니다.

　그러므로 가장 큰 양은 길을 잃은 것이 아니라 잘못된 기복신앙과 삯군목자에서 벗어나 참 목자와 생명의 길을 찾아 떠난 양입니다. 이렇게 예수님이 찾고 계신 양은 하나님의 생명으로 거듭날 수 있도록 준비된 자(알곡)를 말하며 아흔 아홉 마리의 양은 아직 죄 가운데 머물고 있으면서도 자칭 의인(하나님의 아들)이라는 자들을 말합니다.

　이 말씀을 통해서 예수님은 태산처럼 쌓여 있는 수많은 쭉정이 보다 한 알의 알곡을 더 소중히 여기신다는 것을 알아야 합니다. 때문에 예수님은 자칭 의인이요 하나님의 아들이라는 자들은 버려두시고 생명의 말씀을 찾아 방황하고 있는 나그네, 고아, 과부들을 찾아서 구원하시는 것입니다.
　이들이 바로 예수님께서 찾고 계신 잃어버린 큰 양들이며 하나님의 생명으로 거듭날 자들입니다. 그러면 오늘날 기독교인들은 이 말씀을 통해서 지금 나는 예수님이 찾고 있는 큰 양인지 아니면 예수님이 버려둔 아흔 아홉 마리의 양 가운데 하나인지 한번 생각해보아야 합니다.

108. Jesus said, "Whoever drinks from my mouth will become like me; I myself shall become that person, and the hidden things will be revealed to him"

예수께서 말씀하시니라. "누구든지 내 입으로부터 나오는 것(말씀)을 마시는 자는 나와 같이 되며 나는 그 사람과 같이 될 것이다. 그리고 감추어진 것들이 모두 그에게 드러날 것이다"

[해설] 예수님은 어느 누구나 내 입으로부터 나오는 말을 먹는 자는 나와 같이 되며 나는 그와 같이 될 것이라고 말씀하십니다. 그리고 나와 같이 된 자는 감추어진 하나님의 비밀을 모두 드러낸다고 말씀하십니다.

이 말은 예수님의 입에서 나오는 말씀을 먹고 마시는 자는 어느 누구나 예수님과 같이 하나님의 아들로 거듭나게 된다는 뜻입니다. 또한 예수님이 주시는 말씀을 먹고 예수님과 같이 하나님의 아들이 된 자는 하늘의 보화, 즉 성경에 감추어 놓은 영적인 비밀들을 모두 드러낸다는 것입니다.

예수님의 입에서 나오는 말씀은 제사장(목사)들이 주는

말씀(물)과 동일한 말씀이 아니라 생명의 말씀(생수)을 말합니다. 때문에 예수님께서 "살리는 것은 영이니 육은 무익하니라 내가 너희에게 이르는 말이 영이요 생명이라"고 말씀하신 것입니다. (요한복음 6장 63절)

이 말씀은 죽은 영혼을 살리는 것은 산 자(거듭난 자)의 입에서 나오는 영의 말씀이며 아직 거듭나지 못한 자의 입에서 나오는 육적인 말씀으로는 죽은 영혼을 살릴 수 없다는 뜻입니다. 이 말씀은 요한복음 4장13절 이하를 통해서도 잘 말씀하고 있습니다.

[요한복음 4장 13절-14절] 예수께서 대답하여 가라사대 이 물을 먹는 자마다 다시 목마르려니와 내가 주는 물을 먹는 자는 영원히 목마르지 아니하리니 나의 주는 물은 그 속에서 영생하도록 솟아나는 샘물이 되리라.

상기의 예수님이 말씀하시는 이 물(말씀)은 식수가 아니라 야곱 때부터 내려오는 하나님의 말씀(제사장들이 주는 육적인 말씀)을 말하며 영원히 목마르지 않는 물(말씀)은 예수님의 입에서 나오는 생명의 말씀을 말합니다. 예수님께서 제사장들이 주는 말씀은 생명이 없기 때문

에 다시 목마르지만 내가 주는 말씀은 그 안에 생명이 있기 때문에 이 물(말씀)을 마시면 하나님의 아들로 거듭나게 되어 영원히 목마르지 않게 된다는 것입니다. 그런데 오늘날 기독교인들은 예수님과 한 몸이 되어 하나님의 아들이 되었다고 주장을 하면서 무엇 때문에 주일마다 교회에 나아가 목사님의 설교를 듣고 그것도 모자라 성경공부까지 하는지 모르겠습니다. 그것은 목사님들이 주는 말씀은 생수가 아니라 물이기 때문입니다.

때문에 오늘날 기독교인들은 말씀을 듣고 먹어도 다시 목이 갈한 것이며 제사장(목사)이 주는 물은 평생을 먹어도 목이 갈한 상태에서 이 세상을 마치게 되는 것입니다. 만일 오늘날 기독교인들이 진정한 하나님의 아들이라면 속에서 생수가 솟아 나와야 하고 예수님의 말씀과 같이 성경에 감추어진 영적인 비밀들을 모두 드러낼 수 있어야 합니다. 그보다 중요한 것은 오늘날 기독교인들이 진정한 하나님의 아들이라면 죄인들의 죄를 사해주며 죽은 영혼들을 살려야 합니다.

그런데 기독교인들 중에는 아직도 예수님이나 사도들과 같이 죄를 사해주고 죽은 영혼을 살리는 자가 한 사람도 없다는 것입니다. 이것은 오늘날 목회자들 가운데 하나님

의 생명으로 거듭난 하나님의 아들이 없다는 것을 말해주는 것입니다.

문제는 기독교회에 목사님도 많고 신학박사도 많은데 하나님의 생명으로 실제 거듭난 하나님의 아들이 없다는 것입니다. 예수님의 제자들이 하나님의 생명으로 거듭나서 사도들이 될 수 있었던 것은 당시에 하나님의 아들이신 예수님이 계셨고 또한 그 입에서 나오는 생명의 말씀을 삼년 반 동안 직접 받아먹었기 때문입니다.

예수님의 말씀을 날마다 받아먹은 제자들은 예수님과 같이 하나님의 아들로 거듭나서 하나님의 비밀들을 모두 드러내며 죽은 영혼들을 구원하고 살린 것입니다. 이들이 바로 말씀이 육신 된 인간예수들입니다. 결국 오늘날 기독교인들이 예수님과 같이 될 수 없는 것은 오늘날 살아계신 예수님, 즉 하나님의 아들로 실제 거듭난 인간예수가 없기 때문입니다.

그러나 기독교밖에는 지금도 살아계신 실존 예수가 존재하고 있습니다. 왜냐하면 오늘날 예수님과 같은 인간 예수가 없다면 기독교인들을 구원할 수가 없기 때문입니다. 문제는 오늘날 기독교인들이 이천년 전에 오셨던 역사적 예수나 지금 하나님우편에 앉아 계신 예수는 믿으나 오늘

날 구원자로 오신 인간예수는 인정을 하지 않고 멸시천대를 하고 있다는 것입니다.

    그러나 오늘날 기독교인들을 구원할 예수는 오늘날 말씀이 육신 되어 오신 인간예수라는 것을 알아야 합니다.

흑암

공허하고 혼돈된 마음이
입을 열 때마다
어둡고 캄캄한 연기를 토설하며
주위를 흑암으로 몰아 갑니다

두려움으로 가득 찬
흑암의 세계를
광명한 불꽃으로 태워 버리고
정돈되고 안정된
마음의 세계를 열어가며
아름다운 미래를 약속하면서
아름다운 세계를
창조해 갈 것입니다

허수아비

신의 끈을 풀어서
바늘 구멍에 끼고
옷을 꿰 매어 입으니

허수아비로구나

듣지 못 하고
보지도 못 하고
깨닫지도 못 하는
어리석은 허수아비 인생

벙어리 냉가슴으로
가슴앓이 하는 허수아비

12.
밭에 감추어져 있는 보화

하나님의 백성들이
마음 밭을 갈지 않으면
보물을 손에 쥐고 있어도
보지 못하고
예수님이 바로 앞에 와 계셔도
알지 못합니다.

109. Jesus said, "The (Father's) kingdom is like a person who had a treasure hidden in his field but did not know it. And [when] he died he left it to his [son]. The son [did] not know about it either. He took over the field and sold it. The buyer went plowing, [discovered] the treasure, and began to lend money at interest to whomever he wished"

예수께서 말씀하시니라. "아버지의 나라는 마치 밭에 감추어진 보물을 갖고 있으나 그것을(보물) 모르는 사람과 같도다. 그가 죽으매 그의 아들에게 그 밭을 물려주었으나 그의 아들 역시 보물에 대해 모르고 있었다. 그가 그 밭을 팔아 (타인에게) 넘겨주었다. 그 밭을 산 사람은 (밭에)쟁기질하다가 그 보물을 발견하게 되었다. 그가 원하는 (자는) 어느 누구에게나 이자를 쳐서 돈(보물)을 빌려주기 시작하였다"

[해설] 예수님께서 하나님의 나라는 마치 밭에 감추어진 보물을 가지고도 그 보물의 소중함을 모르는 사람과 같다고 말씀하십니다.

밭주인은 밭에 감추어져 있는 보물의 가치도 모르고 살

다가 죽을 때 그 아들에게 그 밭을 물려주었습니다. 그런데 그 아들 역시 밭에 감추어져 있는 보물의 소중함을 모르고 살다가 타인에게 그 밭을 팔아 버렸습니다. 이것은 에서가 그의 하늘의 유업을 이어받을 장자권을 동생 야곱에게 팥죽 한 그릇에 팔아버린 것과 같습니다.

그 밭을 산 사람은 농사를 짓기 위해 쟁기질을 하다가 그 보물을 발견하게 된 것입니다. 보물을 발견한 사람은 그 보물이 너무 소중하여 다른 사람들에게 이자를 받고 빌려주기 시작한 것입니다. 그러면 밭은 어떤 밭을 말하며 밭에 감추어 있는 보물은 무엇을 말하는 것인가요? 밭은 사람의 마음 밭을 말하며 보물은 하나님의 말씀(생명)을 말합니다. 하나님의 백성들이 마음 밭을 갈지 않으면 보물을 손에 쥐고 있어도 보물의 가치를 알지 못하고 예수님이 바로 앞에 와 계셔도 보지 못합니다. 이것은 개나 돼지가 귀한 진주의 가치를 모르는 것과 같습니다.

처음에 밭을 소유하고 있던 주인이나 그의 아들이 밭에 감추어 있는 보물의 소중함을 알지 못한 것은 마음의 밭을 갈지 않았기 때문입니다. 마음 밭을 간다는 것은 하나님의 말씀으로 마음을 깨끗이 닦는다는 말인데 이를 회개라고 합니다.

    오늘날 기독교인들도 말씀을 통해서 자신의 더러운 마음을 날마다 닦지 않으면 말씀 속에 감추어져 있는 영적인 비밀들을 알 수가 없습니다. 그런데 마음을 깨끗이 닦아 하나님의 비밀을 발견하게 된 자는 그때부터 이웃에 죽어있는 영혼들에게 영적인 생명의 말씀을 나누어 주어서 죽은 영혼들을 살리는 것입니다. 오늘날 기독교인들이 하나님의 생명으로 거듭나지 못하는 이유는 예수를 믿음으로 아들이 되었다는 교리를 믿고 더러운 마음을 닦으려 하지 않기 때문입니다.

    이어지는 말씀에 보물을 발견한 사람이 그가 원하는 자는 어느 누구에게나 이자를 쳐서 돈을 빌려주기 시작하게 되었다는 말씀입니다. 여기에 보물을 찾기 원하는 사람은 진리, 곧 생명의 말씀을 찾고 있는 자들을 말합니다. 그러므로 보물을 소유하고 있는 자는 진리를 찾아 하나님의 생명을 얻기 원하는 자들에게 삼십배, 육십배, 백배로 자신이 받은 은혜에 이자에 이자를 더하여 갚게 된다는 것입니다. 이렇게 하나님의 은혜로 말미암아 하나님의 아들로 거듭난 자들은 반드시 이웃에 죽어 있는 영혼들을 찾아서 그들이 원하는 생명의 말씀을 주어 구원하는 것입니다.

    이것이 예수님께서 말씀하신 새 계명, 즉 마음을 다하

고, 뜻을 다하고, 정성을 다하여 너의 하나님을 사랑하고, 네 이웃을 네 몸과 같이 사랑하라는 말씀입니다.

    이 말씀의 뜻은 마음, 뜻, 정성을 다하여 하나님(인간예수)을 사랑하여 하나님의 아들로 거듭나라는 말이며 또한 하나님의 아들로 거듭난 자는 이웃에 죽어 있는 영혼들을 살려서 자신과 같은 하나님의 아들(인간예수)을 만들라는 것입니다.

110. Jesus said, "Let one who has found the world, and has become wealthy, renounce the world"

예수께서 말씀하시니라. "세상을 발견하여 부유하게 된 자는 세상을 포기하라"

[해설] 예수님은 세상을 발견하여 부유하게 된 자는 세상을 포기하라고 말씀하십니다. 이 말씀을 잘못하면 육신에 속한 사람들이 세상을 알게 되어 부자가 된 자는 세상의 욕심을 버리고 평안히 살라는 말로 오해 할 수가 있습니다. 그러나 예수님이 말씀하시는 세상은 사람의 존재들을 말하며 부자도 재물이나 돈을 많이 소유한 자가 아니라 말씀이 부요한 자 곧 하나님의 생명으로 거듭난 자를 말합니다. 그러므로 이 말씀은 자신의 존재를 발견하고 하나님의 아들로 거듭난 자는 세상에 대한 욕심이나 미련을 버리고 하나님의 일을 하라는 뜻입니다. 하나님의 아들로 거듭난 자들은 반드시 하나님의 뜻에 따라 죽은 영혼들을 구원하고 살리는 일을 해야 합니다.

왜냐하면 하나님의 생명으로 거듭난 자들은 반드시 이

웃에 죽어가는 영혼들을 구원하고 살려서 하나님이 원하시는 열매를 맺을 때 영생에 이르러 천국에 들어가게 되기 때문입니다. 이 때문에 예수님께서 주기도문을 통하여 "우리가 우리에게 죄지은 자를 사하여 준 것 같이 우리 죄를 사하여 주옵소서" 라고 기도하라는 것입니다.

 이 말은 하나님의 생명으로 거듭난 자들은 반드시 이웃에 있는 죽은 영혼을 구원하여 살려야 모든 죄를 사함 받고 그리스도로 완성된다는 뜻입니다. 이것이 십자가의 도이며 주님께서 말씀하신 새 계명입니다. 예수님과 사도들은 이 계명을 모두 이루신 분들입니다.

 그러므로 오늘날 기독교인들도 구원을 받아 하나님의 아들로 거듭나려면 주님과 사도들이 걸어가신 십자가의 길을 따라가며 새 계명을 이루어야 합니다.

세상에 가치를 두지 않는 자들

111. Jesus said, "The heavens and the earth will roll up in your presence, and the one who lives from the living one will not see death"
Does not Jesus say, "Those who have found themselves, of them the world is not worthy?"

예수께서 말씀하시니라. "하늘들과 땅이 네 면전에서 말려 올라갈 것이다. 살아있는 자로부터 살고 있는 자들은 죽음을 보지 않을 것이다. 예수님이 그자신의 존재를 발견한 자들은 이 세상에 가치를 두지 않는다고 말씀하시지 않았던가?"

[해설] 예수님은 하늘들과 땅이 네 앞에서 말려 올라갈 것이라고 말씀하십니다. 어떻게 하늘과 땅이 종이 말리듯이 말려 올라갈 수 있단 말입니까? 만일 이 말씀이 비유나 비사가 아니라면 예수님은 미친 사람이거나 정신병자라 생각할 수 있습니다.

왜냐하면 하늘이나 땅이 종이 말리듯이 말려서 사라진다는 것은 언어도단이기 때문입니다. 그러면 종이 말리듯

이 말려서 사라져버리는 하늘과 땅은 무엇을 말하는 것일까요? 이 말씀은 요한계시록 6장 12절 이하의 말씀을 보면 조금은 이해가 되리라 생각합니다.

[요한계시록 6장 12절-17절] 내가 보니 여섯째 인을 떼실 때에 큰 지진이 나며 해가 총담 같이 검어지고 온 달이 피같이 되며 하늘의 별들이 무화과나무가 대풍에 흔들려 선 과실이 떨어지는 것같이 떨어지며 하늘은 종이 축이 말리는 것같이 떠나가고 각 산과 섬이 제자리에서 옮기우매 땅의 임금들과 왕족들과 장군들과 부자들과 강한 자들과 각 종과 자주자가 굴과 산 바위틈에 숨어 산과 바위에게 이르되 우리 위에 떨어져 보좌에 앉으신 이의 낯에서와 어린양의 진노에서 우리를 가리우라 그들의 진노의 큰 날이 이르렀으니 누가 능히 서리요 하더라.

상기의 말씀의 해와 달과 별들은 하늘에 있는 해와 달과 별들을 말하는 것이 아니라 세상에서 영적권세를 잡고 있는 자들을 비유로 말씀하고 있습니다. 즉 해는 거짓 하나님의 아들(예수)을 말하며 달은 거짓 선지자를 말하며 별들은 하나님의 거짓 종들, 즉 오늘날 삯군목자들을 말합니다. 이들은 주님이 오셔서 말씀의 인을 떼실 때에 해는 칠

흑같이 어두워지고 달은 피같이 되며 하늘의 별들은 모두 떨어지며 하늘(말씀)은 종이 축이 말리는 것같이 떠나간다는 것입니다.

이 말씀은 하나님의 아들이 와서 영적인 진리의 말씀을 모두 드러내면 지금 거짓 하나님의 아들과 선지자와 목자노릇을 하는 자들의 말씀이 모두 거짓으로 드러나게 된다는 뜻입니다.

그리고 하늘이 종이 축이 말리듯이 떠나간다는 말씀은 그동안 알고 있었던 말씀과 신앙이 모두 거짓이라는 것이 드러나 사라져 버린다는 뜻입니다. 이때가 되면 모든 임금과 장군과 부자와 권세 자들이 어린양(하나님의 아들)의 진노가 두려워 굴과 바위틈에 숨어서 그동안 자신들이 믿고 섬겼던 신(하나님), 즉 산과 바위를 향해 보좌에 앉으신 이의 낯에서와 어린양의 진노에서 우리를 보호해 달라고 간청을 하게 된다는 것입니다.

그러나 산 자, 즉 하나님의 아들과 함께 살고 있는 자들은 죽음을 보지 않고 영원히 살게 된다는 말씀입니다. 또한 옛 하늘과 땅이 모두 사라져서 자신의 존재를 발견한 자들은 이 세상에 가치를 두지 않는다고 말씀하십니다.

왜냐하면 삯군목자를 믿고 따르며 신앙생활을 할 때는

세상에 가치를 두고 자기욕심을 채우기 위해 신앙생활을 하였지만 참목자를 만나 진리와 생명의 중요성을 깨닫게 되면 각종교리와 기복신앙에서 벗어나 오직 하나님의 뜻을 이루기 위해서 신앙생활을 하게 되기 때문입니다.

112. Jesus said, "Damn the flesh that depends on the soul. Damn the soul that depends on the flesh"

예수께서 말씀하시니라. "혼을 의지하는 육체는 망한다. 또한 육신을 의지하는 영혼도 망한다"

[해설] 인간은 몸과 생각과 마음으로 구성되어 있고 이세상도 물질세계와 정신세계와 마음의 세계가 있습니다. 이 때문에 이세상은 세 부류의 사람들이 모여 살아가고 있습니다. 즉 몸을 의지하면서 물질을 추구하며 재물을 의지하고 살아가는 사람과 자기생각을 의지하면서 지식을 추구하며 자신의 명예를 위해 살아가는 사람이 있습니다. 그런데 마음을 의지하고 살아가는 사람은 진실을 추구하고 하나님을 의지하며 살아갑니다.

때문에 예수님은 혼을 의지하고 사는 육체나 육신을 의지하고 사는 영혼은 망한다고 말씀하시는 것입니다. 왜냐하면 죽은 영혼들을 살리는 것은 영적인 존재이며 육적이나 혼적인 존재들은 죽은 영혼을 살릴 수 없기 때문입니다. 그럼에도 불구하고 오늘날 기독교인들은 하나님의 아들로

　거듭난 영적인 존재는 의지 하지 않고 육적인 존재나 혼적인 존재들을 믿고 의지하며 신앙생활을 하고 있는 실정입니다. 문제는 아직 거듭나지 못한 육적인 목자나 혼적인 목자들은 죽은 영혼들을 구원하거나 하나님의 생명으로 거듭나게 할 수 없다는 것입니다.

　오늘날 육적인 목자들은 애굽(세상)교회에서 각종교리와 기복신앙을 가지고 교인들을 인도하는 목회자들을 말하며 혼적인 목자는 광야교회에서 율법을 가지고 훈련시켜 가나안으로 인도하는 광야의 목자(모세)를 말합니다. 그런데 예수님은 아직 하나님의 생명이 없는 육적존재나 혼적존재들을 믿고 의지하는 자들은 결국 멸망 당하게 된다고 말씀하고 있습니다. 왜냐하면 애굽의 목자는 자신이 하나님의 아들이라는 것을 믿고 있는 자이며 광야의 목자는 천국의 소망을 가지고 가나안을 향해 정진하고 있는 자로서 이들에게는 아직 하나님의 생명이 없기 때문입니다.

　때문에 마음의 세계에서 진실을 추구하며 영생을 위해 신앙생활을 하는 자들은 오직 생명의 주이신 예수님을 믿고 의지해야 하며 또한 예수님과 같이 오늘날 하나님의 생명으로 거듭난 하나님의 아들들을 믿고 의지해야 합니다. 이렇게 오늘날 하나님의 생명으로 거듭난 목자들은 지금도

죽은 영혼을 구원하고 살릴 수 있는 것입니다. 그러나 신학교를 졸업하고 지금 목회를 하고 있는 목사라 해도 아직 하나님의 생명으로 거듭나지 못한 자들은 하나님의 생명이 없기 때문에 죽은 영혼들을 구원하거나 살릴 수 없습니다.

    때문에 하나님은 오늘날 기독교인들에게 하나님의 생명으로 거듭난 하나님의 아들을 믿으라는 것이며 예수님도 육체(애굽의 목자)나 혼(광야의 목자)을 의지하는 자는 반드시 멸망한다고 말씀하시는 것입니다.

예수님이 말씀하시는 천국

113. His disciples said to him, "When will the kingdom come?" "It will not come by watching for it." It will not be said, "Look, here!' or 'Look, there!' Rather, the Father's kingdom is spread out upon the earth, and people don't see it"

그의 제자들이 예수에게 물었다, "언제 그 나라(천국)가 옵니까?" "그 나라는 (너희가)볼 수 있게 오는 것이 아니다. (사람들이) 보라 여기 있다 또는 보라 저기 있다 말하지 못할 것이다. 오히려 아버지의 나라는 이 땅위에 항상 존재(나타나있다)하고 있는데 사람들이 보지 못하고 있다"

[해설] 예수님의 제자들이 예수님에게 하나님의 나라는 언제 오느냐고 묻고 있습니다. 예수님은 제자들에게 천국은 사람들이 볼 수 있게 오는 것이 아니라고 말씀하십니다. 때문에 사람들이 천국을 "여기 있다 혹은 저기 있다"라고 말하면 안 된다는 것입니다. 왜냐하면 천국은 영안이 없는 자, 즉 하나님의 생명으로 거듭나지 못한 자의 눈으로는 볼

수 없기 때문입니다. 이렇게 천국은 이 땅에 항상 존재하고 있지만 사람들이 영안이 없어서 보지 못하고 있는 것입니다. 성경이나 예수님이 말씀하시는 천국은 곧 하나님의 생명으로 거듭난 하나님의 아들을 말합니다.

천국이신 예수님께서 유대인들을 구원하기 위해서 유대 땅에 오셨지만 유대인들이 예수님을 알아보지 못한 것은 그들에게 예수님을 볼 수 있는 영안(영적인 눈)이 없었기 때문입니다. 이 말씀은 예수님께서 누가복음 17장 20절 이하를 통해서도 말씀하고 있습니다.

[누가복음 17장 20절-21절] 바리새인들이 하나님의 나라가 어느 때에 임하나이까 묻거늘 예수께서 대답하여 가라사대 하나님의 나라는 볼 수 있게 임하는 것이 아니요 또 여기 있다 저기 있다고도 못하리니 하나님의 나라는 너희 안에 있느니라.

하나님의 나라가 언제 임하는가 하는 것은 바리새인이나 예수님의 제자들뿐만 아니라 오늘날 기독교인들도 최대의 관심사라 할 수 있습니다. 그런데 문제는 오늘날 기독교인들이 하나님의 나라의 실체가 무엇인지도 모르는 상태에서 하나님의 나라를 기다리고 있다는 것입니다.

　오늘날 기독교인들은 물론 목회자들도 천국이 어느 곳에 있는지 그곳은 어떤 곳인지도 분명히 모르고 있습니다. 때문에 예수님께서 천국 자체를 모르는 자들에게 너희는 "천국이 여기 있다 혹은 저기 있다" 말하지 말라는 것입니다.

　유대인들이나 오늘날 기독교인들은 천국을 어느 특정한 곳으로 생각하고 있지만 예수님은 하나님의 생명으로 거듭난 하나님의 아들을 천국 혹은 하나님의 나라라고 말씀하고 있습니다. 예수님께서 유대인들을 향해서 "회개하라 천국이 가까이 왔다"고 말씀하신 것은 "천국(예수)의 실체인 내가 왔으니 내게로 돌아오라"는 뜻으로 하신 말씀입니다. 이렇게 천국(하나님의 아들)은 하나님의 백성들을 구원하기 위하여 언제나 인간의 모습으로 오셔서 항상 계시지만 하나님의 백성들은 천국 자체를 모르고 있는 실정입니다. 때문에 예수님(천국)이 앞에 와있어도 보지 못하고 구름타고 오시는 예수님만 막연히 기다리고 있는 것입니다.

　유대인들이나 오늘날 기독교인들이 기다리는 천국은 환경이 아름답고 물질에 부족함이 없고 아무런 고통도 없는 평안하고 살기 좋은 나라로 알고 있습니다. 그러나 마음

에 천국이 이루어지지 않으면 설령 이러한 천국이 온다 해도 아무런 소용이 없습니다. 왜냐하면 내 마음이 괴롭고 내 육신이 고통스러우면 아무리 좋은 환경과 금은보화가 있어도 만사가 싫고 항상 괴롭기 때문입니다. 그러나 예수님과 같이 마음에 천국이 이루어지면 항상 즐겁고 평안하며 아무리 괴롭고 고통스러운 지옥도 천국과 같이 느끼게 되는 것입니다. 때문에 예수님이 내 마음 안에 계시면 천국이나 지옥도 모두 천국이라 말하는 것입니다. 천국은 가는 것이 아니라 자신의 마음속에 이루는 것입니다.

이렇게 천국은 하나님의 말씀을 통해서 하나님의 생명으로 거듭나 마음속에 천국이 이루어 진 자들을 말합니다. 결국 천국은 자신 안에 하나님의 성령이 임하신 자들을 말하며 이들이 바로 하나님의 아들이며 하나님의 생명이며 하나님이 안식하고 계신 하나님의 성전(교회)인 것입니다. 그러므로 오늘날 기독교인들은 천국을 가려고 하지 말고 천국이 자신 안에서 이루어지기를 바라고 기도해야 합니다. 천국은 자신이 이루는 것이 아니라 하나님 나라의 실체이신 인간예수가 오셔서 이룰 수 있도록 인도해 주시는 것입니다.

Saying added to the original collection at a later date: (이 말씀은 나중에 본문에 추가로 첨부한 것입니다)

여자를 남자로 창조하시는 예수님

114. Simon Peter said to them, "Make Mary leave us, for females don't deserve life." Jesus said, "Look, I will guide her to make her male, so that she too may become a living spirit resembling you males. For every female who makes herself male will enter the kingdom of Heaven"

시몬 베드로가 그들에게 말했다, "마리아를 우리에게서 떠나게 하십시오. 왜냐하면 여자들이 생명을 받을 수 없기 때문입니다. 예수께서 가라사대, "보라 내가 그 여자를 남자로 만들도록 인도할 것이다. 그리하여 그 여자도 너희 남자들과 같이 산 영(生靈)이 되도록 만들 것이다, 이렇게 남자로 창조된 여자들은 누구나 하늘나라에 들어갈 것이다"

[해설] 시몬 베드로가 예수님에게 마리아를 우리에게서 떠나게 해달라고 말하고 있습니다. 왜냐하면 여자들은 하나님의 생명을 받을 수 없기 때문이라는 것입니다. 베드로의 말을 들으신 예수님은 제자들에게 "보라 내가 여자를 남자로 만들도록 인도하여 그녀도 너희 남자들과 같이 살아 있는 영이 되도록 만들 것이다"라고 말씀하십니다. 또한 예수님은 이렇게 남자로 창조된 여자들은 누구나 하늘나라에 들어 갈 것이라고 말씀을 하십니다. 예수님의 말씀은 모두 비유와 비사라고 하지만 이런 말씀들은 아무리 성경을 많이 보고 연구하여도 이해 할 수조차 없는 말씀입니다. 왜냐하면 성령으로 육신이 잉태되는 것도 불가사의한 일인데 예수님께서 살아 있는 여자의 몸을 남자로 만든다는 것은 언어도단이기 때문입니다. 오늘날 기독교인들은 예수님의 이러한 말씀들은 알 수가 없기 때문에 예수님은 능력이 많으시니 여자도 남자로 만드실 수 있다고 막연히 믿고 있을 뿐입니다.

　문제는 예수님을 믿고 따라 다니며 가르침을 받고 있는 시몬 베드로도 예수님의 말씀이나 하시는 일을 잘 모르고 있다는 것입니다. 그보다 시몬 베드로는 예수님의 수석제자임에도 불구하고 육적인 여자 외에 영적인 여자가 있다

는 것조차도 모르고 있는 것입니다. 그러면 예수님이 말씀하시는 영적인 여자는 어떤 여자를 말하며 남자는 어떤 남자를 말하는 것일까요? 오늘날 기독교인들은 남녀를 불문하고 자신들은 신부이며 예수님은 신랑이라 말합니다. 이것은 예수님은 남자이며 자신들은 여자라는 뜻입니다. 그런데 성경이나 예수님은 오늘날 기독교인들이나 하나님께서 택한 백성인 유대인들까지도 여자로 인정을 하지 않고 있다는 것입니다.

왜냐하면 하나님이 말씀하시는 여자는 영적으로 대단한 위치에 있는 존재를 말씀하고 있기 때문입니다. 즉 성경이 말하는 여자는 성령을 잉태 할 준비가 되어 있는 동정녀(정결한 처녀) 마리아와 세례요한과 같은 존재들을 말합니다. 때문에 예수님께서 세례요한을 가리켜 여자가 난 자 중에 제일 큰 자라고 말씀하신 것입니다. 이렇게 세례요한이나 마리아는 신부단장을 하고 하나님의 아들로 거듭날 준비가 되어있는 자들을 말합니다. 예수님께서 제자들은 우리안의 양(육축)이라 말씀하시며 유대인들을 우리 밖의 양(들짐승)이라 말씀하시고 서기관(제사장)이나 바리새인들은 이리 혹은 독사의 자식이라 말씀하신 것은 바로 이러한 이유 때문입니다.

이렇게 성경이 말하는 여자나 육축(양)이나 들짐승 그리고 기는 짐승(뱀)들은 모두 사람의 존재들을 영적인 차원에 따라 분류하여 말씀하고 있는 것입니다. 그런데 하나님께서 말씀하시는 애굽의 존재들은 놀랍게도 모두 "쎄레쯔(미생물)"라 말씀하고 있습니다. 창세기에 하나님께서 창조하시는 하늘과 땅은 자연만물이 아니라 땅에 속한 미물(죄인)과 같은 존재들을 엿새 동안 하나님의 말씀으로 창조하여 하늘(의인)을 만드시는 것입니다.

즉 애굽에 있는 미물과 같은 존재들을 말씀을 통해서 기는 짐승을 만들고 기는 짐승은 걷는 짐승을 만들고 걷는 짐승은 육축으로 만들고 육축을 다시 사람으로 창조하여 여자를 만드는 것입니다. 이런 과정을 통해서 여자로 창조된 자들이 남자(예수)로부터 씨(생명의 말씀)를 받아서 남자(하나님의 아들)로 태어나는 것입니다. 예수님께서 말씀하시는 여자는 바로 이러한 과정을 통해서 창조된 여자를 말하며 예수님은 이러한 여자들을 다시 남자로 만드시는 것입니다.

이와 같이 미생물의 존재가 하나님의 말씀을 통해서 육일동안 창조(여섯 번 거듭남)를 받아 여자가 되는 것이며 예수님은 이러한 여자를 취하여 하나님의 형상과 모양(예

수님)이 같은 하나님의 아들(남자)로 완성시키는 것입니다. 예수님은 이렇게 하나님의 형상과 모양이 같은 남자로 창조된 자가 바로 하나님의 아들들이며 이러한 남자들이 천국(안식)에 들어간다는 것입니다. 이렇게 하나님께서 창세기를 통해서 말씀하시는 천지 창조는 자연 만물을 창조하시는 것이 아니라 흙으로 만든 인간(땅)을 육일(여섯 단계) 동안 하나님의 말씀을 통해서 하나님의 형상과 모양이 같은 하나님의 아들(하늘)로 창조(영혼 구원)하는 것을 말합니다. (천지창조는 창세기 해설서에 자세히 기록되어 있음)

  이것이 바로 주기도문을 통해서 예수님이 말씀하시는 "하나님의 뜻이 하늘(예수)에서 이루어진 것 같이 땅(죄인)에서도 이루어지다"와 동일한 뜻입니다. 그런데 오늘날 목회자들이나 신학자들은 천지 창조를 지금도 문자 그대로 자연만물 창조라 주장하고 있는 것입니다. 예수님께서 말씀하시는 하나님의 뜻은 땅(죄인)들이 하나님의 말씀으로 창조를 받아 하늘(하나님의 아들)로 거듭나는 것입니다. 때문에 아직 출애굽도 못한 하나님의 백성들은 바다의 물고기 혹은 바다의 모래로 비유하여 말씀하는데 이는 창조를 받아야 할 티끌 혹은 미생물(세레쯔)이라는 뜻입니다.

  이스라엘의 왕인 다윗이 자신의 존재를 깨닫고 나서 나

는 벌레요 사람이 아니라고 고백하고 있는 것은 곧 자신이 미물이라는 것을 깨달았다는 뜻입니다. 하나님은 애굽에 존재하는 미생물들이 엿새 동안 하나님의 말씀으로 창조를 받아 하나님의 생명으로 거듭난 하나님의 아들만을 사람(남자)으로 인정하십니다. 예수님께서 자신을 인자(사람의 아들)라고 말씀하신 것도 바로 이 때문입니다. 이렇게 성경이 말하는 남자는 예수님과 같이 하나님의 생명(씨)을 소유한 자들을 말하며 여자는 남자로부터 씨(생명)를 받을 수 있는 준비가 된 정결한 처녀를 말합니다.

　성경을 보면 애굽(바다)에는 애굽의 목자(제사장)가 있고 광야(육지)에는 광야의 목자(모세)가 있고 가나안에는 가나안의 목자(예수)가 계십니다. 예수님께서 애굽의 존재(물고기)들이나 광야의 존재(들짐승)들은 외면하시고 가나안의 존재(양)들을 취하여 정결한 처녀를 만드시고 그 안에 생명의 말씀을 잉태시켜 아들(남자)로 낳는 것을 볼 수 있습니다. 이것은 예수님께서 그를 믿고 따르는 제자들을 삼년반 동안 말씀(생명의 말씀)을 먹이고 훈련시켜 하나님의 아들로 거듭나게 하여 열두 사도를 만든 것입니다. 이 세상에 수많은 하나님의 백성들 가운데 유독 마리아의 몸에 성령이 잉태되어 아들을 낳을 수 있었던 것은 마리아는 날마

다 하나님의 말씀으로 더러운 마음을 깨끗이 씻어 정결한 처녀의 상태로 준비되어 있었기 때문입니다.

　사도바울이 하나님의 백성들을 정결한 처녀로 만들어 그리스도에게 중매하는 사역을 하신 것은 바로 이 때문입니다. 이렇게 천국은 예수를 믿는 자들이 들어가는 곳이 아니라 자신 안에 들어있는 모든 죄를 말씀으로 깨끗이 씻고 정결하게 된 처녀가 하나님의 생명으로 거듭나서 들어가는 곳입니다. 때문에 예수님은 상기의 말씀을 통해서 천국은 여자가 남자로 창조된 자들이 들어간다고 말씀하시는 것입니다. 이 말은 아무리 예수를 잘 믿어도 하나님의 아들(남자)로 거듭나지 못하면 천국에 들어 갈 수 없다는 뜻입니다.

　오늘날 기독교인들이 심히 안타까운 것은 지금 자신의 영적상태가 미물인지 기는 짐승인지 아니면 육축(양)인지 조차도 모르고 하나님의 아들로 착각을 하고 있다는 것입니다. 때문에 하나님은 지금도 기독교인들에게 "아담아 네가 지금 어디 있느냐?"고 묻고 계십니다. 그러므로 오늘날 기독교인들은 천국을 가려고 하기 전에 말씀을 통해서 지금 자신의 존재와 신앙이 어느 상태에 있는지를 확인해 보아야 합니다. 즉 지금 내가 머물고 있는 곳이 애굽인지, 광

야인지, 아니면 가나안인지 그리고 자신의 상태가 미물인지, 기는 짐승인지 아니면 양인지, 여자인지를 확인해 보아야 합니다. 예수님께서 도마복음서를 통해서 오늘날 하나님의 백성들에게 말씀하시는 목적은 이 말씀을 통해서 자신의 영적인 상태를 밝히 보고 하루속히 회개를 하고 말씀으로 창조를 받아 육축이 되고 정결한 여자가 되어 하나님의 아들로 거듭나게 하기 위함입니다.

 그러므로 이 글을 읽으신 모든 분들은 이 말씀을 통해서 자신의 존재를 밝히 보고 반드시 하나님의 말씀으로 창조를 받아 하나님의 아들로 거듭나야 합니다. 그런데 하나님의 아들로 창조를 받으려면 반드시 오늘날 하나님께서 구원자로 보내주시는 인간 예수를 만나야 합니다. 하나님께서 오늘날 기독교인들을 구원하기 위해서 보내주시는 구원자는 육신의 몸을 입고계신 인간 예수입니다. 하나님께서 구원자로 보내주시는 인간 예수는 지금도 우리 주변 가까이에 있습니다.

 형제 사랑하기를 계속하고 손님 대접하기를 잊지 말라 이로써 부지중에 천사를 대접한 이들이 있었느니라. (히브리서 13장 1절)

　상기의 말씀에 천사는 바로 오늘날의 구원자 "인간 예수"를 말씀하고 있습니다. 이렇게 육신의 몸을 입고 오시는 인간예수는 알파(시작부터)와 오메가(끝까지)로 옛날이나 지금이나 앞으로도 영원토록 여러분 곁에 계십니다.

　그러므로 오늘날 하나님께서 보내주시는 구원자를 만나기 위해서 구하고, 찾고, 두드리며 기도해야 합니다. 그러면 하나님께서 여러분을 구원할 오늘날의 인간예수를 반드시 보내주실 것입니다.

　저자는 이글을 청종하신 분들이 오늘날 구원자로 오신 "인간 예수"를 만나서 모두가 구원을 받고 하나님의 생명으로 거듭나서 천국에 이르기를 기원하는 바입니다.

사 랑

당신의
따뜻한 사랑은
내 안에 들어오셔서
향기로운 제물이 되셨고
깊고 깊은 음부 속까지 내려 가
사랑을 하셨습니다

당신의
사랑의 빛은
사망의 그늘에 앉아 있는
나를 일으켜 세우고
당신의 따뜻한 사랑을
토설하게 하셨습니다

당신의
향기로운 제물이
사랑을 만들고
사랑을 낳으셨습니다

부록

성경 속에 감추어져 있는
하나님의 비밀은 예수그리스도이며
예수그리스도는 말씀이 육신 되신
예수님입니다.

1. 하나님의 비밀인 예수그리스도의 실체

　성경 속에 감추어져 있는 하나님의 비밀은 예수그리스도이며 예수그리스도는 말씀이 육신 되신 예수님입니다. 말씀이 육신이 되었다는 뜻은 사람의 육신 안에 하나님의 성령 곧 생명의 말씀이 잉태되어 하나님의 아들로 태어났다는 의미이며 인간 예수라는 뜻은 하나님께서 인간의 몸으로 오셔서 죄인들을 구원 하신다는 뜻입니다. 이러한 인간 예수는 알파(시작)와 오메가(끝)로서 어느 특정한 시대에만 계신 것이 아니라 어느 시대에나 항상 계십니다.
　왜냐하면 이 세상에 죄인들을 구원하는 인간 예수가 없다면 하나님의 아들로 거듭나는 것은 물론 구원조차도 받을 수 없기 때문입니다. 왜냐하면 세상의 죄인들을 구원하여 살리시는 분은 성령이나 그리스도가 아니라 인간의 몸을 입고 계신 인간 예수이시기 때문입니다. 그런데 오늘날 기독교인들은 이천년 전에 유대인들을 구원하기 위해서 유대 땅에 오셨던 예수님은 모두 잘 알고 있는데 오늘날 기독교인들을 구원하기 위해서 오신 이 시대의 예수는 모르고 있다는 것입니다. 때문에 오늘날 기독교인들은 성경을 통

해서 하나님께서 보내주시는 이 시대의 구원자(인간예수)를 알아야 합니다. 왜냐하면 하나님께서 이 시대에 구원자로 보내주시는 구원자를 알아야 죄 사함을 받을 수 있고 하나님의 아들로 거듭나 천국에도 갈 수 있기 때문입니다.

도마복음서는 하나님께서 오늘날 기독교인들을 구원하시기 위해서 보내주시는 인간 예수에 대하여 자세히 말씀하고 있습니다. 이시대의 구원자는 오늘날 말씀이 육신 되어 하나님의 생명으로 거듭난 하나님의 아들을 말합니다. 그런데 안타깝게도 하나님의 백성인 유대인들이나 오늘날 기독교인들은 한결같이 하나님께서 보내주시는 구원자가 지극히 평범한 인간의 모습으로 오시기 때문에 믿지 않을 뿐만 아니라 오히려 배척을 하는 것입니다. 왜냐하면 하나님의 백성들이 기다리고 있는 예수는 외모 자체가 인간들과 전혀 다른데 예수님은 머리주변에 항상 후광이 빛나고 있으며 그의 능력과 권능이 무한하신 하나님 예수를 기다리고 있기 때문입니다.

그런데 하나님께서 보내주시는 예수님의 외모는 보통 사람과 조금도 다르지 않고 얼굴에서 빛도 나지 않는 지극히 평범한 인간 예수입니다. 때문에 유대인들이나 기독교인들은 이러한 평범한 인간 예수는 인정하지 않고 오히려

이단자로 배척을 하며 멸시와 천대를 하고 있는 것입니다. 때문에 하나님은 요한일서 4장을 통해서 말씀 육신 되어 오시는 인간 예수에 대하여 자세히 말씀하시면서 말씀이 육신 되어 오시는 인간예수를 믿지 않는 자들은 하나님의 영이 아니라 적그리스도의 영이라 말씀하고 있습니다.

[요한일서 4장 1절-3절] 사랑하는 자들아 영을 다 믿지 말고 오직 영들이 하나님께 속하였나 시험하라 많은 거짓선지자가 세상에 나왔음이니라 하나님의 영은 이것으로 알지니 곧 예수 그리스도께서 육체로 오신 것을 시인하는 영마다 하나님께 속한 것이요 예수를 시인하지 아니하는 영마다 하나님께 속한 것이 아니니 이것이 곧 적그리스도의 영이니라 오리라 한 말(예수님의 다시오심)을 너희가 들었거니와 이제 벌써 세상에 있느니라.

상기의 말씀에 "너희가 오리라 한 말을 들었다"는 것은 예수님께서 세상을 떠나시면서 내가 다시 그리고 속히 오겠다는 말씀을 들었다는 것입니다. 그런데 예수님께서 속히 다시 오겠다는 말씀과 같이 지금 벌써 이 세상에 오셔서 계시다고 말씀하고 있습니다.

　예수님께서 이 세상을 떠나시면서 분명히 내가 속히, 곧 다시 오겠다는 약속을 하시고 떠나셨습니다. 그런데 오늘날 기독교인들이 기다리고 있는 예수님은 속히 오신다는 약속대로 이미 세상에 오셔서 계시다는 것입니다.

　지금 세상에 다시 오신 예수는 생명의 말씀이 육체 안에 임하여 하나님의 아들로 거듭난 자들을 말합니다. 예수님 당시에는 예수님께서 사도들의 육체 안에 말씀으로 임하셨고 오늘날은 예수님이 하나님의 생명으로 거듭난 자들 안에 임하신 것입니다. 이렇게 예수님은 생명의 말씀으로 거듭난 자들 안에 재림하신 것입니다. 이렇게 예수님이 재림한 하나님의 아들들이 곧 오늘날 기독교인들을 구원할 인간 예수들입니다.

　그런데 안타깝게도 유대인들이나 오늘날 기독교인들은 영안이 없어서 지금 말씀이 육신 되어서 오신 예수를 모르고 있는 것입니다. 그런데 문제는 오늘날 기독교인들은 물론 목회자들도 오늘날 말씀이 육신 되어 오신 예수를 부정하며 오히려 이단으로 매도를 하고 있다는 것입니다. 그러면서 지금도 손오공처럼 하늘의 구름을 타고 화려한 모습으로 나타나는 재림 예수를 이천년 동안 기다리고 있는 것입니다. 그러나 예수님은 예수님이 세상을 떠나실 때 하신

말씀과 같이 예수님 당시에 예수님을 찌른 자들도 볼 수 있게 속히 오신 것입니다. 예수님 당시에 재림하신 예수는 곧 열두 사도들을 말합니다. 왜냐하면 예수님께서 사도들의 몸 안으로 오셔서 구원의 사역을 계속 하셨기 때문입니다. 그럼에도 불구하고 적그리스도의 영을 소유하고 있는 자들은 재림하신 예수님을 보지 못하여 부정을 하고 있는 것입니다.

때문에 목회자들이 전하는 말씀(영)을 다 믿지 말고 그 입에서 나오는 말씀이 하나님께 속하였나 시험해보라는 것입니다. 그것은 예수그리스도께서 오늘날 육체(안에)로 오신 것을 시인하는 영(말씀)은 하나님께 속한 것이며 오늘날 육체(안에)로 오신 예수를 시인하지 않는 영(말씀)은 적그리스도의 영(말씀)이라고 말씀하고 있습니다. 이렇게 오늘날 기독교인들을 구원할 예수는 이천년 전에 오셨던 예수님이 아니라 오늘날 말씀이 육신 되어 오신 인간 예수입니다.

오늘날 기독교인들이 성경을 수백 번씩 읽고 성경을 모두 암송한다 해도 그리고 원어성경을 공부하고 신학을 연구하여 신학박사가 되었다 해도 오늘날 하나님께서 구원자로 보내주시는 예수를 모른다면 천국은 물론 구원조차 받

을 수 없다는 것을 알아야 합니다. 왜냐하면 성경은 예수에 대하여 기록하고 있으며 또한 하나님은 오늘날 구원자로 보내주시는 인간 예수를 믿고 영접해야 구원을 받을 수 있고 하나님의 아들로 거듭나서 천국도 갈 수 있다고 말씀하고 있기 때문입니다. 그런데 오늘날 기독교인들은 이천년 전에 오셨던 예수님이나 지금 하나님 우편에 앉아 계신 예수님은 잘 알고 믿고 있으나 오늘날 말씀 육신되어 구원자로 오신 인간 예수에 대해서는 전혀 모르고 있는 것입니다. 때문에 저자는 도마복음서를 통해서 인간 예수를 보다 자세히 누구나 알 수 있도록 소개한 것입니다.

오늘날 기독교인들을 구원하기 위하여 하나님께서 보내주시는 구원자는 인간의 모습으로 지금도 여러분 가까이에 계시다는 것을 알아야 합니다. 그러므로 오늘날 기독교인들은 도마복음 해설서를 통하여 하나님께서 오늘날 구원자로 보내주시는 인간 예수를 확실하게 알고 영접하여 모두 하나님의 아들로 거듭나야 합니다.

도마복음서를 통해서 내가 만난 예수님은 천사장의 나팔 소리와 함께 하늘의 구름을 타고 오시는 위대하고 찬란한 예수가 아니라 단지 말씀이 육신되어 오시는 지극히 평범한 인간 예수입니다. 그런데 하나님께서 오늘날 기독교

인들을 구원하시기 위해서 보내주시는 예수님을 모른다면 천국에 들어가지 못하는 것은 물론 구원조차도 받을 수 없다는 것을 알아야 합니다. 때문에 오늘날 기독교인들은 자신을 구원하기 위해서 오시는 예수님을 아는 것은 그 무엇보다 중요한 일이라 생각합니다.

　이 세상에는 바다의 모래와 같이 수많은 하나님의 백성들과 하늘의 별과 같이 많은 목회자들이 주 예수를 구주로 믿으며 신앙생활을 하고 있습니다. 그런데 모두가 하나님 우편에 앉아계신 성자 하나님은 잘 알고 있는데 오늘날 말씀이 육신 되어 오신 인간 예수에 대해서는 잘 모르고 있는 것입니다. 이것은 하나님의 백성인 유대인들이 자신들을 구원하기 위해서 오신 예수님을 모르고 배척을 했던 것과 같습니다.

　때문에 유대인들은 하나님의 아들로 거듭나는 것은 물론 구원조차 받지 못하고 멸망을 당하게 된 것이며 인간 예수님을 믿고 영접한 예수님의 제자들은 살아서 사도가 된 것입니다. 유대인들이 예수님을 영접하지 않고 배척을 한 이유는 예수님께서 하늘의 큰 권능과 영화를 가지고 찬란한 모습으로 오시지를 않고 초라한 마구간에서 태어나 평범한 인간으로 오셨기 때문입니다. 이것은 오늘날 기독교

인들이 천사장의 나팔소리와 함께 하늘의 구름을 타고 찬란한 모습으로 오시는 예수님을 기다리고 있는 것과 같습니다. 그러나 예수님은 성경에 약속된 말씀과 같이 2000년 전에 오셨던 모습 그대로 지극히 평범한 인간의 모습으로 오십니다.

오늘날 기독교인들은 하나님께서 죄인들을 구원하시기 위해서 이 낮고 천한 세상에 죄인의 몸으로 오셨다고 말하고 있습니다. 하나님께서 낮고 천한 죄인의 몸으로 오셨다는 것은 인간의 몸으로 오셨다는 것입니다. 이렇게 죄인들을 구원하시기 위해서 세상에 오신 예수님은 지극히 평범한 인간의 모습입니다. 때문에 예수님은 자신을 하나님의 아들이라는 말보다 "인자(안드로포스 휘오스)," 즉 "사람의 아들"이라는 말씀을 더 많이 강조하신 것입니다. 그런데 오늘날 기독교인들은 유대인들과 같이 하나님께서 죄인들을 구원하기 위해서 보내주신 초라한 모습의 인간 예수는 믿지도 않으며 오히려 이단자로 배척을 하고 있습니다.

때문에 평생 동안 예수를 믿으며 신앙생활을 열심히 하여도 하나님의 아들로 거듭나지 못하는 것은 물론 죄 사함도 받지 못한 상태에서 이 세상을 떠나가게 되는 것입니다. 그럼에도 불구하고 오늘날 기독교인들은 하나님 우편에 앉

아 계신 예수님이 하늘의 구름을 타고 혜성과 같이 나타나기를 지금도 기다리고 있는 것입니다. 그러나 하늘의 구름을 타고 오시는 예수님은 영원히 오시지 않습니다. 왜냐하면 하나님의 백성들을 구원하기 위해서 구름타고 오신다는 예수님은 알파(시작)와 오메가(마지막)로서 하나님의 백성들 가운데 언제나 항상 계시기 때문입니다. 오늘날 기독교인들은 하늘의 구름이 영적으로 무엇을 말하는지도 모르면서 구름타고 오시는 예수님을 기다리고 있습니다.

예수님께서 "하늘의 구름을 타고" 오신다는 말씀은 영적인 비유로 "하나님의 말씀과 함께" 오신다는 의미이며 곧 "말씀이 육신 되어" 오신다는 뜻입니다. 때문에 오늘날 기독교인들이 구원을 받아 하나님의 아들로 거듭나려면 말씀이 육신 되신 인간 예수를 믿어야 하고, 그의 음성을 들어야 하고, 그의 말씀을 마음속에 영접해야 합니다. 만일 오늘날 육신의 옷을 입고 오신 인간 예수를 모르고 배척을 한다면 장차 지옥문 앞에서 슬피 울며 이를 가는 자가 다른 사람이 아니라 바로 자신이 될 것입니다. 오늘날 기독교인들은 자신을 구원하기 위해서 하나님께서 보내주신 오늘날의 예수님을 반드시 믿어야 하고, 알아야 하고, 영접해야 합니다. 그러면 반드시 구원을 받고 하나님의 생명으로 거

듭나서 천국으로 들어가게 될 것입니다.

　이렇게 하나님이 계신 천국은 오늘날의 예수를 통해서 하나님의 생명으로 거듭난 하나님의 아들들이 들어가는 곳이며, 보이지도 않고, 알지도 못하는 교리적이나 환상적인 예수를 막연히 믿는 자들이 들어가는 곳이 아닙니다. 그러므로 오늘날 기독교인들은 하나님께서 구원자로 보내주시는 성경적 예수님에 대하여 반드시 알아야 합니다. 이제 성경(이사야 선지서 53장)을 통해서 하나님께서 하나님의 백성들을 구원하기 위해서 보내주시는 예수님에 대해서 살펴보기로 하겠습니다.

멸시천대 받는 예수님

　[이사야 53장 1절-3절] 우리의 전한 것을 누가 믿었느뇨 여호와의 팔이 뉘게 나타났느뇨 그는 주 앞에서 자라나기를 연한 순같고 마른땅에서 나온 줄기 같아서 고운 모양도 없고 풍채도 없은즉 우리의 보기에 흠모할만한 아름다운 것이 없도다. 그는 멸시를 받아서 사람에게 싫어 버린바 되었으며 간고를 많이 겪었으며 질고를 아는 자라 마치 사람들에게 얼굴을 가리우고 보지 않음을 받은 자 같아서 멸시를 당하였고 우리도 그를 귀히

여기지 아니하였도다.

상기의 말씀은 하나님의 선지자들이 하나님께서 구원자로 보내주시는 예수님에 대해서 기록한 말씀입니다. 그런데 하나님의 백성들 가운데 선지자들이 전하는 예수를 믿거나 기다리고 영접하는 사람이 없다는 것입니다. 하나님의 백성들이 자신들을 구원하기 위해서 오신 예수를 믿지 않고 배척하는 이유는 예수님이 연한 순같고 마른땅에서 나온 줄기 같아서 고운 모양이나 풍채도 없고 사람들이 보기에 흠모할만한 아름다움을 찾아볼 수 없는 지극히 평범한 인간의 모습으로 오셨기 때문입니다. 이렇게 예수님은 하나님의 아들이시며 만왕의 왕이시지만 사관(여관)에 해산할 방 한간도 없어 짐승들이 거하는 초라한 말구유에서 태어나 오신 것입니다.

유대인들이나 오늘날 기독교인들이 고대하며 기다리는 예수는 이렇게 초라한 인간 예수가 아니라 하나님의 큰 권능과 능력을 가지고 하늘의 구름을 타고 화려한 모습으로 오시는 위대한 메시야입니다. 때문에 하나님의 백성들은 초라한 인간의 모습으로 오신 예수님은 믿지 않을 뿐만 아니라 오히려 이단자로 매도를 하며 멸시 천대를 하는 것입

니다. 오늘날 기독교인들이 기다리는 재림 예수가 이천년이 지나도록 오지 않는 이유는 실제 하늘의 구름을 타고 화려한 모습으로 오시는 예수는 존재하지 않기 때문입니다. 하나님께서 구원자로 보내주시는 예수는 예전에 오셨던 모습그대로 인간의 모습으로 오십니다. 이 때문에 초라한 모습으로 오시는 예수님은 예전이나 지금이나 변함없이 하나님의 백성들에게 온갖 배척과 핍박을 받고 있는 것입니다.

하나님 백성들의 모든 질고를 지고서 온갖 고통을 당하는 인간 예수

[이사야서 53장 4절-6절] 그는 실로 우리의 질고를 지고 우리의 슬픔을 당하였거늘 우리는 생각하기를 그는 징벌을 받아서 하나님에게 맞으며 고난을 당한다 하였노라 그가 찔림은 우리의 허물을 인함이요 그가 상함은 우리의 죄악을 인함이라 그가 징계를 받음으로 우리가 평화를 누리고 그가 채찍에 맞음으로 우리가 나음을 입었도다 우리는 다 양 같아서 그릇 행하여 각기 제 길로 갔거늘 여호와께서는 우리 무리의 죄악을 그에게 담당시키셨도다.

　예수님은 우리의 죄악 때문에 고통을 받으셨고 우리가 배척하고 핍박하기 때문에 슬픔을 당하셨는데 우리는 생각하기를 예수님이 하나님께 징벌을 받아서 매를 맞으며 고난을 당한다고 생각을 하였다는 것입니다. 이 말은 하나님의 백성들이 예수님을 이단으로 몰아 배척을 하고 핍박을 하였기 때문에 예수님은 고통과 슬픔을 당하였는데 하나님의 백성들은 예수님이 잘못하여 하나님께 징벌을 받는 것이라고 생각을 했다는 것입니다. 그러나 그가 찔림을 받는 것은 우리의 잘못 때문이요 그가 상하게 된 것도 우리의 죄악 때문이라는 것입니다. 이렇게 예수님은 아무런 죄나 잘못이 없는데도 불구하고 하나님 백성들의 잘못된 교리와 전통적인 보수신앙 때문에 고통과 슬픔을 당한 것입니다.

　이와 같이 예수님을 이단자로 배척을 하며 온갖 핍박을 하는 자들은 타종교인이나 불신자들이 아니라 동족인 유대인들이요 하나님의 백성들입니다. 하나님의 백성들이 예수님을 배척하고 핍박하는 이유는 예수님이 전파하는 말씀이 기존신앙과 다를 뿐만 아니라 전통적인 교리와 기복신앙을 부정하며 질책과 저주까지 하고 있기 때문입니다. 예수님께서 하나님의 백성들에게 "내가 너희에게 화평을 주러 온 줄 생각하지 말라 나는 불을 던지러 왔고 검을 주러 왔다"

고 말씀하십니다. 예수님의 입에서 나오는 말씀은 진리를 따라 생명의 좁은 길을 가는 자들에게는 구원과 생명과 평강이지만 교리를 따라 멸망의 넓은 길을 가고 있는 자들에게는 저주요, 징계요, 심판의 말씀입니다. 때문에 삯군목자를 따라 멸망의 넓은 길을 가는 하나님의 백성들은 예수님을 이단자로 혹은 귀신들린 자로 취급을 하며 멸시천대를 하고 있는 것입니다.

그럼에도 불구하고 예수님은 한 영혼이라도 더 구원하기 위해서 하나님의 백성들로부터 오는 모든 고통과 핍박을 참아가며 사역을 하시다가 종내는 유대인들과 제사장들에 의해서 십자가에 못 박혀 돌아가시게 된 것입니다. 이어지는 말씀은 "그가 징계를 받음으로 우리가 평화를 누리고 그가 채찍에 맞음으로 우리가 나음을 입었도다"라는 말씀입니다. 그러나 이 말씀은 예수님이 징계를 받음으로 우리가 평화를 누리고 예수님이 채찍을 맞음으로 우리가 나음을 입었다는 뜻이 아니라 하나님의 백성들이 예수님으로부터 징계를 받음으로 그 징계를 통해서 평화를 누리게 되었고 예수님이 때리는 채찍(질책)을 맞음으로 나음(치료)을 받게 되었다는 것입니다.

그런데 성경 번역자들이 원문을 잘못 번역함으로 말미

암아 하나님의 백성들이 받아야 하는 징계와 채찍을 모두 예수님에게 떠넘긴 것입니다. 때문에 예수님께서 "네가 나를 따라 오려거든 너를 부인하고 네 십자가를 지고 따라오라"고 분명히 말씀을 하셨음에도 불구하고 오늘날 목회자들은 예수님께서 우리가 지고 갈 십자가를 모두 대신 지고 가셨으니 우리는 예수님을 믿기만 하면 된다고 교인들을 속이고 있는 것입니다.

이어지는 말씀에 "우리는 다 양 같아서 그릇 행하여 각기 제 길로 갔거늘 여호와께서는 우리 무리의 죄악을 그에게 담당시키셨다"는 말씀은 하나님의 백성들이 참 목자가 없는 양 같아서 신앙생활을 잘못하여 멸망의 길로 갔지만 그들을 죄악 속에서 구원하는 권세와 심판하는 권한을 하나님께서 모두 예수님에게 위임을 하여 죄를 사하도록 하였다는 뜻입니다.

때문에 예수님을 믿고 그의 말씀을 영접하는 자들은 구원에 이르고 예수님을 믿지 않고 배척하는 자들은 심판에 이른다는 것입니다. 이렇게 하나님께서 죄인들을 구원하고 심판하는 분은 하나님 우편에 앉아 계신 예수님이 아니라 지금 이 세상에 육신의 몸을 입고 오신 예수님이십니다.

하나님의 백성들에게 온갖 고통을 받으며 사역을 하다가 죽어서 악인과 함께 장사되신 인간 예수

[이사야서 53장 7절-9절] 그가 곤욕을 당하여 괴로울 때에도 그 입을 열지 아니하였음이여 마치 도수장으로 끌려가는 어린 양과 털 깎는 자 앞에 잠잠한 양 같이 그 입을 열지 아니하였도다 그가 곤욕과 심문을 당하고 끌려갔으니 그 세대 중에 누가 생각하기를 그가 산 자의 땅에서 끊어짐은 마땅히 형벌을 받을 내 백성의 허물을 인함이라 하였으리요 그는 강포를 행치 아니하였고 그 입에 괴사가 없었으나 그 무덤이 악인과 함께 되었으며 그 묘실이 부자와 함께 되었도다.

  예수님은 하나님의 아들의 신분으로 이 세상에 오셨지만 자신이 하나님이나 그리스도라는 것을 드러내지 아니하고 마치 도수장으로 끌려가는 양이나 죄인과 같은 모습으로 묵묵히 사역을 하셨습니다. 예수님이 이렇게 죄인들을 구원하기 위해서 온갖 곤욕과 심문을 받으며 유대인들에게 끌려가 죽음을 당하셨지만 유대인들은 아무도 예수님이 자신들의 죄악 때문에 받는 고통과 죽음이라는 것을 몰랐다는 것입니다.

　예수님은 하나님의 백성들에게 수많은 모욕과 고통을 받으셨지만 그 모든 수욕과 고통을 끝까지 참으시면서 그들에게 어떠한 강포나 변명을 하지 않으신 것입니다. 예수님이 돌아가신 후 그의 장사된 무덤은 악인과 함께 하셨고 그의 묘실이 부자와 함께 되었다고 말씀하고 있습니다.

　오늘날 기독교인들은 예수님께서 장사 된지 사흘 만에 죽은 시체가 무덤에서 부활하여 무덤이 비어있다고 주장을 합니다. 그러나 예수님이 부활 하신 생명은 육신의 몸이 아니라 영이며 예수님이 부활하신 무덤도 시신이 묻혀있는 돌무덤이 아니라 상기의 말씀과 같이 악인과 함께 한 무덤, 곧 제자들의 몸 안에서 부활하신 것입니다. 즉 예수님의 영(생명)이 죽어있는 제자(악인)들의 몸(무덤)속으로 들어가셔서 사흘 만에 부활을 하셨다는 뜻입니다. 때문에 예수님의 제자들은 하나님의 생명으로 거듭나 사도들이 된 것입니다. 예수님이 제자들의 몸속에서 부활하심으로 말미암아 악인의 무덤(죄인)이 부자의 묘실(의인)이 된 것입니다.

　즉 예수님이 장사된 무덤은 돌무덤이 아니라 악인들의 몸(예수님의 제자들)을 말하며 묘실도 돌무덤이 아니라 예수님이 부활하신 몸, 곧 사도들(하나님의 아들들)의 몸을 말하고 있습니다. 이렇게 예수님이 부활하신 곳은 제자들

의 몸이며 예수님이 부활한 생명도 육신의 몸이 아니라 성령인 것입니다. 이 말은 예수님의 몸이 부활을 하신 것이 아니라 죽어있는 제자들의 몸속에서 예수님의 영(생명)이 부활하였다는 뜻입니다.

왜냐하면 예수님의 생명은 하나님의 생명으로 죽을 수도 없고 다시 부활할 수도 없는 영원불변하는 생명이기 때문입니다. 그럼에도 불구하고 오늘날 목회자들은 예수님이 죽으셨고 장사한지 사흘 만에 죽은 몸이 다시 부활하셨다고 거짓증거를 하며 교인들에게 사도신경을 통해서 몸이 다시 사는 것과 영원히 사는 것을 믿는다고 신앙고백을 시키는 것입니다. 이 모두가 하나님의 말씀 속에 감추어 있는 영적인 의미를 모르는 무지와 하나님께서 구원자로 보내주시는 예수님의 실체를 모르기 때문에 나타나는 현상입니다.

이상의 말씀과 같이 하나님의 백성들을 구원하기 위해서 하나님께서 보내주시는 예수님은 일반인과 조금도 다르지 않는 평범한 인간 예수님입니다. 단지 예수님이 인간들과 다른 것은 성령, 즉 죄인들의 죄를 사해 줄 수 있고 죽은 영혼을 살릴 수 있는 "생명의 말씀"이 그 안에 계시다는 것입니다. 이렇게 예수님 안에 생명의 말씀이 계시다는 것은

곧 "하나님"이 계신다는 뜻입니다. 왜냐하면 "말씀이 곧 하나님"이시기 때문입니다. (요한복음 1장 1절에 기록되어 있음)

그러므로 오늘날 기독교인들은 반드시 하나님께서 보내주시는 오늘날 말씀이 육신 되신 예수님을 믿어야 하며 또한 그 입에서 나오는 말씀을 일용할 양식으로 날마다 먹어야합니다. 때문에 예수님께서 너희는 "오늘날의 일용할 양식"을 달라고 기도하라고 가르쳐 주신 것입니다.

오늘날 하나님의 백성들이 먹어야 할 "일용할 양식"은 음식물이나 삯군목자들이 주는 말씀이 아니라 오늘날 하나님의 생명으로 거듭난 하나님의 아들의 입에서 나오는 생명의 말씀입니다.

하나님께서는 도마복음서를 통해서 오늘날 구원자로 보내주시는 예수님을 올바로 알고 나를 구원할 자로 믿고 그의 말씀을 영접하여 하나님의 아들로 거듭나기를 바라고 계십니다.

2. 그동안 성경에 감추어져 있던 전생과 윤회의 비밀

인간들이 태어나기 전의 세계, 즉 전생은 과연 존재하는 것인가? 그리고 인간들이 전생과 현생과 내생을 오고가며 돌고 있다는 윤회설은 사실인가 아니면 거짓인가? 이러한 문제는 불교인들과 기독교인들 간에 지금도 논란이 되고 있는 일들입니다. 기독교인들은 사후세계에 천국과 지옥이 있다는 것과 내생이 있다는 것은 의심 없이 믿고 있으나 전생이 있다는 것은 모두 부정을 하고 있습니다. 그러나 이 세상만사에는 원인 없는 결과가 없고 뿌리 없는 나무나 열매가 없듯이 인간들이 온 곳이 있기 때문에 가는 곳이 있는 것이며, 전생이 있었기 때문에 현생과 내생이 존재하고 있는 것입니다.

그런데 이렇게 당연한 하나님의 자연계시를 기독교인들은 외면하며 전생이나 윤회를 부정하고 있는 것입니다. 더욱 놀라운 사실은 전생을 부정하고 있는 것은 기독교회들이며 하나님께서는 성경을 통하여 전생에 대하여 분명하게 말씀하고 있다는 것입니다. 그러므로 성경을 하나님의

　말씀으로 믿으며 신앙생활을 하고 있는 기독교인들이 전생과 윤회를 부정하는 것은 곧 하나님의 말씀을 부정하고 있는 것입니다.

　오늘날 기독교인들은 옛 선조들이 아침에 떠올라 저녁에 지는 해를 바라보며 해가 지구 주위를 돌고 있다고 믿으며 살던 때가 있었다는 것을 누구나 잘 알고 있습니다. 그런데 만일 지금 세대들이 그 시대로 돌아가서 태양이 지구를 도는 것이 아니라 지구가 태양 주위를 돌고 있다고 말을 한다면 아마 정신병자 취급을 당하였으리라 생각합니다. 그러나 지동설을 강력히 부정하던 그때에도 그들의 주장과는 관계없이 지구가 태양 주위를 돌고 있었다는 사실입니다. 이와 같이 인간들이 전생과 현생 그리고 내생을 오고 가며 돌고 있는 인간들의 윤회도 기독교인들이 지금 인정을 하던 부정을 하던 관계없이 인간들이 지구상에 존재 할 때부터 하나님의 섭리 가운데 계속되고 있었다는 것입니다. 그런데 하나님께서 성경을 통하여 하나님의 백성들에게 말씀하고 계신 전생과 윤회가 그 동안 기독교의 교리로 말미암아 부정되면서 오늘날까지 기독교인들에게 숨겨져 온 것입니다.

　그런데 이 글을 통하여 지금까지 감추어져 있던 인간들

의 전생과 윤회가 밝혀진다면 기독교에 큰 파문과 더불어 세찬 공격의 화살이 수없이 날아오리라 생각합니다. 그러나 하나님의 진리는 진실로 드러나야 하며 인간들이 만들어낸 비진리는 반드시 거짓으로 밝혀져야 합니다. 그 이유는 하나님의 거룩한 진리가 인간들이 만들어놓은 교리로 인하여 오염되거나 하나님의 참 뜻이 왜곡되어서는 절대로 안 되기 때문입니다. 그런데 하나님의 참 뜻이 인간들이 만들어 놓은 교리와 전통적으로 내려오는 유전 때문에 수천 년이 지난 지금까지 가려져 참 빛을 발하지 못하고 있었던 것입니다. 이러한 사실들은 이미 어느 누군가에 의해서 드러났어야 했으며 설령 지금까지 몰랐다 해도 이 시대에 누군가는 십자가를 지고 반드시 밝혀야 할 문제들입니다.

왜냐하면 수많은 하나님의 백성들이 이러한 사실들을 몰라서 천국이나 지옥 가는 길 자체도 모르고 신앙생활을 하다가 이 세상을 떠나가고 있기 때문입니다. 그리고 더욱 안타까운 것은 지금까지 성경 속에 감추어진 비밀들이 전생과 윤회만이 아니라는 사실입니다. 그러므로 저자는 지금까지 이러한 사실들을 하나하나 밝혀 왔고 앞으로도 이와 같은 일들을 계속 할 것입니다. 저자가 이러한 사실들을 드러낼 때마다 기독교인들로부터 이단이라는 핍박과 더불

어 수많은 비난의 돌들이 날아 왔습니다. 이렇게 진리 때문에 받는 핍박과 고난은 이미 예수님과 사도들이 동족인 유대인에게 받았던 일들이었으며 이러한 일들은 앞으로도 계속될 일들입니다. 그러나 저자는 이 글을 통하여 하나님의 백성들이 하나님의 참 뜻을 올바로 알고 생명의 길을 찾아서 모두 천국을 갈 수 있다면 어떠한 핍박이나 고난도 감수할 것입니다.

(1) 전생과 윤회가 기독교에서 사라진 역사적 배경

인간들은 어디로부터 왔으며 무엇 때문에 살다가 어디로 가는 것일까? 인간들이 온 곳은 진정 어미의 태이며, 가는 곳은 한 평 남짓한 무덤 속이나 화장터에서 타다 남은 한줌의 재가 되어 들어가는 납골묘가 전부란 말인가? 그렇지 않으면 불교인들의 주장과 같이 인간들이 온 것은 전생이며 죽어서 가는 곳은 현생의 과업에 따라 환생하게 된다는 내생일까? 그러면 전생이 존재한다는 불교인들의 주장과 존재하지 않는다는 기독교인들의 주장은 어느 편이 진실일까요? 사람들이 이 세상을 살아가다가 갑자기 환란을 당해 고통을 받게 되면 "내가 전생에 무슨 죄를 지었기 때

문에 이런 고통을 받는단 말인가?" 하며 자신을 한탄하지만, 기독교인들은 고통을 받을 때 하나님이 주신 시련이라 말하며 오히려 감사를 하는 사람도 있습니다. 그러나 기독교인들도 심한 고통을 당하게 되면 대부분 하나님을 원망하거나 하나님의 존재조차 의심하는 사람도 있습니다.

이렇게 불교인들은 생사화복의 원인이 전생에 자신이 지은 업보에 있다고 말하지만, 기독교인들은 자신의 업보와 관계없이 모두 하나님에 의해서 기인된다고 말합니다. 그러면 이들의 주장은 어느 편이 진실이고 어느 편이 거짓일까요? 이러한 문제들은 사람들이 이 세상을 살아가면서 반드시 알아야 하며 해결해야 할 일들이라 생각합니다. 지금 신앙생활을 하고 있는 신앙인이라면 더욱 그러합니다. 그런데 대부분의 신앙인들이 이러한 문제의 근원을 알려는 것이 아니라, 오직 화복에 매여 신앙생활을 하다가 이생을 허무하게 마치고 있는 것입니다. 그러므로 사람들이 왔다는 전생이나 사후에 들어가는 내생도 막연히 믿고 있을 뿐 확실하게 알고 있는 사람은 그리 많지 않다는 것입니다.

왜냐하면 신앙인들이 평생을 신앙생활을 하면서도 사후에 들어간다는 천국이나 극락, 그리고 지옥이 어느 곳에 있으며 그곳은 어떤 사람들이 들어가는지 또한 그곳은 구

체적으로 어떤 곳인지를 확실하게 아는 사람이 별로 없기 때문입니다. 이렇게 불교인들은 사람이 태어나서 오는 전생이나 죽어서 가는 내생도 믿고 있으나, 기독교인들은 사람이 죽어서 가는 내생만을 믿으며 사람이 온 전생은 모두 부정을 하고 있는 것입니다. 그런데 오늘날 기독교인들에게 이러한 문제들을 명확하게 답해 줄 수 있는 것은 오직 하나님의 말씀이 기록되어 있는 성경밖에 없습니다. 그러면 하나님은 인간들의 전생이나 윤회에 대해서 어떻게 말씀하고 있을까요?

문제는 하나님께서 성경을 통하여 전생이나 윤회에 대하여 말씀을 한다 해도 기독교의 교리가 전생과 윤회를 부정한다든가 아니면 목회자들이 인정하지 않는다면 아무런 소용이 없다는 것입니다. 기독교인들이 지금까지 전생이나 윤회를 부정하고 있는 이유는 기독교회는 하나님의 창조론을 믿고 있다는 것과 또한 기독교의 교리가 전생이나 윤회를 전적으로 부정하고 있기 때문입니다. 이렇게 오늘날 기독교회가 하나님께서 말씀하시는 전생과 윤회를 부정하게 된 것은 서기 400년경에 존재하던 로마의 콘스탄티누스 대제 때문입니다.

콘스탄티누스 대제는 성경에 기록되어 있는 전생이나

윤회에 대한 말씀들이 신권과 왕권을 약화시킨다는 이유로 모두 삭제해 버리고 전생이나 윤회는 존재하지 않는다고 기독교의 교리로 규정해 놓은 것입니다. 이때부터 성경에 기록된 전생과 윤회의 말씀들이 사라지게 되었고 기독교회는 지금까지 전생과 윤회를 부정해 온 것입니다. 그러므로 성경에 나타난 전생과 윤회가 사라지게 된 동기와 역사적 배경을 알아보는 것은 무엇보다 중요한 일이라 생각합니다.

예수님의 부활승천 이후 초기 기독교에서는 전생이나 윤회가 성경 여러 부분에 기록되어 있었기 때문에 교회신학에서 당연시 인정되고 있었습니다. 그러므로 최초(서기2세기경)에 기독교의 학교를 설립했던 순교자 유스티누스(Justinus)는 환생을 가르쳤고, 그리스의 신학자 오리게네스(Origenes)와 히에로니무스(St. Hieronimus), 성 아우구스티누스(St. Augustinus), 알렉산드리아의 클레멘스(Clement)도 환생 설을 가르쳤습니다. 당시의 크고 강력했던 기독교 종파인 그노시스파(영지주의)와 마니교도들도 윤회설을 가르쳤습니다.

이처럼 초기 기독교 이후 약 400년동안은 환생이나 윤회설이 기독교의 보편적인 가르침이었습니다. 그러나 종교

와 정권이 결탁하면서, 사람들의 노력에 의해서 영혼의 구원이 가능하다면 교회와 황제의 권위는 물론 하나님의 권위와 은혜가 약화된다는 우려 때문에, 윤회에 따른 영혼의 '선재론(先在論)'을 교회신학에서 모두 삭제해 버린 것입니다. 콘스탄티누스 대제는 하나님과 왕의 권위만 생각했을 뿐, 그것 때문에 하나님의 진실이 왜곡되고 하나님의 공의가 모두 무너진다는 것을 모른 것입니다. 그보다 이렇게 말씀을 가감하고 왜곡시키는 것이 하나님에게 얼마나 큰 범죄행위라는 것은 생각하지 못한 것입니다. 이 때문에 콘스탄티누스(Constantinus, 280~337) 대제는 신약성경에 기록되어 있던 윤회에 대한 언급들을 모두 없애기로 결정하고, 서기 325년 니케아 공의회 이후에 모든 복음서에서 환생을 암시하는 구절들을 완전히 삭제해 버린 것입니다.

그 후 6세기경 동로마제국의 폭군이었던 유스티니아누스(Justinianus) 황제는 독단적으로 윤회설을 이단으로 결정하고, 553년에 콘스탄티노플 공의회를 소집하여 환생사상을 가르쳤던 오리게네스와 그의 지지자들을 이단으로 규정한 것입니다. 유스티니아누스 황제와 그의 아내는 윤회사상을 왕권에 대한 도전으로 간주하고, 자신들을 신격화

하는데 방해가 된다고 생각했습니다. 당시 서로마 제국에서는 오리게네스의 윤회설이 널리 퍼져 기독교들에게 인정받고 있었습니다. 이때 유스티니아누스 황제는 환생 설을 신봉하던 교파들에 대한 무자비한 학살과 탄압을 시작하였고, 따라서 기독교가 지배하던 서양에는 환생설이 공식적으로는 자취를 감추게 되었습니다. 그러나 환생설은 완전히 사라지지 않은 채 이단으로 몰렸던 교파들의 신앙 속에서 면면히 이어져 내려온 것입니다.

그 후 환생 설은 르네상스 시대에 잠시 지성인들의 관심을 끌었다가 곧 잊혀진 뒤, 19세기 말경에 이르러 신지학(神智學, theosophy)운동이 일어나면서 기존의 기독교 교리에 도전하게 되었습니다. 신지학자들은 불교와 힌두교의 윤회사상을 연구하여 서양의 기독교적 전통과 조화를 시키는데 힘을 기울였습니다.

현대의 성직자들 중에도 초기 기독교의 성인들처럼 윤회에 대해 긍정적인 시각을 가진 사람들이 더러 있었습니다. 벨기에 가톨릭 교구의 메르시 추기경은 "개인적으로 윤회사상을 믿지는 않지만 윤회론이 가톨릭교회의 본질적인 가르침과 모순이 되지 않는다"고 선언했고, 영국 런던 성 바울교회의 잉그 감독은 "윤회론과 근대 감리교 교리사이

에는 아무런 모순이 없다"고 말했으며, 감리교 목사인 레슬리 웨더헤드도 윤회론의 지지자였습니다.

이렇게 서양의 대표적 지성인들 가운데에는 자신이 윤회론을 믿는다는 사실을 공공연히 밝혔던 인물들이 의외로 많이 있습니다. 고대 그리스의 플라톤, 피타고라스, 플루타크 등과 로마의 대 문호였던 버질, 에니우스를 비롯해 근세에는 쇼펜하우어, 헤겔, 볼테르, 에머슨, 발자크, 위고, 베토벤, 나폴레옹, 톨스토이, 블레이크, 브라우닝, 휘트먼, 벤저민 프랭클린, 헨리 포드 등이 윤회론을 믿었다는 사실이 알려져 있습니다.

오늘날 기독교를 이렇게 발전하도록 크게 공헌한 사람은 콘스탄티누스 대제이지만 하나님에게는 대역 죄인이라는 것을 알아야 합니다. 이렇게 콘스탄틴 황제는 기독교의 교리를 만들어 오늘날 기독교인들에게 큰 공헌을 하였지만 하나님 앞에서는 하나님의 말씀을 자기 마음대로 가감하여 왜곡한 대 죄인이라는 것을 알아야 합니다.

콘스탄티누스 대제 때문에 기독교는 지금까지 전생과 윤회를 부정해 온 것이며 지금도 전생과 윤회에 대해서 말하면 무조건 이단으로 매도하고 있습니다. 그러나 거짓과 진실은 반드시 밝혀져야 하며 성경에서 삭제된 말씀들은

다시 복원되어야 합니다.

　오늘날 하나님의 말씀을 진리로 믿고 올바른 신앙생활을 하려는 기독교인들이라면 하루속히 기독교의 교리에서 벗어나 하나님의 말씀대로 신앙생활을 해야 합니다. 왜냐하면 거짓으로 왜곡된 말씀을 진실로 믿고 신앙생활을 한다면 천국으로 가는 것이 아니라 지옥으로 들어가게 되기 때문입니다. 이러한 이유로 오늘날 기독교인들은 사후세계에 천국과 지옥이 있다는 것과 내생이 있다는 것은 의심 없이 믿고 있으나 전생이 있다는 것은 모두 부정을 하고 있는 것입니다. 그러나 이 세상 모든 만사에는 원인 없는 결과가 없고 뿌리 없는 나무도 없듯이 전생이 있기 때문에 현생이 있고 현생이 있기 때문에 내생도 존재하는 것입니다.

　이 말은 내가 어제 존재했기 때문에 오늘 존재하고 있는 것이며 오늘 존재하고 있기 때문에 내일도 존재할 것이라는 뜻입니다. 이렇게 지극히 당연한 사실을 기독교인들은 기독교의 교리 때문에 전생을 모두 외면을 하고 있습니다. 더욱 놀라운 사실은 전생을 부정하고 있는 것은 기독교회들이며 하나님께서는 성경을 통하여 전생에 대해 분명하게 말씀하고 있습니다.

　비록 콘스탄티누스 대제가 전생과 윤회의 말씀들을 성

경에서 모두 삭제하였다하나 하나님께서는 오늘날 기독교인들을 위해서 전생과 윤회의 말씀들을 부분적으로 성경 속에 감추어 놓으신 것입니다. 그러므로 오늘날 기독교인들이 여기에 기록된 전생과 윤회에 대한 하나님의 말씀들을 의심하지 않고 받아들인다면 신앙생활에 많은 도움이 될 것입니다.

(2) 인간들이 온 곳과 가는 곳

사람들에게 "인간은 어디로부터 왔으며 무엇 때문에 살다가 어디로 가느냐"고 묻는 다면 이 질문에 자신 있게 그리고 명확히 대답을 하는 사람은 별로 없다고 생각합니다. 왜냐하면 사람들이 이러한 문제에 대하여 깊이 생각하거나 관심을 가지고 알려고 하는 사람이 없기 때문입니다. 이것은 신앙생활을 하고 있는 종교인들도 생각과 믿음의 차이가 좀 있을 뿐 동일하다고 생각합니다. 왜냐하면 종교인들도 신앙생활을 하면서 자신이 온 곳과 가는 곳 그리고 진정한 삶의 의미를 확실히 모르고 있기 때문입니다.

사람들이 신앙생활을 하는 목적은 바로 이러한 문제들을 근본적으로 알아서 해결하는 것이라 생각합니다. 그러

나 오늘날 종교가 이러한 문제를 근본적으로 해결하지 못하고 있는 실정입니다. 오늘날 기독교의 심각한 문제는 사람이 죽어서 가는 내생은 철저히 믿고 있으나 인간들이 온 전생은 강력히 부정을 하고 있는 것입니다. 이것은 마치 자기 눈에 나무의 뿌리가 보이지 않는다고 나무의 가지와 열매는 있으나 뿌리는 없다고 주장을 하는 것과 같습니다.

기독교인들이 죽으면 영혼이 떠나 천국이든 지옥이든 가는 곳이 내생인데, 이미 내생에 살고 있는 사람들의 전생은 당연히 현생이건만 기독교인들은 이러한 사실들을 부인하고 있는 것입니다. 그러나 만일 전생이 없다면 현생이 없고 현생이 없는 내생 역시 존재할 수 없다는 것을 알아야 합니다. 결국 기독교인들이 전생을 부정하는 것은 자신들이 믿고 가려는 내생을 부정하는 것과 같은 것입니다.

사실 오늘날 기독교인들이 모르고 있는 것은 전생이나 윤회뿐만이 아니라 죽어서 간다는 천국이나 지옥이 어느 곳에 있는지 그리고 그곳은 어떤 곳이며, 어떤 자들이 들어가는지 조차도 확실히 모르고 있습니다. 이것은 기독교인들의 신앙생활이 성경에 기록된 하나님의 뜻을 찾고 이루려는 것이 아니라 이 세상에서 채워지지 않는 자신의 욕심을 채우려고 신앙생활을 하기 때문입니다. 그러나 하나님

은 본성 자체가 진실이기 때문에 하나님의 백성들이 신앙생활을 통해서 진실해지기를 원하고 계십니다. 그러므로 하나님의 백성들이 신앙생활을 통해서 그 내면에 깊이 자리 잡고 있는 욕심을 버리지 않으면 절대로 진실할 수가 없고 천국에도 갈 수 없다는 것을 알아야 합니다.

    사람들은 누구나 이 세상을 살아가면서 마음으로는 진실하길 원하며 진실을 추구하며 살기 위해 많은 노력을 하고 있습니다. 그러나 사람들이 진실하기가 힘들고 어려운 것은 이 세상에 존재하고 있는 인간들은 태어날 때 죄인의 몸으로 태어나 본질 자체가 욕심이요 거짓의 존재이기 때문입니다. 그러므로 많은 사람들이 진실하게 살기보다는 자신이 원하는 욕심을 채우기 위해서 살며 신앙생활도 하고 있는 것입니다.

    얼마전 매스컴에 세상을 떠들썩하게 하고 있는 옷 로비 사건의 청문회가 열리고 있는데 이 사건에 관련된 여인들의 대부분이 기독교인이라고 합니다. 이들은 청문회에 나와 진실만을 말하겠다고 선서를 하고 증언을 하였으나 수사결과 그들의 증언이 모두 거짓임이 드러난 것입니다. 이들이 한결같이 거짓을 말한 것은 진실을 말하면 자신에게 불리하기 때문이었습니다.

    이와 같이 사람들이 거짓말하는 이유는 모두가 자기의 욕심이나 실리 때문인데 욕심의 근원은 바로 자기 존재인 것입니다.

    하나님의 백성들이 신앙생활을 통해서 죄를 회개하고 세례를 받아야 하는 것은 바로 이러한 욕심 때문입니다. 하나님께서는 욕심이 곧 죄요, 죄의 결과는 사망이라고 말씀하고 계십니다. 그런데 안타깝게도 공정하게 재판을 하는 법정에도 거짓이 있고 하나님 앞에서 진실만을 전달해야 할 성직자들의 마음속에도 욕심과 거짓이 있다는 사실입니다. 그러므로 하나님께서 전도서를 통해서 해 아래 있는 존재들은 모두 악하다고 말씀하신 것입니다.

    [전도서 3장 16절] 내가 해 아래서 또 보건대 재판하는 곳에 악이 있고 공의를 행하는 곳에도 악이 있도다.

    상기의 말씀은 정의를 가지고 공정하게 재판을 해야하는 법정에도 악이 있고 공의를 행해야 하는 신성한 교회(성전)안에도 악이 있다는 말씀입니다. 결국 이 말씀은 해 아래 있는 사람들에게는 비록 법관이나 목회자라 해도 진실이나 공의가 없다는 것입니다. 즉 사람들이 가장된 진실과

위장된 공의를 가지고 이것이 진실이다 공의다 하면서 자신도 속고 남도 속이며 살고 있다는 것입니다. 이렇게 사람들이 진실한 삶을 살지 못하고 거짓과 외식된 삶으로 고통을 받으며 살아가는 것은 인간들이 세상에 태어날 때부터 욕심과 탐심을 가지고 태어났기 때문입니다. 이 말은 욕심이 없는 자들, 즉 하나님의 생명으로 거듭난 의인들은 천상으로 올라가고 이 세상에 절대로 태어나지 않는다는 뜻입니다.

이렇게 인간들이 이 세상에 태어난 것은 전생에서 욕심과 탐심으로 인한 죄의 문제를 완전히 해결하지 못하여 다시 태어났다는 것입니다. 그러므로 이 세상 사람들은 신앙생활을 통하여 모든 욕심을 버리고 하나님의 생명으로 거듭나야 하는 것입니다. 만일 이 세상에서 하나님의 생명으로 거듭나 하나님의 아들이 된다면 천국으로 들어가 윤회하는 이 세상에 다시 태어나지 않게 됩니다. 이와 같이 사람들이 이 세상에 태어났다는 자체가 모두 죄인이요 욕심의 존재라는 것을 알아야 합니다. 기독교인들이 교리를 통해서 말하고 있는 원죄는 아담으로부터 이어받은 죄가 아니라 자신이 전생에 지은 죄를 말합니다. 왜냐하면 하나님은 공의의 하나님으로 절대로 타인이 지은 죄를 자신에게

전가하시지 않기 때문입니다.

  이 말은 자신이 전생에 쌓은 업, 즉 자신이 행한 선이나 악을 이생에서 복이나 화로 받는 것이지, 다른 사람이 행한 선이나 악 때문에 자신이 복을 받거나 저주를 받지 않는다는 뜻입니다. 이렇게 전생에서 자신이 지은 업으로 인해 복도 받고 저주도 받는 것입니다. 그러므로 이 세상에 태어난 사람들은 전생에 자신이 지은 죄를 하나님의 말씀을 통해서 모두 깨끗이 씻어야 합니다. 만일 이 세상에서 하나님의 말씀으로 전생에 지은 죄와 현생에서 지은 죄를 모두 깨끗이 씻으면 천국으로 들어가 다시 이 세상에 태어나지 않는다는 것입니다. 때문에 하나님께서 해 아래 있는 존재들, 즉 이 세상에 존재하고 있는 자들은 모두가 죄인이라 말씀하신 것입니다.

  하나님께서 전생에 있던 죄인들을 이 세상에 다시 보내주신 것은 신앙생활을 통해서 인간들 안에 자리잡고 있는 죄성, 즉 욕심을 모두 버리고 하나님의 생명으로 거듭나라는 것입니다. 그러나 불행하게도 오늘날 기독교인들은 자신의 죄성을 깊이 깨닫지 못하고 오직 예수님께서 우리의 죄를 대속하여 주셨다는 삯군목자들의 말만을 믿고 의인의 자리에 앉아서 자신의 욕심을 버리려 하지 않고 있습니다.

　예수님께서 이 세상에 오셔서 죄를 대속하여 주신 것은 유대인들이나 오늘날 기독교인들이 아니라 오직 예수를 믿고 그의 말씀을 듣고 영접한 예수님의 열두 제자였습니다.

　왜냐하면 그 많은 유대인들 가운데서 예수를 구주로 믿고 따르면서 예수님의 입에서 나오는 생명의 말씀을 먹으며 날마다 죄를 씻은 자들은 오직 예수님의 열두 제자들뿐이었기 때문입니다. 이렇게 예수님의 제자들은 전생에 지은 죄와 현생에 지은 죄를 씻기 위하여 예수님의 말씀을 날마다 일용할 양식으로 먹은 것입니다. 그런데도 불구하고 오늘날 기독교인들은 이신칭의 교리에 의해서 죄사함을 받고 모두 의인이 되었다고 믿고 있는 것입니다. 문제는 오늘날 기독교인들이 예수를 믿음으로 죄 사함을 받고 의인되었다는 것은 기독교의 교리이며 목회자들의 말이지 예수님이나 하나님의 말씀이 아니라는 것입니다.

(3) 성경 속에 숨겨있는 전생과 윤회

　오늘날 기독교인들은 자신이 온 전생이나 죽어서 가는 내생이 어딘지도 모르면서 예수를 믿는다는 이유 하나로 천국으로 간다고 믿고 있습니다. 그러나 천국을 들어간다

는 것은 기독교인들의 주장이며 하나님은 그렇게 말씀하고 있지 않다는 것입니다. 이렇게 오늘날 기독교인들은 하나님의 섭리 가운데 전생과 현생과 내생을 오고 가며 윤회하고 있다는 사실조차도 모르면서 천국은 갈 수 있다고 큰소리치고 있는 것입니다. 더욱 심각한 문제는 오늘날 기독교인들이 지금도 하나님께서 말씀하시는 전생이나 윤회를 전적으로 부정을 하고 있다는 것입니다. 그 이유는 위에서 말씀드린 바와 같이 콘스탄티누스 대제가 성경에 기록된 전생과 윤회에 대한 말씀들을 모두 삭제해버리고 기독교에는 전생과 윤회가 없다고 교리로 정해놓았기 때문입니다. 그러나 하나님께서는 오늘날 이 세대들을 위하여 전생과 윤회의 말씀들을 성경 속에 부분적으로 감추어 놓으셨고 또한 자연만물에 나타난 자연계시를 통해서도 전생과 윤회를 항상 보여 주고 있는 것입니다.

　농부가 지난해에 추수한 볍씨를 봄에 심어야 여름철에 벼가 자라 가을에 곡식을 맺는 것이며, 가을철에 추수한 볍씨를 겨울동안 곳간에 저장하여 내년 봄에 다시 심어야 열매를 맺을 수 있습니다. 이렇게 인간들도 전생에 있던 육신이 죽으면 그 안에 들어 있던 영혼(생명)이 다시 이생에 육신의 옷을 입고 태어난 것이며 이생에서 육신이 입고 있던

몸이 죽으면 영혼이 내생에 다시 육신의 옷을 입고 태어나는 것입니다. 그러나 죄의 몸을 벗고 하나님의 생명으로 거듭나면 천국으로 들어가 이 세상에 다시 태어나지 않게 됩니다. 결국 전생과 윤회를 부정하고 있는 것은 기독교의 교리이며 하나님께서는 성경을 통해서 전생이나 윤회를 분명하게 말씀하고 있습니다. 이제부터 하나님께서 성경을 통해서 말씀하시는 전생과 윤회의 말씀들을 살펴보기로 하겠습니다.

[전도서 1장 4절, 9절-11절] 한 세대는 가고 한 세대는 오되 땅은 영원히 있도다. 이미 있던 것이 후에 다시 있겠고 이미 한 일을 후에 다시 할 찌라 해 아래는 새것이 없나니 무엇을 가리켜 이르기를 보라 이것이 새 것이라 할 것이 있으랴 우리 오래 전 세대에도 이미 있었느니라 이전 세대를 기억함이 없으니 장래 세대도 그 후 세대가 기억함이 없으리라.

상기의 말씀은 하나님께서 인간들이 오고 가는 윤회에 대하여 분명하게 말씀하고 있습니다. 하나님께서 인간들이 한 세대는 가고 한 세대는 오면서 돌고 있다고 말씀하시는 것은 이 세상에 태어난 영혼이 떠나가고 이 세상을 떠났던

영혼이 다시 오는 것이지 새롭게 태어나는 것이 아니라는 말씀입니다. 즉 사람이 입고 있던 옷이 낡아지면 헌 옷을 벗고 새 옷으로 갈아입듯이 전생에 존재하고 있던 영혼이 이생에 육신의 몸을 입고 태어나는 것이며 현생에 존재하고 있는 사람이 입고 있던 육신이 죽으면 육신의 몸을 벗고 그 영혼이 다시 육신의 몸을 갈아입고 내생에 태어나는 것입니다.

이와 같이 하나님께서는 이 세상에 존재하고 있는 모든 것은 새 것이 하나도 없으며 이미 이전세대, 즉 전생에 있던 것들이 현생에 존재하고 있는 것이며 현생에 존재하고 있는 것들은 다시 장래에 존재할 것들이라고 말씀하고 있습니다. 하나님께서 이렇게 죄 많은 인간들을 전생과 현생과 내생을 오고 가게하며 돌리고 있는 것은 사람들의 죄를 깨끗이 씻어주고 하나님의 생명으로 거듭나게 하여 천국으로 인도하시려는 것입니다.

그러므로 사람들은 현생에서 신앙생활을 올바르고 진실하게 하여 자신이 지은 모든 죄를 날마다 깨끗이 씻고 하나님의 아들로 거듭나야 하는 것입니다. 그런데 만일 현생에서 신앙생활을 하면서도 자신 안에 있는 욕심과 탐심을 버리지 못하고 오직 자기욕심을 채우기 위해서 신앙생활을

한다면 다시 고통과 괴로움이 계속되는 내생에 태어나 많은 고통을 받게 됩니다. 하나님께서 전도서를 통하여 해 아래 새 것이 없다고 하신 것은 이 세상에 하나님의 생명으로 거듭난 하나님의 아들이 없다는 뜻입니다. 또한 사람들이 전생을 모르고 있는 것은 하나님께서 인간들에게 이전세대, 즉 전생을 기억하지 못하도록 하셨기 때문입니다.

    요즈음 심령학자들이 사람들에게 최면을 걸어서 잠재의식 속에 있는 전생을 부분적으로나마 조금 보고 느끼게 하는 것은 바로 이러한 이유 때문입니다. 하나님은 예레미야서를 통해서 인간들의 전생을 더욱 분명하게 말씀하고 있습니다.

[예레미야 1장 4절-5절] 여호와의 말씀이 내게 임하니라 이르시되 내가 너를 복중에 짓기 전에 너를 알았고 네가 태에서 나오기 전에 너를 구별하였고 너를 열방의 선지자로 세웠노라.

    상기의 말씀은 하나님께서 예레미야를 복중에 짓기 전에 이미 알고 계셨고 태에서 나오기 전에 구별하여 선지자로 세웠다고 말씀하고 있습니다. 이 말씀 중에 어미의 태에서 나오기 전은 이미 예레미야의 생명이 잉태된 후이기 때

문에 현생이라 할 수 있으나 어미의 복중에 짓기 전은 예레미야의 생명이 어미의 뱃속에 잉태되기 전을 말하기 때문에 분명히 전생을 말하는 것입니다. 왜냐하면 복중에 짓기 전이라 함은 사람의 몸에 씨가 잉태하기 전이라는 말로서 예레미야가 어머니의 뱃속에 생명이 잉태하기 전부터 이미 존재하고 있었다는 말씀입니다. 이 말은 하나님께서 예레미야가 전생에 있을 때부터 이미 알고 계셨으며 어미의 태에서 나오기 전에 구별하여 열방중에 선지자로 세우셨다는 말씀입니다.

이와 같이 예수님께서도 마태복음 11장15절의 말씀을 통하여 오리라 한 엘리야, 즉 하나님께서 말라기서를 통하여 보내주시겠다고 약속하신 엘리야가 이미 와 있다고 말씀하고 계십니다. 예수님께서 이렇게 말씀하신 것은 전생에 존재하고 있던 엘리야가 이 세상에 다시 왔다는 것을 분명히 말씀하고 있는 것입니다.

[말라기 4장 5절-6절] 보라 여호와의 크고 두려운 날이 이르기 전에 내가 선지 엘리야를 너희에게 보내리니 그가 아비의 마음을 자녀에게로 돌이키게 하고 자녀들의 마음을 그들의 아비에게로 돌이키게 하리라 돌이키지 아니하면 두렵건대 내가

와서 저주로 그 땅을 칠까 하노라.

[마태복음 11장 14절-15절] 만일 너희가 즐겨 받을찐대 오리라 한 엘리야가 곧 이 사람이니라 귀 있는 자는 들을 찌어다.

상기 말라기서의 말씀은 하나님께서 말라기 선지자를 통하여 하나님의 백성들에게 엘리야 선지자를 다시 보내서 죄로 말미암아 하나님과 분리된 너희의 마음을 하나로 만드시겠다고 약속하신 말씀입니다. 그런데 마태복음을 통하여 예수님께서 제자들에게 하시는 말씀은 하나님께서 말라기를 통해서 약속하신 말씀대로 오리라 한 엘리야, 즉 하나님께서 다시 보내 주시겠다고 약속하신 엘리야 선지자가 세례 요한의 몸으로 이미 너희 앞에 와 있다는 말씀입니다. 이렇게 하나님의 약속대로 다시 오신 세례 요한은 광야에 있는 자들을 향하여 회개하라고 외치며 주님이 오실 수 있도록 주의 길을 예비하며 그의 첩경을 평탄케 하고 있는데, 이것은 광야에 있는 하나님의 백성들에게 예수님을 영접할 수 있도록 그들의 잘못된 신앙과 더러워진 마음을 깨끗케 하는 것입니다. 그러나 하나님의 백성들은 이러한 세례요한의 외침을 외면하고 예수님을 영접하지 않는 것을 볼 수

있습니다. 만일 하나님께서 보내 주신 세례 요한의 외침을 들었다면 예수님도 영접하였을 것입니다.

　애굽에서 신앙생활을 하는 자들은 모세의 능력을 보지 않고는 출애굽을 할 수가 없고 광야에 있는 백성들은 요한의 외침을 듣지 않고는 예수께로 나아갈 수가 없는 것입니다. 이와 같이 유대인들이나 오늘날 기독교인들도 전통적으로 지켜오는 유전이나 기독교의 교리 때문에 요한의 외침을 듣지 못하고 예수님의 음성도 들을 수가 없어 성경에서 말씀하고 있는 전생과 윤회에 대하여 모두 부정을 하고 있는 것입니다. 이렇게 하나님께서는 욥기서나 예레미야서 등을 통하여 전생에 대하여 분명하게 말씀하고 있으나, 교리로 의식화된 고정관념 때문에 하나님의 말씀을 볼 수 있는 눈과 들을 수 있는 귀가 모두 가리워져 보지도 못하고 듣지도 못하고 있습니다. 그러므로 성경은 하나님의 생명으로 거듭날 때에만 볼 수 있고 거듭난 하나님의 아들들만이 하늘의 비밀을 말할 수 있는 것입니다. 욥기서에는 전생을 더 구체적으로 말씀하고 있습니다.

　[욥기서 3장 11절-19절] 어찌하여 내가 태에서 죽어 나오지 아니하였었던가 어찌하여 내 어미가 낳을 때에 내가 숨지지 아

니하였던가 어찌하여 무릎이 나를 받았던가 어찌하여 유방이 나로 빨게 하였던가 그렇지 아니하였던들 이제는 내가 평안히 누워서 자고 쉬었을 것이니 자기를 위하여 거친 터를 수축한 세상 임금들과 의사들과 함께 있었을 것이요 혹시 금을 가지며 은으로 집에 채운 목백들과 함께 있었을 것이며 또 부지중에 낙태한 아이 같아서 세상에 있지 않았겠고 빛을 보지못한 아이들 같았을 것이라 거기서는 악한자가 소요를 그치며 거기서는 곤비한 자가 평강을 얻으며 거기서는 갇힌 자가 다 함께 평안히 있어 감독자의 소리를 듣지 아니하며 거기서는 작은 자나 큰 자나 일반으로 있고 종이 상전에게서 놓이느니라.

    하나님께서는 욥기서를 통하여 욥이 출생하기 전의 전생에 대하여 분명하고도 확실하게 말씀하고 있습니다. 상기의 말씀은 하나님께서 동방의 의인이라는 욥에게 사단을 통해서 욥의 모든 재물과 자녀들을 거두게 한 후 몸에 악창까지 나게 하여 심한 고통을 받을 때 한 말입니다.
    욥이 처음 시험에는 주신 자도 여호와요 취하신 자도 여호와라고 하면서 시험을 잘 이겨냈으나, 고통이 가중되니까 욥도 별수 없이 자신이 이 세상에 태어난 것을 몹시 후회하면서 간접적으로 하나님을 원망하고 있는 장면입니

다. 욥은 첫째 자신이 어미의 태에서 죽어서 나오지 않은 것을 원망하고 있으며 둘째 어미의 태에서 나왔다해도 자기가 어미의 젖을 빨지 않았다면(죽었다면) 지금 전생에서 평안히 누워 자고 있었을 것이라고 전생을 그리워하고 있습니다. 셋째 욥이 이 세상에 태어나지 않았다면 지금 그곳(전생)에 있는 임금들과 의사들과 함께 편히 있었을 것이라고 전생을 그리워하고 있는 것입니다. 넷째 욥은 자기가 이 세상에 태어나지 않았다면 부지중에 낙태한 아이와 같이 혹은 아직 세상에 태어나지 않아 빛도 보지 못한 아이들과 함께 있었을 것이라고 말하고 있습니다. 다섯째 욥은 상기의 말씀을 통해서 자신이 태어나기 전의 세계(전생)를 소개하고 있는데 그 곳은 악한 자들의 소요도 없고 곤비한 자도 평강을 얻으며 갇힌 자도 감독자의 소리를 듣지 아니하며 거기서는 작은 자나 큰 자나 동일하며 종들도 상전에게 자유스러운 곳이라고 소개하고 있습니다.

　이렇게 하나님께서는 성경을 통해서 하나님의 백성들에게 전생을 분명하게 말씀하고 있으나 기독교인들은 기독교의 교리로 말미암아 전생을 무조건 부정하며 인정하지 않을 뿐만 아니라 전생을 말하면 무조건 이단자로 배척을 하고 있습니다. 이러한 처사는 기독교인들이 말로는 하나

님의 말씀을 절대 권위라고 하지만 실제로는 하나님의 말씀보다 교리가 절대 권위라는 것을 말해주고 있는 것입니다. 그러므로 아무리 하나님의 말씀을 올바로 증거 하여도 그 말씀이 교리에 어긋나면 이단으로 정죄를 받게 되는 것입니다. 이와 같이 예수님과 사도들이 하나님의 백성인 유대인들에게 하나님의 말씀을 오류 없이 그리고 진실하게 전파하였으나 유대인들은 이단자로 취급을 하며 온갖 핍박을 한 것은 바로 전통적으로 내려오는 유대교의 교리 때문이었습니다.

　이상의 말씀과 같이 기독교는 전생이나 윤회가 있다는 것을 부정하고 있지만 하나님은 전생과 윤회가 있다는 것을 분명하게 말씀하고 계십니다. 그런데 만일 하나님의 말씀에 전생이나 윤회가 없다면 하나님의 공의가 존재할 수 없게 됩니다. 왜냐하면 하나님은 사랑과 공의로서 인간들 어느 누구에게나 공평하시며 편견이 없으신 분이신데 현실은 전혀 다르기 때문입니다. 그 이유는 자연 만물의 생성과정이나 사람들이 이 세상에 태어날 때의 상황이나 조건을 살펴보면 잘 알 수 있습니다. 하나님께서 공의로우신 분이라면 인간들이 이 세상에 태어날 때 어느 누구나 동일한 조건과 다 같은 환경에서 태어나게 하셔야 합니다.

　그럼에도 불구하고 어떤 사람은 열악한 환경에서 태어나 멸시와 천대를 받으며 고통 속에서 살아가며, 어떤 사람은 좋은 환경에서 태어나 항상 존경을 받아가며 편안히 살아가는 사람이 있는 것입니다. 오늘날 기독교인들은 이러한 현실을 바라보면서도 하나님이 공의로우신 분이라고 말할 수 있단 말입니까? 지금도 어떤 아이는 아비에게서 태어나 날 때부터 종이나 거지의 신분이 되어 많은 고통과 천대를 받고 살아가며, 어떤 사람은 태어날 때부터 주인의 신분이나 왕의 신분으로 태어나 존경을 받으며 풍요 속에서 살아가고 있습니다.

　또한 어떤 민족은 좋은 환경에서 백인으로 태어나며 어떤 민족은 열악한 환경에서 검둥이로 태어나 멸시천대를 받으며 살아가고 있습니다. 그런가하면 사람이 태어나는 모습도 각기 다른데 어떤 사람은 키가 커서 걱정을 하며 반대로 어떤 사람은 키가 작아서 걱정을 하고 어떤 여자는 얼굴이 미인으로 태어나 사람들의 시선을 끌며 살아가고 어떤 여자는 태어날 때부터 추한 모습으로 태어나 평생을 고민하고 살아가고 있는 것입니다.

　또한 어떤 사람은 건강하게 태어나 장수하며 행복하게 사는데 어떤 사람은 태어날 때부터 불구의 몸이나 병약한

몸으로 태어나 평생을 괴로움과 고통 속에서 불행하게 살아가거나 단명하여 이 세상을 떠나가는 사람이 있습니다.

　이러한 현실을 바라볼 때 좋은 환경에서 태어나 행복하게 잘 살고 있는 사람들은 하나님을 공의로우신 하나님 혹은 사랑의 하나님이라고 찬양할지 모르지만 불우한 환경과 열악한 조건을 가지고 태어나 평생을 괴로움 속에서 불행하게 살아가는 사람들은 하나님이 공의로우신 분이라 말할 사람은 단 한사람도 없다고 생각합니다. 이렇게 현생만 바라본다면 하나님처럼 편견이 많고 불의한 하나님은 없습니다. 그러나 이러한 모든 일들은 성경을 통하여 말씀하고 있는 인간들의 전생과 하나님의 공의를 모르기 때문입니다.

(4) 하나님의 공의

　하나님의 공의는 사람이 무엇을 심든지 심은 대로 거두게 하시며 행한 대로 심판하시는 것이 공의입니다. 즉 사람들이 전생에 무엇을 심으며 어떻게 살았느냐 하는 삶에 따라 현생에서 심은 대로 혹은 행한 대로 공정하게 보응 하시는 것이 바로 하나님의 공의입니다. 하나님은 인간들의 전생에 대한 삶의 결과에 따라서 자신이 행한 대로 일점 일획

의 오차도 없이 공정하게 보응 하십니다. 그런데 만일 이 세상에 태어나는 사람들에게 전생이 없다면 하나님의 공의는 여지없이 무너지게 됩니다. 왜냐하면 사람들이 태어나는 조건이나 상황이 각기 다르기 때문입니다.

만일 전생이 없다면 하나님의 공의는 증명할 수도 존재할 수도 없게 됩니다. 이렇게 중요한 전생을 기독교인들은 지금까지 부정하고 있는 것입니다. 이렇게 하나님의 공의는 전생의 삶의 결과에 따라 이 세상에 태어나는 사람에게 그에 상응하는 환경과 여건을 주시는 것인데, 이것을 사람들은 타고나는 운명 혹은 사주팔자라고 말하는 것입니다. 이와 같이 내생에 각 사람에게 나타날 운명이나 사주팔자도 하나님께서 사람들이 현생에서 행한 삶의 결과에 따라 공정하게 베풀어주시는 것입니다.

그러므로 현생의 삶은 하나님의 백성들은 물론 불신자들에게도 아주 중요한 것입니다. 오늘날 기독교인들이 현생에서 신앙생활을 하나님의 뜻대로 열심히 하여 하나님의 생명으로 거듭난다면 천국으로 들어가 윤회되는 이 세상에 다시 태어나지 않고 하나님의 나라에서 영원히 살게 됩니다. 이와 같이 사람들의 모든 운명이나 사주팔자는 우연적으로 주어지는 것이 아니라 하나님께서 각 사람이 전생에

쌓은 업보에 따라 한 치의 오차도 없이 보응하시는 것입니다. 즉 사람들이 전생이나 현생에 선을 행한 자들은 복을 받고 악을 행한 자들은 고통을 받는 것인데 이를 불교에서는 인과응보라 말하는 것입니다. 이처럼 사람들의 내생 역시 현생의 삶에 따라 하나님께서 공정하게 결정하시는 것입니다.

그러므로 하나님의 백성들이 인과응보가 계속되는 윤회 속에서 하루속히 벗어나려면 신앙생활을 하나님의 뜻대로 올바르게 하여 하나님의 아들로 거듭나야 하는 것입니다. 이상의 말씀과 같이 하나님은 인간들의 생사화복을 주관하는 분으로 사람들이 이 세상에서 무엇을 하며 어떻게 살았는지의 결과에 따라 공정하게 심판하여 보응하시는 분이십니다. 그러함에도 불구하고 기독교인들은 이러한 하나님의 공의나 전생을 모르고 성경에 나타난 전생과 윤회를 부정하고 있는 것입니다. 그런데 불교인들은 대부분 전생과 윤회가 있다는 것을 믿고 있거나 이미 알고 있다는 사실입니다. 불교인들이 말하는 불교의 근본사상은 해탈(부활)이며 인간들이 전생과 현생과 내생을 오고 가며 돌고 도는 윤회는 사람들의 업보에 의한 인과응보 때문이라 말하고 있습니다.

　그러므로 인간들이 이 세상에 태어난 것은 전생에 자신의 업보, 즉 전생의 죄과 때문에 이 세상에 태어난 것이며 이 세상에서 잘 살고 못사는 것도 전생의 업보에 따라 결정된 것이라고 말하고 있습니다. 그러나 부처님의 가르침으로 열심히 수행을 하며 마음을 깨끗이 닦아 해탈이 되면 윤회되는 이 세상에서 벗어나 극락세계에 가게 된다고 말합니다. 결국 불교인들이 말하는 해탈은 기독교에서 말하는 부활과 같은 의미인데 불교인들이 해탈이 되어 들어가는 극락은 곧 천국을 말하는 것으로써 용어만 다른 것입니다. 즉 불교의 자비와 기독교의 사랑은 근본적으로 동일한 것이며 기독교에서 말하는 안식과 불교에서 말하는 피안의 세계도 용어만 다르지 모두 동일한 곳을 말하고 있습니다.

　이것은 하늘에 있는 태양을 해라고 부른다하여 태양이 둘이 있는 것이 아니라는 것입니다. 이와 같이 하나님과 부처님도 용어만 다를 뿐 동일하신 분인데 인간들이 신에 대한 무지와 인간들의 욕심 때문에 유일하신 하나님을 이분화 시켜놓은 것입니다. 그런데 놀라운 것은 오늘날의 하나님은 각 종파마다 다르며 교파에 따라 다르다는 사실입니다. 그러므로 하나님께서는 십계명을 통하여 나는 너의 하나님 여호와라고 말씀하시면서 너희는 나 외에 다른 신(다

른 하나님)을 섬기지 말라고 엄히 명하고 있는 것입니다. 이와 같이 하나님은 만유의 주인이시며 모든 만물을 주관하시는 절대자로서 어느 특정한 종교의 소유물이 아니라는 것을 명심해야 합니다.

하나님은 인간들뿐만 아니라 공중에 나는 새나 산에서 살아가는 짐승들이나 들에 외롭게 자라는 풀 한 포기까지도 모두 주관하시는 천상 천하의 절대 무위한 신이십니다. 또한 하나님은 인간들의 생사화복은 물론 우주만물 모두를 주관하시면서 선을 행한 자에게는 복을 주시고 악을 행한 자에게는 고통을 주시는 것입니다. 이렇게 모든 인간들이 타고나는 운명과 사주팔자는 하나님께서 전생의 삶을 보시고 현생의 운명을 결정하신 것이며 또한 현생의 삶을 보시고 내생의 운명을 결정하시는 것입니다. 그러므로 인간들의 현생의 삶과 신앙생활의 결과에 따라 내생의 운명이 결정되어 지는데 이를 사주팔자라고도 말합니다. 하나님은 사람들이 무엇을 심든지 심은 대로 거두게 해주신다는 하나님의 공의를 갈라디아서를 통해서 말씀하고 있습니다.

(5) 하나님의 공의에 의한 인과 응보

[갈라디아서 6장 7절-9절] 스스로 속이지 말라 하나님은 만홀히 여김을 받지 아니 하시나니 사람이 무엇으로 심든지 그대로 거두리라 자기 육체를 위하여 심는 자는 육체로부터 썩어진 것을 거두고 성령을 위하여 심는 자는 성령으로부터 영생을 거두리라 우리가 선을 행하되 낙심하지 말지니 피곤하지 아니하면 때가 이르매 거두리라.

　상기의 말씀은 사람들이 이 세상에서 무엇을 심든지 자기가 심은 대로 거두게 해주신다는 하나님의 공의를 말씀하고 있습니다. 이 말씀은 원인에 의해서 결과가 주어진다는 뜻으로 불교에서 말하는 인과응보와 동일한 것입니다. 결국 사람들이 이 세상에서 무엇을 행하며 살았느냐에 따라 하나님께서 행한 대로 갚아주신다는 말입니다. 즉 사람들이 자기 육신을 위하여 욕심대로 살면 반드시 멸망하게 되고 하나님의 뜻대로 하나님의 나라와 그의 의를 행하며 사는 자들은 하나님께서 영원한 생명을 주시겠다는 말씀입니다. 이와 같이 천국도 예수를 믿기만 하는 자들이 들어가는 것이 아니라 하나님의 뜻대로 행한 자들만이 들어가는

것입니다. 그런데 오늘날 기독교인들은 신앙생활을 자기 욕심을 채우기 위해서 하면서도 예수를 믿기 때문에 천국에 들어간다고 믿고 있습니다. 그러나 하나님은 상기의 말씀을 통해서 심은 자만이 거둘 수 있고 또한 행함이 없는 믿음은 죽은 믿음이라고 분명하게 말씀하고 있습니다. 하나님의 백성들이 하나님을 존경하고 신뢰하는 것은 하나님의 공의와 진실 때문입니다. 그런데 만일 하나님에게 공의가 없고 진실이 없다면 하나님은 신이라 할 수가 없고 또한 사람들이 하나님을 믿고 의지할 필요도 없습니다. 오늘날 기독교인들은 하나님께서 영원 전부터 영원까지 진실하시며 공의로우신 분이라는 것을 알아야 합니다.

[욥기 34장 11절-12절] 사람의 일을 따라 보응하사 각각 그 행위대로 얻게 하시나니 진실로 하나님은 악을 행치 아니하시며 전능자는 공의를 굽히지 아니 하시느니라.

하나님은 각 사람이 행하는 일에 따라 보응을 하시며 사람들은 자신이 쌓은 업과 선악의 행위에 따라 보응을 받는다는 말씀입니다. 그런데 하나님은 진실하시고 공의로우시기 때문에 보응하실 때 어느 곳에도 치우침이 없이 그리고

한 치의 실수도 없이 공정하게 심판하신다는 말씀입니다. 그러나 사람들은 자신이 행한 죄과를 모르고 심판대에서 억울하다고 불평을 합니다. 이들은 세상에 있을 때 예수를 믿는다는 이유하나로 모든 죄를 사함 받고 천국으로 들어가는 줄로 믿고 있었던 자들입니다. 그러므로 하나님은 오늘날 기독교인들에게 지옥문 앞에서 슬피 울며 이를 갈고 있는 모습을 보여주고 있는 것입니다.

[잠언 24장 12절] 네가 말하기를 나는 그것을 알지 못하였노라 할찌라도 마음을 저울질 하시는 이가 어찌 통찰하지 못하시겠으며 네 영혼을 지키시는 이가 어찌 알지 못하시겠느냐 그가 각 사람의 행위대로 보응 하시리라.

하나님의 백성들이 하나님을 가리켜 전지 전능하신 분이라고 신앙고백을 하고 있습니다. 이 말은 하나님은 모든 것을 아시며 모든 것을 하실 수 있는 분이라는 뜻입니다. 그런데 상기의 말씀을 보면 마지막 심판 때 사람들이 하나님 앞에서 자신의 죄를 알지 못한다고 항변을 하고 있는 것입니다. 그러나 하나님은 졸지도 주무시지도 아니하면서 사람들의 마음을 항상 저울로 달듯이 감찰하고 계시기 때

문에 이미 모든 것을 알고 계시며 각 사람들의 행위에 따라 한치의 오차도 없이 정확히 판단하셔서 보응 하신다는 말씀입니다. 요즈음 사람들이 하는 말을 비밀리에 녹음을 하고 사람의 행동을 비디오 테입에 담아 보관을 하는 것을 볼 수 있습니다.

    이와 같이 사람들이 무심코 하는 말이나 행동이 모두 하늘의 행위록에 기록되고 있다는 것을 알아야 합니다. 이와 같이 하나님께서 사람들의 선악의 삶에 따라 행한 대로 심판하시고 행한 대로 보응하시는 이유는 하나님의 백성들을 복과 징계를 통하여 구원시켜 천국으로 인도하기 위함입니다. 인간들은 이 세상에 태어난 것은 전생에서 하나님의 뜻을 모르고 자신의 욕심에 따라 살았기 때문입니다. 이렇게 전생에서 자기 욕심을 따라 신앙생활을 한 자들이 천국으로 들어가지 못하고 이 세상에 다시 태어난 것입니다. 결국 이 세상에 태어난 것은 전생에서 하나님의 뜻을 이루지 못했기 때문인데 현생에서도 하나님의 뜻을 이루지 못한다면 내생에 지옥과 같은 환경에 다시 태어나 많은 고통을 받게 되는 것입니다.

    그러므로 사람들이 이 세상을 살아가는 목적이나 신앙의 목적은 반드시 하나님의 뜻을 이루기 위한 것이라야 합

니다. 즉 거짓된 인간의 마음을 진실된 하나님의 마음으로 바꾸어 하나님의 생명으로 거듭나야 합니다.

　이렇게 천국은 예수를 믿기만 하는 자들이 가는 곳이 아니라 예수를 통해서 자신의 욕심과 모든 죄악을 버리고 하나님의 생명으로 거듭난 하나님의 아들들만이 가는 곳입니다. 그런데 하나님의 백성들이 이 세상에서 신앙생활을 하고도 천국에 들어가지 못하는 이유는 이러한 하나님의 뜻을 망각하고 신앙생활을 모두 자기 욕심을 채우기 위해서 하기 때문입니다.

(6) 욕심으로 하는 기복신앙

　오늘날 기독교인들은 대부분이 신앙생활을 통해서 자기 안에 들어있는 욕심을 버리려는 것이 아니라 오히려 자신의 욕심을 채우기 위하여 신앙생활을 하고 있습니다. 이것은 기독교인들뿐만 아니라 타종교인들도 동일합니다. 왜냐하면 사람들이 이 세상에 올 때부터 전생의 욕심을 가지고 태어났기 때문입니다. 그런데 하나님께서는 성경을 통하여 하나님의 백성들에게 욕심은 곧 죄며 죄가 장성하면 사망이라고 분명히 말씀하고 계십니다.

[야고보서 1장 14절-15절] 오직 각 사람이 시험을 받는 것은 자기 욕심에 끌려 미혹됨이니 욕심이 잉태한즉 죄를 낳고 죄가 장성한즉 사망을 낳느니라.

　상기의 말씀과 같이 사람들이 이 세상에서 시험을 받아 고통을 받는 것은 모두 자기 안에 있는 욕심 때문인데, 그 욕심이 곧 죄이며 죄가 계속 쌓이면 결국 멸망을 받게 된다는 것입니다. 이와 같이 하나님의 백성들이 하나님을 믿고 예수를 믿는다 하여도 자기 안에 있는 욕심을 버리지 못한 자들은 아무리 오랫동안 신앙생활을 하여 장로가 되고 목사가 되었다 하여도 절대로 천국에 갈 수 없을 뿐만 아니라 하나님 앞에 가면 오히려 더 큰 형벌을 받게 된다는 사실을 알아야 합니다.

　그러므로 오늘날 하나님의 백성들은 이 세상에서 사리사욕의 모든 욕심을 버리고 하나님의 생명으로 거듭나기 위하여 최선의 노력을 다 해야 합니다. 그런데 진실한 삶을 살기 위해서는 신앙생활을 통해서 먼저 진실한 존재가 되어야 하는 것입니다. 하나님은 진실이시며 하나님의 나라 역시 진실만이 존재하는 곳입니다. 그렇기 때문에 이 세상에서 하나님의 말씀으로 진실하게 거듭나지 못한 어둠의

존재들은 하늘나라에 갈 수 없고 설령 그곳에 간다해도 그곳에서 도저히 살아갈 수가 없는 것입니다. 왜냐하면 빛 안에 어둠이 존재할 수 없듯이 의인들이 존재하는 곳에서 죄인들이 살아가기란 지옥보다 힘들기 때문입니다. 이와 같이 천국은 예수님과 같은 하나님의 아들들, 즉 세상의 빛과 소금과 같이 진실하신 분들이 계신 곳으로 어둡고 부패한 죄인들은 살수가 없는 곳입니다. 예수님은 길이요, 진리요, 생명으로서 본성 자체가 진실이십니다. 그러므로 진실을 말할 수 있는 분은 오직 예수님과 하나님의 생명으로 거듭난 하나님의 아들들입니다. 왜냐하면 본질 자체가 진실하지 않은 자는 절대로 진실을 말할 수 없기 때문입니다.

그러므로 오늘날 하나님의 백성들은 진실하게 살기 위해 노력을 할 것이 아니라 진실한 존재가 되기 위하여 노력해야 합니다. 오늘날 이 사회가 거짓과 외식으로 부패된 것은 진실이 없기 때문인데 그것은 진실하고 정직한 마음으로 이 세상의 빛과 소금이 되어야 하는 기독교회들과 교인들이 부패하여 하나님의 사명을 제대로 감당하지 못했기 때문입니다. 그런데 그보다 더 중요한 것은 거짓과 욕심을 버리도록 양들을 인도해야 할 목회자들이 기복신앙을 부추기며 오히려 욕심을 가중시키고 있기 때문입니다. 결국 오

늘날 이 세상이 이렇게 부패된 것은 기독교회가 부패되었다는 증거요 기독교회가 부패되었다는 것은 곧 목회자들이 부패되었다는 것입니다.

[로마서 3장 10절-18절] 기록한바 의인은 없나니 하나도 없으며 깨닫는 자도 없고 하나님을 찾는 자도 없고 다 치우쳐 한 가지로 무익하게 되고 선을 행하는 자는 없나니 하나도 없도다 저희 목구멍은 열린 무덤이요 그 혀로는 속임을 베풀며 그 입술에는 독사의 독이 있고 그 입에는 저주와 악독이 가득하고 그 발은 피 흘리는데 빠른지라 파멸과 고생이 그 길에 있어 평강의 길을 알지 못하였고 저희 눈앞에 하나님을 두려워함이 없느니라 함과 같으니라.

상기의 말씀은 오늘날 하나님의 백성들에게 많은 충격을 주는 말씀입니다. 왜냐하면 이 세상에 의인이 없고 깨닫는 자도 없고 선을 행하는 자가 없다는 말씀도 받아들이기가 힘든데, 하나님을 찾는 자조차 없다고 말씀하고 있기 때문입니다. 하나님께서 이렇게 하나님의 백성들에게 경고로 말씀하시는 뜻은 하나님의 백성들이 하나님을 날마다 목메어 찾고 있지만 하나님을 찾는 목적이 저희의 목구멍 때문

이라는 말씀입니다. 이 말은 하나님의 백성들이 하나님을 찾고 예수를 믿는 목적이 모두 자신의 욕심을 채우기 위한 것이라는 말씀입니다. 그런데 놀라운 것은 평신도나 목회자나 모두 다 한가지(욕심)로 치우쳐 무익한 신앙생활을 하고 있다는 말씀입니다.

이와 같이 대부분의 목회자들이 욕심 때문에 자신의 영리를 위하여 하나님의 말씀으로 속임을 베풀며 목회를 하고 있는데 그 이유는 하나님을 두려워함이 없기 때문입니다. 오늘날 기독교인들은 예수를 믿음으로 이미 모든 죄를 사함 받고 하나님의 아들이 되어 의인의 자리에 앉아 있습니다. 그러나 이것은 자신들의 믿음과 주장일 뿐 하나님은 오늘날 기독교인들을 의인이나 하나님의 아들로 전혀 인정을 하시지 않는다는 것입니다. 왜냐하면 예수만 믿으면 죄사함을 받아 하나님의 아들이 된다는 것은 이신칭의 교리나 오늘날 목사들의 말이지 예수님은 그렇게 말씀을 하지 않고 있기 때문입니다.

[마태복음 7장 21절-23절] 나더러 주여 주여 하는 자마다 천국에 다 들어 갈 것이 아니요 다만 하늘에 계신 내 아버지의 뜻대로 행하는 자라야 들어가리라 그 날에 많은 사람이 나더러

이르되 주여 주여 우리가 주의 이름으로 선지자 노릇하며 주의 이름으로 귀신을 쫓아내며 주의 이름으로 많은 권능을 행치 아니 하였나이까 하리니 그때에 내가 저희에게 밝히 말하되 내가 너희를 도무지 알지 못하니 불법을 행하는 자들아 내게서 떠나가라 하리라.

    상기의 말씀은 예수님께서 유대인들은 물론 오늘날 기독교인들과 목회자들에게 하시는 말씀입니다. 왜냐하면 오늘날 기독교인들도 하나님의 진정한 뜻도 모르면서 날마다 예수를 믿는다고 주여! 주여! 하며 신앙생활을 하고 있기 때문입니다. 또한 목회자들은 하나님의 뜻보다 자기의 욕심을 채우기 위해서 선지자 노릇을 하고 예수의 이름으로 권능을 행하고 있기 때문입니다. 그보다 하나님의 말씀보다 불법, 즉 기독교의 교리를 가지고 목회를 하고 영혼을 구원시키고 있기 때문입니다. 이러한 사실을 전혀 모르고 신앙생활을 하던 자들이 심판 날 주님 앞에서 오히려 큰 소리를 치고 있는 것입니다.

    주님께서 이런 자들에게 나는 너희를 도무지 모른다고 말씀하시는 것은 너무도 당연하지 않는가요?

    옛말에 "중이 염불에는 관심이 없고 잿밥에만 가 있다"

는 말이 있는데 이 말은 오늘날 목회자들에게도 동일하게 해당되는 말이라 생각합니다. 왜냐하면 상기의 말씀과 같이 오늘날 목회자들이 하나님의 뜻을 이루기보다 자기의 욕심을 채우기 위해서 목회를 하고 있기 때문입니다. 이 때문에 그에 따른 교인들도 하나님의 뜻을 이루기보다는 하나님으로부터 복을 많이 받아 잘살겠다는 욕심으로 신앙생활을 하며 천국도 욕심으로 가려고 하는 것입니다.

　예수님께서 유대 땅에 오셨을 때 유대인들을 향하여 너희는 유황불로 멸망당한 소돔과 고모라 성 보다도 더 부패하였다고 책망을 하셨는데 오늘날 기독교인들을 바라보시면서 과연 무어라 말씀하실까요? 그러므로 오늘날 기독교인들은 이 말씀을 통해서 하루속히 잘못된 신앙생활을 회개하고 하나님의 뜻을 찾아 올바른 신앙생활을 해야 합니다. 그것은 기독교의 교리의 틀을 벗어나 하나님의 말씀으로 돌아가는 것이요 오늘날 하나님께서 보내주시는 참 목자를 찾아가는 것입니다.

　만일 오늘날 기독교인들이 삯군목자와 교리의 틀에서 벗어나 하나님께서 보내주시는 참목자를 찾아서 오류 없는 하나님의 말씀을 먹는다면 하나님의 생명으로 거듭나 천국으로 들어가게 될 것입니다. 그러므로 이 글을 읽으신 분들

은 지금부터라도 자신의 전생과 윤회되고 있는 자신을 생각하고 올바른 신앙생활을 해야 합니다.

왜냐하면 천국으로 가는 생명의 좁은 길은 자기 십자가를 자신이 지고 걸어가는 것이지 아무도 대신 저주거나 대신 가주지 않기 때문입니다. 예수님은 오늘날 기독교인들에게 이렇게 말씀하고 있습니다.

아무든지 나를 따라 오려거든 자기를 부인하고 자기 십자가를 지고 나를 좇을 것이니라 누구든지 제 목숨을 구원코자하면 잃을 것이요 누구든지 나를 위하여 제 목숨을 잃으면 찾으리라. (마태복음 16장 24절-26절)

저자 후기

저자는 그동안 4복음서(마태복음, 마가복음, 누가복음, 요한복음)에 숨겨져 있던 예수님의 비유와 비사의 말씀들을 도마복음서를 통해서 모두 드러내어 영적인 의미와 하나님의 뜻을 누구나 쉽게 알 수 있도록 해설하기 위해 많은 노력을 하였습니다. 그러나 영적인 의미를 아무리 쉽게 설명을 한다 해도 독자의 영적인 수준에 따라 잘 이해하고 받아들일 수 있는 사람도 있고 반대로 오히려 혼란이 올수도 있다고 생각합니다.

이것은 예수님이 하시는 말씀이 모두 비사와 비유이기 때문에 유대인들은 물론 그를 믿고 따르는 제자들도 이해하기 힘들어했던 것과 같습니다. 때문에 예수님께서 제자들에게 너희에게는 말씀을 듣는 것이 허락되었으되 저희에게는 아니 되었다고 말씀하시면서 듣는 귀와 보는 눈이 있는 너희가 복되다고 말씀하신 것입니다. 이렇게 예수님의 말씀이 그의 제자들에게는 축복이요 생명이었지만 유대인들에게는 심판이요 저주가 되었던 것입니다.

왜냐하면 예수님을 구원자로 믿고 그의 입에서 나오는

 말씀을 영접한 제자들은 하나님의 생명으로 거듭나서 하나님의 아들이 되었지만 예수님의 말씀을 배척하고 핍박한 유대인들은 멸망을 받았기 때문입니다. 이것은 이천년 전에 예수님의 제자들과 유대인들에게만 일어났던 일이 아니라 오늘날 기독교인들에게도 동일하게 일어나고 있는 일들입니다. 그러므로 하나님은 히브리서를 통해서 오늘날 너희가 그의 음성을 듣거든 노하심을 격동할 때와 같이 너희 마음을 강퍅하게 하지 말고 잘 들으라고 말씀하시는 것입니다.

 저자는 지금까지 주기도문 해설서를 비롯하여 여러 권의 신앙서적을 펴내었지만 하나님의 말씀 가운데 예수님보다 중요한 보물은 없다고 생각합니다. 왜냐하면 성경에 감추어져 있는 비밀이 말씀이 육신 된 인간 예수이며 하나님께서 죄인들을 구원하기 위해서 이 땅에 보내주신 구원자도 인간 예수이기 때문입니다. 그런데 오늘날 기독교인들은 이천년 전에 성령으로 육신이 잉태하여 오셨던 과거의 예수님이나 앞으로 구름타고 혜성과 같이 나타나실 미래의 예수님은 잘 알고 있으나 오늘날 자신들을 구원하기 위하여 오신 현재의 예수님(인간예수)은 전혀 모르고 있다는 것입니다.

　하나님의 택한 백성인 유대인들이 구원을 받지 못하고 멸망을 당한 것은 하나님께서 구원자로 보내주신 인간 예수를 모르고 배척을 했기 때문입니다. 그러므로 오늘날 기독교인들은 하나님께서 이 시대에 구원자로 보내주시는 인간 예수를 반드시 알아야 합니다. 저자가 도마복음서를 통해서 인간 예수를 밝히 드러내고 자세히 소개하게 된 것도 바로 이 때문입니다. 왜냐하면 오늘날 기독교인들이 과거에 오셨던 역사적 예수님이나 앞으로 구름타고 오신다는 환상적인 예수님만 믿고 현재 기독교인들을 구원하시기 위해서 오신 인간 예수를 모른다면 천국은 물론 구원조차도 받을 수 없기 때문입니다.

　그러므로 오늘날 기독교인들은 도마복음서를 통해서 오늘날 구원자로 오신 인간 예수를 알아야하고 영접해야 합니다. 저자는 도마복음 해설서를 마치면서 이글을 접하신 분들은 모두 인간예수를 알고 영접하여 하나님의 아들로 거듭나기를 바라는 마음입니다. 끝으로 도마복음서를 읽으신 모든 분들이 하나님의 은혜와 축복이 넘치기를 기원하는 바입니다.

둘로스 데우. C

의증서원 도서안내

✤ 천국 문을 여는 다윗의 열쇠 (요한계시록 해설서)
　　글/둘로스 데우 C 301쪽 /신국판 양장 정가 8.000원

✤ 천지창조의 진실과 허구
　　글/둘로스 데우 C 331 쪽 /신국판 양장 정가 15.000원

✤ 육천년 동안 창세기 속에 감추어져 있던 하나님의 비밀
　(창세기 해설서)
　　글/둘로스 데우 C 279쪽 /신국판 양장 정가 8.000원

✤ 주기도문 (주기도문 해설서)
　　글/둘로스 데우 C 293쪽 /신국판 양장 정가 13,000원

✤ 지옥문 앞에서 슬피 울고 있는 자들
　　글/둘로스 데우 C 285쪽 /신국판 양장 정가 8.000원

✤ 십계명(십계명 해설서)
　　글/둘로스 데우 C 345쪽 /신국판　각권 정가 15.000원

✤ 하늘에서 온 그리스도의 편지
　　글/둘로스 데우 C 363쪽 /신국판 양장 정가 9.500원

✤ 사랑이 머무는 곳
　　글/이명자 195쪽 /4x6(칼라)판 양장 정가 7.000원

✤ 현대불교와 기독교의 허구와 진실
　　글/둘로스 데우 C 239쪽 /신국판 양장 정가 8.000원

✤ 성경에 나타난 전생과 윤회의 비밀
　　글/둘로스 데우 C 317쪽 /신국판 양장 정가 12.000원

✤ 사와생
　　글/둘로스 데우 C 297쪽 /신국판　정가 8.000

천국문을 여는 다윗의 열쇠

요한계시록은 영적인 비유와 비사로 기록되어 있기 때문에 계시록의 비밀들이 지금까지 베일에 싸여 깊이 감추어져 있었습니다. 본서는 특히 구름타고 오시는 예수님의 실체와 세상의 종말, 그리고 천국문을 여는 다윗의 열쇠에 대하여 자세히 기록하고 있습니다.

현대불교와 기독교의 허구와 진실

본서는 수 천년 동안 인간들에게 진리의 빛으로 양대 맥을 이어오고 있는 불교와 기독교의 근본사상과 그 근원을 서술적으로 읽기 쉽고 이해하기 쉽게 풀어가고 있습니다.

육천년 동안 창세기 속에 감추어져 있던 하나님의 비밀

본서는 창세 이후 지금까지 신학자들이 풀지 못했던 창세기 속에 깊이 감추어져 있던 하나님의 비밀들을 밝히 드러내고 있습니다. 특히 천지창조의 비밀과 하나님의 백성으로 거듭나는 과정을 구체적으로 나타내고 있습니다.

주기도문(주기도문 해설서)

본 주기도문 해설집은 원어성경을 근거로 하여 지금까지 기독교인들에게 깊이 감추어져 있던 주기도문의 영적인 뜻과 그 비밀을 모두 드러내어 기록한 것입니다. 특히 본서의 부록에는 성경이 말하는 예수님의 탄생에 대하여 기록하고 있어 신앙생활에 많은 도움을 주게 됩니다.

지옥문 앞에서 슬피울고 있는 자들

오늘날 기독교회는 예수를 믿기만 하면 모두 천국에 들어갈 수 있다고 말합니다. 그렇다면 지옥문 앞에서 슬피울고 있는 자들은 과연 누구일까요? 본서는 성경 말씀을 통하여 천국으로 들어가는 자들과 지옥으로 들어가는 자들을 분명하게 제시하고 있습니다.

하늘에서 온 그리스도의 편지

이 편지는 하나님께서 오늘날 이 세대를 살아가면서 자신의 존재나 인생의 진정한 의미를 모르고 무지 속에 죽어가는 사람들과 신앙생활을 열심히 하면서도 하나님의 뜻이나 천국으로 가는 길조차 모르고 있는 기독교인들을 위해서 보내주신 편지입니다.

십계명(십계명 해설서)

기독교에서 버림받은 모세(율법)는 지금 어디에 계실까? 모세는 예수님이 오신 이후 기독교회들에게 장사된바 되어 지금까지 땅속 깊이 묻혀 있다. 이 때문에 기독교 이천년 역사속에 기독교인들 가운데 부활이 일어나지 않고 있는 것이다. 왜냐하면 모세(율법)의 부활 없이는 예수님(진리)의 부활도 없기 때문이다.

사랑이 머무는 곳

본 시집은 인간들이 감지할 수 없는 영적인 세계를 한편의 시에 담아 드러내고 있어 보는 자들로 하여금 많은 감동을 자아내게 합니다.

천지창조의 진실과 허구

본서에 기록된 천지창조의 비밀과 잠언, 십계명 그리고 욥기서 등 그동안 말씀 속에 깊이 감추어졌던 영적인 비밀들을 밝히 드러내시며 하나님의 비밀들을 이렇게 공개하시는 것은 이 말씀을 통해서 지금까지 잘못된 신앙을 깨닫고 하루속히 넓고 평탄한 멸망의 길에서 좁고 협착한 생명의 길로 돌아오라는 뜻에서 입니다..

도마복음

글 · 둘로스 데우 · C

초판 1쇄 2012.10.1

펴낸이 · 이용재   발행처 · 의증서원

등록 · 1996. 1. 30 제 5-524

서울시 동대문구 답십리 5동 530-11 의증빌딩 4층

정가 30,000원

도서출판 의증서원
전화. 02)2248-3563 . 011-395-4296 . 팩스.02)2214-9452
우리은행 : 812-026002-02-101 . 예금주: 이용재
홈페이지: www.ejbooks.com